シリーズ臨床哲学

こどものてつがく

ケアと幸せのための対話

鷲田清一 監修

高橋綾・本間直樹 著

大阪大学出版会

監修者のことば

《こども》ってむずかしい。じぶんもかつてそれであったのに、ど
んなじぶんだったかうまく思い出せない。じぶんの根っこは深い霧
のなかにある。一方、こどもはこどもで、じぶんが世界のどういう
場所にいるのか知らない。じぶんが何者であるか、とんとわかって
いない。やはり濃い霧のなかにいる。そんなこどものなかに《おと
な》が割り込むとどうなるか。《こども》と《おとな》が向きあうと
何が起こるのか。（たとえば）じぶんもこんなだったのかと思うおと
なと、（たとえば）こんなのになりたくないなと思うこども？

そんな出遇いのなかに身を置くなかで、「哲学する」ことの意味を
問うてきたふたりの苦闘の記録がここにある。

哲学とは問いを見つけることである。問いを育てるものである。
問いを表現するものである。いいかえると、あまりにあたりまえすぎ
ぎてこれまで問われもしなかった前提、つまりは経験の初期設定か
ら、そこにあるベーシックな思い込み（アサンプション）を一つひ
とつ発見し、それをいったん取り外して問いなおすことである。そ
れが壊れる怖さに怯えつつ、抗いつつ。

でもこのことが、大学での「哲学の研究」のなかで、あるいは学
校での授業やそのほかの活動のなかで、ほんとうになされているか。
なされうるものか。むしろそこには《てつがく》の自由な「問い」
を抑えつけるようにはたらく力がひそかに作動していないか。そう
いう疑問がこのふたりの経験のなかに蓄えられている。

1990年代に開始した《臨床哲学》のプロジェクトは当初、社会の
さまざまな現場で立ち起こっている問題を、当事者の人たちと対話
するなかで、問いを見つけ、それを言葉にし、共有してゆく、その
ような試みをめがけていた。「哲学」を謳うからにはまずはそこでい
う「哲学」「現場」「当事者」「対話」が何であるかについて、いつ果

てるとも知れぬ議論をくり返した。ただそれをしたのは、毎週金曜の夜、医療や看護、介護や介助、学校やフリースクールなどさまざまの現場、とくに広い意味でのケアという仕事の現場で働く人たちが集い、そこを十字路として交わるなかでである。「哲学」についての共通了解があらかじめあるわけではないから、（本シリーズの第1巻『ドキュメント臨床哲学』に記されているように）議論は紛糾に紛糾をかさねた。やがてそのなかから「方法」への議論も始まった。「方法なき方法」という手もふくめて、である。もがくようにして紡いでいったその方法や手法、あるいはスタイルについては、既刊の本シリーズ第2巻『哲学カフェのつくりかた』、第4巻『ソクラティク・ダイアローグ──対話の哲学に向けて』を見ていただければありがたい。

　その頃からである。著者のふたりが小学校に出かけ、教員も生徒も戸惑うなかで「てつがく対話」を積み重ねていったのは。何度も壁にぶつかり、「学校」という場所には、こどもたちが何かを感じ、話し、聴き、理解し、表現しようとするとき、それを遮るようにはたらく力があると知り、それといわば対抗的に世界各地で開始されていた「こどものための哲学」（philosophy for children）の活動を実見してまわり、そのいずれにも心底納得できずに彷徨を続けたはてに出会ったのが、ハワイの〈セーフな探求のコミュニティ〉の実践だった。

　「いっしょにする」その前提となるのが、おびやかされないで語れる場所をつくるということだ。それぞれに抱え込む脆さや壊れやすさを注視して、たがいに「ケア」をしつつそれを共有してゆくような場を育てるということだ。じぶんの言葉がまだ聴き取られていないと感じている人に対し、なにか知的な解決を返すのではなく「その問いに答えをすること」。それを、著者たちも熟読してきたエマニュエル・レヴィナスにならって、《対話のなかに参入させる対話》と呼んでもいいが、ふたりはそれを、「コミュニティができはじめてい

る」（emerging community）という感触として摑んだ。ここには、「哲学」が知そのものではなく「知」への関係のとり方のことであり、さらにそれがデモクラシーの「態度」にも深くつながることが知らされている。《こども》と《おとな》の仕切りが「こどもといっしょにするてつがく」のなかで逆に消えてゆく……。問いを向けられているのは、《おとな》だと思い込んでいる《おとな》であり、そんな《おとな》になりそこなったと思っている人たちである。

鷲田　清一

「こどものための哲学」と
〈こどもの哲学／こどものてつがく〉

　1870 年代、アメリカ。マサチューセッツ州のケンブリッジで開かれた若者たちの集まりから、「プラグマティズム」という哲学のムーブメントが始まった。鶴見俊輔によれば、このプラグマティズムは、フランクリン、エマソン、ソローなど、開拓地の自然や町において、身体を動かし生活を立てる「普通の人びと」の哲学を表すという思想、表現活動の流れをくみ、また、自然科学と法学を勉強していた哲学の「門外漢」の若者たちによって始められ、大学の内外で展開された思想の運動であるという意味において、一種の「反哲学主義」[1]という特徴を持っていた。

　机上の空論を嫌い、「思想は行為の一段階だ」という旗をかかげたこのプラグマティズムの末裔である、モンクレア州立大学教授マシュー・リップマンが、こどもたちとの哲学対話を行う「こどものための哲学 Philosophy for Children」を提唱したのは、この運動の始まりから 100 年経った、1970 年代のことだった。リップマンは、当時の教育界にあったデューイの流れをくむ進歩主義教育を発展させ、こどもとともに、哲学的なテーマについて対話する、対話型の教育実践として、「こどものための哲学 Philosophy for Children」、通称「P4C」を生み出した。同じ頃、アメリカにはリップマンとは違った仕方でこどもとの哲学対話を楽しむギャレス・B・マシューズという大学教授もいた。また、アメリカから遠く離れたヨーロッパでも、大学や研究者に囲われた哲学を街場の人々に解放し、哲学で開業する、という「哲学プラクティス」というムーブメントがあちこちで起こっており、その実践者の中には、大人だけでなくこどもとの哲

---

1) 鶴見俊輔、『鶴見俊輔集 1　アメリカ哲学』筑摩書房、1991 年、257 頁。

学対話を学校やそれ以外の場所で行う人たちが存在した。

　時は経って、場所は日本、1990年代。わたしたちは、鷲田清一教授が提案された、社会の中での哲学のあり方を模索する臨床哲学というアイディアに惹かれ、大阪大学の臨床哲学研究室に集っていた。そして街場に生きる哲学のあり方を模索し、「哲学の臨床」とは何か、「新しい」哲学の姿とはどのようなものか、について思考／試行するなかで、ヨーロッパ発祥の「哲学プラクティス」というムーブメントに出会う。それと同時に、リップマンやヨーロッパの流れが合流し、分かれていくことによって、世界各国に広がり始めていた「こどもと哲学対話を行う」というアイディアと実践を知ることとなった。この出会いが、この本のそもそもの発端となる。その後、わたしたちは、この本の中にあるように、海外のさまざまな実践者、実践の展開の仕方に触れ、学ぶ傍ら、自分たちでも、日本においてこどもや若者たちとの哲学対話を行っていくことになる。わたしたちにとって、こうしたこどもたちとの対話の実践は、学校で、何をどう教えるかという教育の実践である前に、――19世紀にプラグマティズムを創始した若者たちと同様に――臨床哲学という、新しい「哲学の実践」であった。

　また、臨床哲学研究室での活動の初期には、学校のあり方を考え直す分科会や研究会が開催されており、学校がこどもたち、大人にとってもかなり「息苦しい」場所ではないか、その息苦しさの根っこには何があるのか、わたしたちは学校制度とどのように向かい合っていくべきなのか、という問いが共有されていた。したがって、わたしたちは、学校の中で哲学対話を行う時には、学校制度の前提を鵜呑みにするのではなく、それを否定はしないものの、一定の距離を取るというスタンスをとってきた。わたしたちはこどもと対話をしながら、同時に、「教育、学びとは何か？」「学校とはどのような場であるべきなのか」「学校制度にどう向かい合うべきなのか？」という教育や学校に対する批判的な問いを持ち続け、それについて

考え続けてきた。

　よって、この本の主旨は、哲学対話の方法論を教育現場にむけて紹介するというところにはない。この本の目的は、わたしたちが、こどもや若者たちと行った対話、こどもや若者たちの話したこと、考えたことを紹介するとともに、そこから、筆者たちが「こどもとは何か、大人とは何か？」「哲学する、対話するとはどういうことか？」「教育とは何をすることなのか？」「学校制度にどう向かい合うべきか？」という問いについて考えたことを提示し、これらの問いについて読者のみなさんにも一緒に考え、「哲学する」ことを呼びかける、というところにある。

　また、「こどものための哲学」、こどもとする哲学対話という試みは、世界各国に広がり、それぞれの実践者がその土地、地域の文化風土にあわせて新しい実践を開拓しつつある。近年、日本でも、「こどものための哲学」の実践は知られるようになり、それに注目する研究者や実践者も増え、リップマンの翻訳書など、「こどものための哲学」について知りたい人が読むべき文献が出版されはじめている。この本が企画された当初は、日本ではまだそれほど「こどものための哲学」という実践が知られていなかったこともあり、リップマンを初めとする、世界の「こどものための哲学」の概観的紹介も兼ねた内容にすることも検討された。しかし、世界各国の実践のいくつかを深く知るにつけ、それら、実践者たちのそれぞれの哲学対話の流儀というのは、単なる「方法論」ではなく、知や教育、他人や社会に対するそれぞれの人の「態度」の問題であるのだと思い知るようになった。よって、本書に書かれていることは、世界や日本の実践の概観や、一般的な紹介ではない。むしろ、国内外に多種多様な実践が存在する現在では、それらを概観することや総括することは難しいとすら言えるだろう。本書は、あくまで、臨床哲学を学び実践する筆者２人が、こどもとの哲学対話を行っているそれぞれの実践者やこどもたちに出会い、その中で、「臨床哲学」や「哲学」のあ

り得る姿をどのように見いだしていったか、という個的な実践の展開と思考・試行錯誤の「物語」である。

　本書第1部では、臨床哲学や臨床哲学を学ぶ著者2人が「こどものための哲学」とどのように出会い、自分たちの実践をどのように展開していったかが簡単に紹介されている。第2部では、わたしたちが出会った、イギリス、アメリカ、ハワイ、南米など世界の「こどものための／こどもとともにする哲学」の実践者や、その多種多様な実践とその背景について述べられる。第3部は、著者が実際に日本の小学校や少年院、美術館等のさまざまな場所で行った哲学対話の報告と考察である。第四部では、これらの経験を通じて、筆者2人がこどもや哲学、教育について考察したことが述べられている。

　臨床哲学研究室の始まりの頃、「臨床」や「社会のベッドサイド」ということでまず想定されたのは、医療や福祉の現場と教育現場であった。その理由はどちらも誰かの誰かに対する「ケア」が行われている、ということであったと記憶する。本書の中でも述べられているように、リップマンの「こどものための哲学」の主眼は、あくまで教育プログラムであり、哲学的なテーマについてこどもが話すことを通じて、議論や思考の訓練をするというところにあった。しかし、リップマンに学んだ「こどものための哲学」第二世代の人々は、それぞれの地域に合わせて「こどものための哲学」の新たな形を作り出していった。そのなかでもわたしたちが注目したのは、ハワイで行われているような、こどものケアリングとインクルーシヴなコミュニティを重視する哲学対話活動である。本書のタイトルにもあるように、こどもとの哲学対話は、成績向上のためでも、思考や議論の訓練でもなく、こどものケアと幸福のための活動であるべきだ、というのがこの本の趣旨である。この考えに至るまでに、わたしたちもさまざまな実践と、試行錯誤を積み重ねてきた。今になって振り返ってみれば、臨床哲学の当初に考えられていた、医療福祉現場と教育現場はどちらも「ケアのコミュニティ」である／であ

　　　　　　「こどものための哲学」と〈こどもの哲学／こどものてつがく〉

るべきだ、というアイディアに一周回って戻ってきたのだという思いがある。

　わたしたちは、自分たちの実践を、〈こどもの哲学／こどものてつがく〉と呼ぶことが多い。世界的に用いられている「こどものための哲学」という呼称が長いので省略したいということもあるが、わたしたちが目指しているのは、「こどもの『ための』哲学」のように、既存の哲学（の問い、思考法、訓練法）をこどもとの対話に応用することや、大人や教師が子どもに哲学対話を「させる」ことではない。それに比べると、何人かの海外の実践者が使っている「こども『とする』哲学」という呼称のほうが好ましいが、わたしたちが行いたいことは、こどもや教育についての「臨床哲学」であり、こどもたちとともに輪になり、話をすることによって、哲学者（大人）もこどもから学び、変容するという哲学的実践だけでなく、それとともに、哲学するとは、こどもであるとはどういうことか、教育とは、学校とは何なのか、という問いを考察しつづけ、その答えを更新し続けるということも含まれている。フィロソフィーが、知（ソフィア）と愛（フィリア）という二つの言葉のある関係を表す言葉であるように、また臨床哲学が「臨床」と「哲学」の関係を問い続ける営みであるように、〈こどもの哲学／こどものてつがく〉もまた、「こどものもの」という所有格ではなく、「こども」と「哲学」の関係が問題であり、その関係を実践の中で問いつづけることが重要であるのだと考えている。本書のタイトルの「こどものてつがく」は、このような問題意識からつけられたものである。筆者たちが多くを学んだハワイの実践では、アカデミックな哲学である大文字の“ビッグP”フィロソフィと対置され、こどものための哲学は、こどもたちの、日々の小さな驚きから始まる“リトルp”フィロソフィと呼ばれており、その愛称も必ず小文字でp4cと書かれる。本書のタイトルも、このハワイの“リトルp”フィロソフィにならい、小さな哲学者たちの矜持をこめて、ひらがなで「こどものてつがく」とし

　　　　　　　　　　　　　　　　　　　　　　　　　　　　ix

た。

　ここまで述べてきたように、筆者たちは、この本を、新しい教育方法の紹介本でも、こどもや対話についての理論書でもないと思っている。あえていうなら、実践をもとにした、少し風変わりな「哲学書」であり、「哲学エッセイ」と呼んでもよいだろう。この本のなかには、いろいろな国の哲学対話の実践者や、いろいろな地域のこどもたちに出会った、それぞれの筆者の、個人的な発見、驚きや喜び等の感情や、その対話の場所や風土等の背景など、どちらかというとパーソナルな記述が多くなされている。その意味では、いわゆる「哲学書」からは大きく隔たる記述や文体があり、少し驚かれる読者もいるかもしれない。

　わたしたちは、哲学の古くて、新しいあり方を、対話という、感情や身体を持つ、互いに相異なる人々の多声的交流、コミュニケーションのなかに見いだしてきた。対話とは、つねにそこにいる身体を持った「誰か」にとって、その場に居合わせた人たち、対話が起こったその場所、文化、風土のなかで生じる、個的な「経験」である。そうした対話的経験の本質について考えた時、筆者たちは、自分たちの哲学対話の見聞、体験記を、できるだけ具体的な、パーソナルな記録として著すほうがよいのではないかと考えた。願わくば、読者のみなさんには、筆者たちとともに、世界の実践者たちや日本のいろいろな年代、背景をもつこどもたちに出会い、驚き、違和感を感じ、一緒に考えるという「経験」を共有していただきたいし、〈こどもの哲学／こどものてつがく〉の世界の、探検の旅をしていただければと思う。

高橋　綾

目　次

監修者のことば　鷲田清一　i

「こどものための哲学」と〈こどもの哲学／こどものてつがく〉　高橋　綾　v

第1部　〈こどもの哲学〉との出会いと展開

第1章　学校での臨床哲学 　　　　3

1. 学校について話しあう（1998 年〜）　　　3
2. こどもたちとの哲学の探究を知る（1999 年〜）　　　6
3. 各地での実践の調査（2003 年〜）　　　8
4. こどもたちとの対話をはじめる（2006 年〜）　　　10

第2章　こどものケアと幸せのための対話 　　　13

1. こどもの哲学とわたし　　　13
2. ハワイ p4c との出会い（2011 年〜）　　　15
3. 学校や授業の枠を超える対話活動　　　16
4. こどもたちのケアや幸せ、解放と自律のための対話　　　17

第2部　世界の〈こどもの哲学〉を旅して

第1章　こどもの哲学探訪記
ヨーロッパやメキシコ、ハワイ、ブラジルの実践者たち 　　　23

はじめに　生身で哲学する　　　23
1. P4C と PwC ——カリン・ムリスと絵を使った対話　　　24
2. オスカル・ブルニフィエの衝撃　　　28
3. 先生たちがつくる P4C、ビューランダ小学校　　　35

xi

4.　リップマンと IAPC　　　　　　　　　　　　　　　　41

　　5.　メキシコ、ハワイ、そしてブラジルへ　　　　　　　47

　　おわりに　探訪記の最後に　　　　　　　　　　　　　　56

第2章　自律と自治のための／としての〈こどもの哲学〉
　　　　——メキシコにおける「こどものための哲学」国際会議に参加して　59

　　はじめに　　　　　　　　　　　　　　　　　　　　　59

　　1.　会議の内容　　　　　　　　　　　　　　　　　　61

　　2.　サパティスタ民族解放軍（EZLN）について　　　　67

　　3.　社会批判、ソーシャルアクションとこどもとの哲学対話　72

第3章　Dr. J と p4c ハワイの魔法　　　　　　　　　　　　75

　　1.　出会い　虹の向こうの p4c ハワイ　　　　　　　75

　　2.　魔法使い、"Dr. J" との遭遇　　　　　　　　　76

　　3.　ハワイ p4c を知る　　　　　　　　　　　　　　80

　　4.　カイルア高校訪問／p4c ハワイチームの面々　　94

　　5.　Dr. J と p4c ハワイの魔法
　　　　"Not in a rush" と〈セーフティ Safety〉　　　99

　　6.　再び、ハワイへ　　　　　　　　　　　　　　　104

インテルメッツォ：日本にも「こどもの哲学」はあった！
　　　　林先生に伝えたいこと　　　　　　　　　　　　115

第3部　日本での〈こどもの哲学〉の実践

第1章　兵庫県西宮市の小学校での「こどもの哲学」の試み　131

　　1.　経験の変化　　　　　　　　　　　　　　　　　131

　　2.　兵庫県西宮市の小学校での「こどもの哲学」の試み　136

　　3.　物語を用いた対話
　　　　——道徳の時間に「ともだち」について話しあう　139

　　4.　こどもたちと相互質問法に挑戦する　　　　　　144

5. 「どっちに入るかな?」
　　── フラフープを利用した授業から　　152

6. p4c マジック ── コミュニティボールを使った対話　167

7. さいごに　173

第2章　美術館で対話する　179

はじめに　179

1. からだ全体で見る　180

2. 見ることについて考える　188

3. 他人とともに見る　192

4. 「見ること」は「表現すること」である　199

5. 哲学対話と表現　203

第3章　少年院における対話ワークショップ
── 対話のなかで「倫理的主体になる」ということ　207

1. 少年院での対話ワークショップ　208

2. 少年たちの反応や対話の内容　212

3. 対話を通じた道徳、倫理教育の可能性　228

第4章　中高生と考える、3.11 からの対話リレー　235

はじめに　235

1. 震災について、被災地の中高生と対話する　236

2. 対話の映像をみて、対話と思考をリレーする　249

3. 哲学対話のもう一つの可能性
── 「ケアリング」の場としての対話　260

コラム　こどものてつがく美術館 ── 鑑賞から表現へ　275

xiii

第4部　ケアと幸せのための対話

第1章　フィロ、ソファ、イエス！　289

1. フィロ、ソファ、イエス！　289
2. 解放された知の態度　294
3. セーフティとスピリチュアリティ　296
4. 対話とケアリング　300
5. 教育と対話　303
6. 「ねばらない」からは対話は生まれない　305
7. 考えよう、変えようとすることは対話を妨げる　309
8. フィロソフィにとって「考える」ことは
　それほど大切なことではない　314
9. 訪問フィロソファ　318
10. 混迷をともに生きる　322

第2章　こどもから「哲学するとはどういうことか」を学ぶ　325

1. 哲学するとはどういうことか　327
2. 民主主義の／と教育　339
3. なぜ〈こどもの哲学〉なのか？　346

付録　震災についての対話の発言録
「Pass the ball 中高生と考える、3.11 からの対話リレー」　363

あとがき　372

執筆者紹介　378

xiv

第Ⅰ部

〈こどもの哲学〉との出会いと展開

第1章 学校での臨床哲学

本間 直樹

　第1部では、大阪大学臨床哲学研究室での活動を通して海外での
こどもたちとの対話の試みを知り、やがてそれをじぶんたちで展開
するようになるまでの経緯を、筆者それぞれの視点をそえて紹介し
たい。

　本書で扱う活動において大きな節目は二つある。まず、1998年か
ら2002年まで、わたしたちは学校を考える臨床哲学研究会を行うか
たわら、国際会議で「こどものための哲学」を知り、具体的な活動
をはじめるまで教育に関わるさまざまな試行錯誤を重ねた。そして
2003年を節目に、世界の各地で展開されているこどもたちとの対話
活動の調査を行いつつ、日本でも小学校や高校で対話の授業をはじ
め、さまざまな試みを展開していく。もう一つの転機となる年は
2011年。ハワイでの実践に遭遇して、〈セーフな探究のコミュニテ
ィ〉を重視するある方向に歩みはじめ、さらに、ひとつひとつの学
校をつなぐ対話や教室以外の場所で対話を模索するようになり、現
在にいたる。以下では、2010年までの試みを第1章で、2011年から
の展開を第2章で述べる。

1. 学校について話しあう（1998年〜）

　臨床哲学が始められて間もないころ、臨床哲学の活動に期待する

さまざまなひとたちが研究室の内外に集まっていた。そうした熱気のなか、金曜夜の授業で「ケア」についての話しあいがはじめられたのに並行して、「臨床哲学研究会」の連続開催を軸として、教育について考える集まりが数年にわたって続けられた。「俯瞰ではなくアリの目で」——ある研究会で発せられた山田潤さんのことばに触発され、教育を考えるグループは、社会問題として語られる「不登校」を考えるのではなく、学校に行かない経験をもつひと、学校に行かないこどもをもつひと、ひきこもりのこどもを支援するひとなど、学校に行かないことに関わるさまざまな声をていねいに聴くことに専心した。フーコーの『監獄の誕生』やイリイチの『脱学校の社会』など、現代における学校の意味を問うさいによく引きあいにだされる著作を読むこともあった。それでも活動の中心は、集まったものたちで対話をくりかえすことだった。参加者はそれぞれの学校での経験を振り返り、学校という場がどのように感じられていたのかについて話しあった。それはまさに、いままでじぶんたちが「当たり前」のものと信じてきた、学校にまつわるさまざまな価値観を問い直す作業だった。

　学校が「セーフな場所」ではない。数々の話しあいを通して、わたし自身そう自覚するようになった。「セーフ」という言い方は本書であつかう〈こどもの哲学〉にとって重要な位置をしめる表現だが、ここではさしあたり「ここにいて大丈夫とおもえる」という意味で使うことにしたい。集まったひとたちとの対話を重ねるなかで、わたしも学校で経験したことをさまざまに思い起こし、いかにじぶんがセーフではない状況を生きてきたのかをしだいに再認識するようになった。こうした対話はまさに（パウロ・フレイレのいう）「意識化」【第4部第1章】の作業だったといえるだろう。現代の学校という場所は、ひとに何かを与えるのみならず、ひとから奪うところでもある。学校に行かないひとたちだけでなく、教室にいるひと、学校

第1章　学校での臨床哲学

で教えるひとにとっても学校ではセーフな場所ではない。だれもが
何かによって脅かされている。こうした認識は、臨床哲学研究会や
その準備のための集まりの場で学校や学校文化についてなんども話
しあうなかで、すこしずつ浮かびあがってきたのだ。その後ずいぶ
ん経ってからわたしが実際に学校に関わるようになり、教室のなか
の生徒たちや、教員などの学校に関わるひとびととの対話を経るに
つれ、なおさらこの思いは強くなっていった。学校、そして学校に
類する制度や組織は、たくさんの「ねばならない」「してはならな
い」の力に支配されている。知らないことを「知らない」と言えな
い、わからないことを「わからない」と言えない、そのような力が
働いている。そして、「ねばならない」の強制力がなければ学校とい
う空間は成り立たないのではないか、と先生も生徒も恐れている。
恐れや不安によってできあがっている場所はけっしてセーフとはい
えない。本書で後ほど登場するハワイの実践者 Dr.J と、わたしがも
っとも共感しあったのは、学校がセーフな場所ではないからこそ、
セーフな場所にみんなでしていくための探究が必要である、という
ことだった。

　学校にさまざまな力が働いていることの是非をここで論じたいわ
けではないし、そうした力をなくすべきだと主張するのでもない。
本書はそのことについてほとんど触れていないし、「学校制度」を問
うこともしていない。そもそも「学校」はひとつではない。ひとつ
ひとつの学校は、地域や種類、通っているひとたちや働いているひ
とたちによって異なり、じつにさまざまだ。わたしにとって臨床哲
学は、制度や組織を問うのではなく、つねに具体的な状況のなかで
生きるひとに関わろうとする営みだ。おなじく、対話による探究も、
制度や組織によって保証されるのではなく、どのような制度や組織
のなかであっても、そこにいるひとびとの手によって、ひとつひと
つの具体的な状況のなかで生みだされ、更新されていくものだ。学

校という場所で哲学の対話をするとなると、多くのひとは、どういう方法で何をすべきか、うまくいったかどうか、うまくいくためには何が必要か、どうやったらそれを広げられるか、などといった方法や成果、拡張のしかたに注目するかもしれない。だが、対話による探究を行うときにもっとも大事なことは、学校や教室という場所がそこにいるひとたちにとってどのように感じられているのか、どのような力や制約がそこで働いていると気づくことができるか、そして、その場とひとびと、そしてそこで発せられることばに対してたがいに信頼をたもちながら、さまざまな問いをたてて話しあえるかどうか、ではないだろうか。わたしが海外の「こどものための哲学」の活動を知り、それに積極的に取り組みはじめたときも、哲学という名の下であたらしい教育方法を学校に導入することが動機であったわけではけっしてない。なによりそれは、こどもや教員たちとともに、安心して参加できるしかたで学校での臨床哲学を続けることだった。

2. こどもたちとの哲学の探究を知る（1999年〜）

こどもたちと哲学の探究をする活動との出会いは1999年に遡る。「こどものための哲学 Philosophy for Childreen（P4C）」は、1970年代にアメリカ合衆国にてマシュー・リップマン Matthew Lipman が創案した教材とカリキュラム、およびその教授法を指している。彼は、当時の合衆国の思考教育の動向のなかで、「心の行為」や「思考のスキル」という考えをベースにした「推論スキル」学習をもとに、論理学、認識論、美学、倫理学という伝統哲学にもとづく領域をカバーする教育方法をつくりあげた【第2部第1章（第4節）】。しかし、このカリキュラムは結局のところ合衆国では根づくことはなく、リ

第 1 章　学校での臨床哲学

ップマンやその盟友アン・シャープ Ann Sharp のもとで学んだ第二世代の哲学者たちが各地で独自に展開する活動を通してしだいに国際的な広がりをもつようになった。わたしが多くのことを学んだのはリップマンではなく、この第二世代の哲学者たちの実践、とりわけ「こどもとともにする哲学 Philosophy with Children（PwC）」からだった。これら第二世代の哲学者は論理的思考だけでなく、想像力や関係、セーフティやケアを重視している。対話する、哲学するときにそれらがいかに大切であるかをわたしたちはこれらの哲学者との出会いによって学んだのだった。

　臨床哲学が大阪大学ではじめられた当時、教員や大学院生たちは哲学者がさまざまなひとたちを相手に対話する「哲学プラクティス」の活動に関心をもちはじめていた。そのなかで中岡成文さん、堀江剛さん、寺田俊郎さん、そしてわたしの 4 名がイギリスで開かれた国際会議に参加した折に、哲学カフェのほか「こどものための／こどもとともにする哲学」の実践者に会い、それら関する発表やワークショップに触れることができた【第 2 部第 1 章】。しかし、このころはまだわたしたち自身、対話の経験も乏しく、「こどものための哲学」についての十分な情報が得られない状況にあった。1998 年から開かれていた「臨床哲学研究会」の 3 回目（2000 年 2 月 19 日）では、「子供たち自身が言葉をみつけるひとつの方法として」中等教育での哲学の可能性をさぐることをテーマに、高校で哲学を教える先生を招いて話しあう機会がもたれた[1]。その後、この研究会で発表され、「おかわりクラブ」などユニークな活動を高校でされていた社会科の教員、堀一人さんの仲介により、高校でも臨床哲学をやってみませんか、とお誘いを受けた。ちょうど 2002 年から「総合的な学習の時間」が小中学校に、ついで高校に導入されるという大きな社会

1）「特集：教室のなかの／そとへの哲学——高校で哲学を教える」『臨床哲学のメチエ』Vol.8、大阪大学臨床哲学研究室、2001 年。

7

第1部　〈こどもの哲学〉との出会いと展開

の動きも重なり、これが実を結んで、大阪府立福井高校にて「総合的な学習の時間」をもちいた授業「出会いのてつがく」が行われ、教員から大学院生まで臨床哲学のメンバー多くがこれに携わり、高校生たちとの奮闘をつづけた（2002年から2003年まで実施）。

3. 各地での実践の調査（2003年〜）

　2003年には、海外での実践に関する調査もはじまる。寺田俊郎さんそして、本間、高橋がイギリス、ダイアローグ・ワークス主催の小学校教員向け研修に参加するほか、寺田さんは「こどものための哲学」の第一世代であるリップマン、シャープ、ギャレス・B・マシューズ Gareth B. Matthews への聴き取りを行い、2004年には、アメリカからマシューズ、オーストラリアからティム・スプロッド Tim Sprod を招いて大阪で「こどものための哲学」についての研究会が開かれ、さらに大阪教育大学の先生方の協力により、小学校や中学校での模擬授業を行う機会が得られた。

　ちょうど2003年から2004年にかけて、わたしはフランスに1年間滞在することができ、哲学カフェなど、哲学対話に関する実践に直に触れるとともに、アメリカ発祥のP4Cとは異なったイギリス、フランス独自のこどもと対話する活動を知り、続く2005、6年もその調査を続けた【第2部第1章（第2節）】[2]。2007年にはオーストラリア、クイーンズランド州のビューランダ小学校、2008年にモンクレア州立大学にあるこどものための哲学推進研究所（IAPC）および近隣の学校を訪問し、さらには2009年1月にメキシコ、チアパス州サン・クリストバル・デ・ラス・カサスで開かれる中南米の国際会議

2）　本間直樹「対話を演ずる──「子どものための哲学」二つの実践から」『臨床哲学』vol.6、大阪大学臨床哲学研究室、2004年参照。

8

に参加し、現地の小学校を訪問することができた【第2部第2章】。その後に出会ったハワイやブラジルを含め、ヨーロッパや北米の文化圏とは異なる地域での活動に触れることができたことは、日本での活動を考えるうえで非常に重要な意味をもっていた。哲学も対話も、文化や言語そして歴史を超越したものではなく、むしろそうした文化、言語、歴史の状況のなかで営まれつつ、その状況のなかの意味を更新していく試みだ。わたしは各地でのこどもたちとの対話に触れながら、日本で哲学することの意味をさまざまに考えさせられ、さらには臨床哲学の意味をあらためて問うようになる【第2部第1章（第3、4、5節）】。

　同年夏には、イタリア、パドヴァ大学で開かれた「こどもとともにする哲学の探究国際会議：The International Counsil of Philosophical Inquiry with Children（ICPIC）」で高橋・本間が日本での少年院での実践について発表を行ったが、数ある発表会場のなか、韓国、日本、イランからの発表者はほかから離れた会場に押し込められ、聴きにきたのはたった数人程度で、西洋人研究者はほとんど耳を傾けてくれなかった。長年P4Cの実践に取り組む韓国のパク・ジンファン教授の報告や、イスラム圏で西洋哲学を教えることのむずかしさを話したムスリムのイラン人女性研究者による報告はいずれも興味深いものであったが、「非西洋」ということでひとくくりにされたこともいらだたしく感じられ、こうした発表に関心を向けない「西洋人研究者」の傾向がはっきりとあらわれた会議でもあった。

　こどもと対話する活動について、さまざまな地域での実地調査や資料収集を行うのと並行して、わたしたちは日本でも独自の教案・教材開発に取り組みはじめた。わたしたちが注目したのは、イギリスやオーストラリアで行われている絵本についての対話だった。大学の授業を利用して、大学生たちとともにさまざまな絵本をもちより、マシューズの好んでもちいるアーノルド・ローベルの絵本や、

第1部 〈こどもの哲学〉との出会いと展開

こどもたちに人気のある『ともだちや』などを使った対話の練習を
重ね、絵本を使った対話のための資料集「絵本から、ともに考える」[3]
を作成した。

4. こどもたちとの対話をはじめる（2006年〜）

2006年には、研究会で知りあった小学校教員の金澤正治さんから、
こどもたちと対話の授業をやってみたいとの相談を受け、絵本を使
った授業を翌2007年の1月に兵庫県西宮市の小学校ではじめて行う
ことになった。第3部でくわしく紹介するように、同小学校では、
『ともだちや』『ふたりはいつも』「かえるとさそり」などを題材に用
いた授業が2008年まで行われ、2009年にはオスカル・ブルニフィ
エの相互質問法、2010年にはもともとはリップマンが考案し、オー
ストラリアでじっさいに授業をみたフラフープを使った対話、さら
に2011年からハワイのコミュニティボールを作って話しあう授業を
試してみた。この間、大阪と兵庫のさまざまな小学校の教員研究会
に招かれて研究授業をする機会があったが、どれも1回きりでおわ
ってしまい、長期間にわたってこどもたちとの対話に取り組むこと
ができたのは、金澤さんの学校だけだった。とにかく、小学校の現
場でひとつのことをやり抜くことの難しさが思い知らされた数年だ
った【第3部第1章】。

高校でも対話による授業が始められた。京都の洛星高校では2004
年から臨床哲学の教員と院生が授業を担当することになったが、2006
年から哲学対話を主軸にした授業が行われるようになり、本間が担
当する大阪大学の授業で対話を学んだ大学院生たちの手によって、

---

3) 『平成17年京都市高齢者介護等調査研究事業報告書』京都市長寿すこやかセン
　ター、2005年。

現在までさまざまな試みが続けられている。その後、大学院生たちとともにさまざまな高校で対話の授業を行うようになったが、「高校」も「高校生」も多様であり、円になって話すのもむずかしい、コミュティボールが機能しないなど、一回一回貴重な経験を重ねることになった。また、2008年からは、臨床哲学出身の武田朋士さんの紹介により、少年院で少年たちと対話ワークショップを行うチャンスが訪れ、2015年まで7年にわたってこの対話ワークショップは続けられた【第3部第3章】。

これらの調査や学校での実践と並行して、初等・中等教育のみならず、わたしは大学教育においてどのような対話の学習プログラムが提供できるのかについて試行錯誤を繰り返していた。2002年から大阪大学でわたしが開講した授業「対話技法論」では、海外の調査を通して得られたヒントをもとに、日本語で対話するのに有用な素材や手法が何年も繰り返し試された。そのなかの多くは、小学生を対象に考えられた材料であった。もともとは小学生が話しやすい、考えやすいように、という目的で選ばれたように思える絵本や寓話、絵画や写真も、大学生が対話するにあたっても十分に有効な素材であることがわかってきた。大学教育のなかで学ばれるさまざまな専門知識に依存して議論するのではなく、誰もが語りあえる素材をもとに話しあうことで、学部教育から大学院教育まで、はばひろく対話を学ぶ機会を提供できることも明らかになった。つまり、小学生から大学院生まで、異なる年齢・学年での試みを繰り返し、対話を学ぶことについては、初等・中等・高等といった違いはあまり重要ではない、という気づきをわたしたちは得たのである。事実、海外でこどもたちとの対話を行う実践者たちに、このことについて質問してみたところ、異口同音に「違いはない」と答えてくれたのが非常に印象的であった。

第2章　こどものケアと幸せのための対話

高橋　綾

1. こどもの哲学とわたし

　わたしは、1999年に臨床哲学研究室の先輩たちが参加した「哲学プラクティス国際学会」の報告で、はじめて「こどものための哲学」という活動を知った。当時の臨床哲学は、大きく「ケア」と「教育」という二つのテーマで現場の人の話を聞いたり、実際に出かけ活動することを行っていた。大学院の修士課程に在籍していたわたしは、「ケア」を考えるグループに属しており、医療や看護、介護の現場への関わりにどちらかというと関心があった。第1章で述べられているような「学校の息苦しさ」ということをわたしも感じないではなかったが、大学院まで、それを薄々感じつつ、なんとか学校にしがみついてきたわたしは、それに正面から向かい合おうという気持ちにこの時はなれなかったのだと思う。

　それから研究室の先輩たちと、いろいろなところで哲学対話の実践を行っていくなかで、こどもと哲学対話をするのは面白そうだ、と思うようになった。他のところでも述べたことだが[1] わたしには、いわゆる哲学的なテーマに基づく、理性的、合理的討論の「周縁」に寄っていく傾向がある。絵やセクシュアリティ、笑いについての対話、そして、こどもたちとする哲学対話、である。それらに共通

---

1)　高橋綾、「哲学カフェ、喜怒哀楽」、『哲学カフェのつくりかた』カフェフィロ編、大阪大学出版会、2014年、71-85頁。

しているのは、身体性や感情、想像力、自他に対するケア等、狭い意味での理性以外のものを対話のなかで働かせることであり、問いに対して客観的な立場を取れないような、自分のあり方が否応なくさらされるような対話である。いま振り返ると、これは、わたしが女であるということにも関係をしていると思う。わたしがどうしても関心を持ち、吸い寄せられてしまうのは、大人のオトコがするような理性的討議ではなく、それからはじき出されるような、「オンナコドモの哲学」のほうなのかもしれない。

　2006 年に香櫨園小学校の授業を見学させてもらってから、直にこどもたちと話し、彼らの言葉に触れたわたしは、いっそうこどもたちとの哲学対話をやっていきたいと思うようになった。リップマンなど P4C の文献や、マシューズの対話記録を読むこと以上に、生のこどもたちと話すことは面白く、発見があったからだ。その一方で、学校でこどもたちとの哲学対話を先生と協力して行い、オーストラリア、アメリカ等の海外の実践についても調査していくなかで、「学校のカリキュラムの中で哲学対話を展開する」ということには限界を感じるようになっていた。欧米と違い、日本の公教育では校長も教師もすぐに転任してしまうので、いったん理解を得た先生、校長がいても長くその関係を続けるのが難しい、先生たちは忙しいのでいつもとは違う対話型授業を学年全体で理解を持って取り組むための準備時間がない、教案を作成し、授業目標や予想されるアウトプットを事前に定めることになれている先生たちには、対話という結果の見えにくいものに取り組むことが難しい、先生は授業の場、クラスを管理する責任があると感じるため、こどもたちに対話の主導権を任せることに不安を感じる…などである。

2. ハワイ p4c との出会い（2011 年～）

　こうした限界を感じていたわたしに転機が訪れたのは、2011 年のことである。この年はそもそも東日本大震災が起こり、日本全体にある転機が訪れたと言ってもよいが、震災が起こる二ヶ月前、2011 年の 1 月に、わたしと本間さんは、ハワイに行き、Dr.J ことトーマス・ジャクソンほか、p4c ハワイの面々とその実践に出会うこととなる【第 2 部第 3 章】。ハワイでは、〈セーフな探究のコミュニティ Safe Community of Inquiry〉を重視した対話が行われており、これまでわたしたちが知っていた、リップマンの思考力や議論のための教育とはちがう観点で、こどもたちの心と身体のセーフティや自尊心などを重視したケア的な対話活動が行われていた。また、Dr.J が長い時間をかけて学校という場所にセーフなコミュニティを根付かせてきたこと、「あわてない Not in a rush」で、先生たちに負荷をかけすぎず、無理なくできることを持続的にやっていくという方針にも、はっとさせられるものがあった。

　ハワイから帰国したわたしたちは、さっそくそれまで関わっていた香櫨園小学校でも、複数の学年でコミュニティボールをつくり、3 年にわたってセーフコミュニティを目指した授業を行った。「コミュニティボールを使うと対話はいつもうまくいく」と言いたいところだが、実際は、これまで以上の困難に直面して、こどもたちやボールからさまざまなことを学ぶことになる。ボールはなんでも解決してくれる道具ではなく、ありのままのコミュニティを見せてくれる鏡のような存在でもあるからだ【第 3 部第 1 章（第 6 節）】。

3. 学校や授業の枠を超える対話活動

ハワイ p4c との出会いとともに、学校の外での対話活動も、コミュニティづくりとケア的対話という新しい目標を得て、積極的に展開をするようになる。

2012年には、ケアとアートの融合にとりくむ奈良の「たんぽぽの家」と協力し、美術館でこどもたち、そしてアーティストと対話し、また創作をする、というこれまでの哲学対話の枠を大きく超えた企画（「こどものてつがく美術館」）を実施した【第3部コラム】。

また、これまで「哲学カフェ」や「語り合いカフェ」の事業を通して協力関係にあった、大阪府の「とよなか国際交流協会」や「箕面市交流協会」で、学校以外の場所で〈こどもの哲学〉ができないか、とくに外国にルーツのあるこどもたちや居場所のないこどもたちのための対話の場をつくろうと模索する。

箕面市国際交流協会では、2013年から、毎年数回、「こどものてつがく」を開催し、外国にルーツをもつこどもたちを含む、学年も異なる多様なこどもを相手にセーフコミュニティづくりに挑戦する。そこは学校でもなく、進行をするわたしたちは先生でもないので、集まったこどもたちは自由奔放。学校のように、「なにかをしなければならない」場で、どうやってコミュニティをつくっていくか、この場合もそれなりに苦戦はするが、学校の外での対話に取り組んでみると、いかにいままでの対話が教室や先生という大きな力のもとで成立していたのかを痛感することもあった。同じように、学校の枠を超えた自在な取り組みをするハワイやブラジルの実践者との交流もあり、ボールにこだわらず、楽器やビデオカメラ、散歩を用いた対話を導入し、こどもたちとともに面白いプログラムを展開できた。小さな一歩だがこうした学校外での取組みは、〈こどもの哲学〉の新展開といえる。

2011 年までは、わたしたちも、リップマンの考えたように、哲学対話をなんとか学校のカリキュラムに導入できないかと考え、あせっていた面があった。しかし、学校で対話を行う場合でも、1 時間まるまる対話の授業をする、とか同じ学年の全部のクラスで対話を取り入れる、ということにはとらわれず、本当に大事なことさえ忘れなければ、授業中 10 分だけの対話でも、授業外の対話でも、できることからやっていけばよいのだ、というように方向転換をした。

箕面市国際交流協会での活動をきっかけに、かつて福井高校で社会科の教員をしていた山崎尚美さんと会い、現在勤務しておられる大阪府立池田高校の倫理で、教科書を使わない授業をやってみることになる。2011 年 9 月から、大学院生たちとともに、コミュニティボールをつくって話しあう授業をはじめたが、進学校ではセンター試験対策が必要という現実もあり、教科書を使わない授業の継続は難しかった。しかし、授業を受けた学生たちとの共同企画により、学園祭で、ボールをつくって話しあう「おしゃべりてつがく」を開始。その後、「おしゃべりてつがく」は、学園祭のみならず、毎月放課後に開催されるようになり、現在まで続いている。

4. こどもたちのケアや幸せ、解放と自律のための対話

ハワイでの転機やその後の実践のなかで、わたしにとっての、対話の大きな目標も、思考力や学力向上ではなく、こどもたちの「幸せ」や「福祉」のための対話といった、学校教育の枠を超えるところに据えられるようになってきた。

2011 年 3 月に東日本大震災が起こり、このときたまたま福島県南相馬市出身の辻明典さんが、臨床哲学研究室で研究をし始めた頃であったことから、辻さんの希望と縁があり、彼の母校の高校生たち

と、震災後考えたことについての対話ができることになった。この対話の撮影が許可されたことから、対話の映像を使って、被災した中高生が考えたことを、他の地域の同年代の人とシェアし、一緒に考える、という「震災についての対話リレー」の企画が動き出した【第3部第4章】。被災した経験や、辛い経験について、問いを共有し対話をすることが、対話に参加するひとびとにとってのある意味での「ケア」になりうるのではないかという手応えを得た。

この「震災についての対話リレー」は、大阪府の池田高校など、縁あるところに広がっていった。臨床哲学研究室に沖縄県立向陽高校（当時）の社会の教員をしていた安谷屋剛夫さんが社会人入学をした、というこれまた偶然の繋がりから —— わたしたちの対話の活動は本当に偶然と縁に支えられている —— 沖縄の高校をいくつか訪問して、授業だけでなく、クラブ活動や生徒会など、学校での活動のあらゆる局面で対話をすることになった。それとともに、沖縄でも対話リレーの続きを行うようになる。わたしの想像を超えていたのは、沖縄の高校生たちによって、東北や福島の問題が、沖縄の基地問題に結びつけられ、「どうして基地はなくならないのか」「沖縄や福島の人の苦しみや思いを他の人たちにわかってもらうことはできるか」という問いが立てられるという展開を見せたことだ。この時感じた、地域や社会の問題について、こどもや若者たちとどう話し合ったらよいか、それを他の地域の人にもつなげて対話の輪をどうやって広げていくか、という課題は今もわたしの中に残っている。

また、こどもたちの「幸せ」や「福祉」という大きな目標のなかでも、特に、学校や社会にうまく適応できないこどもたちや、貧困や抑圧のなかで、言葉を失っていくこどもたちに対して何かしたい、というふうに、哲学対話を行いたい対象がよりはっきり絞られてきたということもある。

2009年にメキシコ、2011年にハワイと、近代西洋型の学校教育の

第 2 章　こどものケアと幸せのための対話

オルタナティブとなる実践をわたしたちは追いかけて来た。2013 年にはブラジル・リオデジャネイロ州立大学の教授で PwC の実践者、ウォルター・O・コーハンが来日、東京や大阪でもワークショップを開催。2014 年 8 月には、我々がウォルターを訪問し、リオデジャネイロ郊外の貧困地区にある二つの小学校を見学。貧困や抑圧に苦しむひとびとのための対話活動に触れる。フレイレに由来する、識字教育とそれを通じた「解放と自律の教育」の精神が、南米で対話活動に取り組む実践者に深く浸透していることを知った【第 2 章第 1部（第 5 節）】。

　さらに、震災が起縁となり、1970 年代に日本でこどもや若者達に哲学の授業を行った林竹二の実践に目を向けることとなる【インテルメッツォ】。林によって、農村のこどもたちや、独立直後の沖縄のこどもたち、学校制度をドロップアウトし差別に荒んだ定時制高校の若者たちの「解放と自律」のために哲学の実践が行われていたことを知り、目から鱗が落ちる。林は、これら戦後の高度成長とそれを促進する前のめりの教育の中で無視されてきた、こどもや若者たちの生の言葉に触れ、深く心動かされている。わたしも、少年院での対話【第 3 部第 3 章】や、公立の小学校でクラスのはみだしものと言われていたこどもの発言など、学校制度や社会の中では顧みられず、損じられてしまう「ごんた」たちのビビッドで、ストレートな言葉に触れ、彼らの「解放と自律」のために対話をすることはできないか、という思いを持った。

　ちょうどその頃、とよなか国際交流協会のつながりにより、さまざまな事情により学習に困難をかかえるひとたちの集まる大阪府立長吉高校でセーフコミュニティづくりに挑戦したい、と教員の森山玲子さんから相談を受けた。この要望により、1 年生 7 クラス全体で取り組む新しいプロジェクトを開始。生徒たちをエンパワーメントするという新しい目標に向かって、忙しく、また対話型の授業に

第1部　〈こどもの哲学〉との出会いと展開

不慣れな先生とも協力関係をつくることになる。あいかわらず困難続きだが、それにもまして、生徒たちの率直な反応には毎回驚かされるばかりである。現在この高校では、ハワイの「フィロソファー・イン・レジデンス」にならい、大阪大学の大学院生が一年を通して足繁く学校に通い、さまざまなことをいっしょに経験し、学んでいくことを行っている。

　わたしたちがこどもとする哲学対話を知ってからもう20年が経ち、わたしたちが実際にこどもたちとの対話を続けて10年以上が経とうとしている。振り返ってみると、その中では、対話の目標や意味が変わってきていることがわかる。それも自分の意思というより、さまざまな縁や偶然に導かれてのことだ。おそらくそれが「実践」の面白さであり、対話という実践は、偶然や縁によって思わぬ方向に転がるものだし、実践の中ではうまくいったことより、うまくいかないと感じ、フラストレーションや限界を感じる状態にこそ、発展の機会があるものである。以下の文章では、こうしたさまざまな出会いや縁のなかで、わたしたちがこどもの哲学に触れ、考え、活動を展開していった様子を具体的に紹介する。

第 2 部

世界の〈こどもの哲学〉を旅して

第1章　こどもの哲学探訪記
ヨーロッパやメキシコ、ハワイ、ブラジルの実践者たち

本間　直樹

はじめに　生身で哲学する

　1998年ごろ、生身で哲学することを模索しはじめたわたしや仲間たちは、哲学対話、哲学相談、哲学プラクティスなどと呼ばれる、哲学者がいろんなひとびとを相手に対話する試みに出あう。そこで街中での哲学カフェや合宿型で行われるネオ・ソクラティクダイアローグ（NSD）と並んで、こどもたちと対話する活動があることを知るとともに、カリン・ムリス Karin Murris に代表されるように、ひとりの哲学者が対話の種類を問わずすべてやっていることにも、驚かされた。形式や方法以前に、対話というコアとなる活動があり、それを場所や相手に応じてさまざまに展開させている哲学実践者と知りあうことができたのだ。わたしたちは、実践の基本となる考え方、関連する方法や形式を知るだけでなく、対話する哲学の姿勢を学んでいった。

　従来の哲学を見直すことからはじまり、哲学研究の内外からさまざまな批判が寄せられながらも、わたしたちの生活やひとびとに直に関わることを目指した臨床哲学にとって、哲学の誕生の歴史と深いつながりをもつ対話という生の営みは、きわめて重要な意味をもっている。わたしや仲間たちは各地のさまざまな実践者と直接に会い、対話研修やワークショップなどに参加し、そこで経験したことを自前の活動のなかで確認しながら、徐々に手応えを感じてきた。

なかには、伝統的な哲学理論に裏打ちされ、方法として確立されることを目指す対話法もあれば、実践者のうちに蓄積された実践知として体系化や理論化を経ていないものもある。しかし、理論化や体系化が進められているにせよ、そうでないにせよ、対話の経験とは、他の経験や表現には置き換えがたいものだ。対話や対話法に関する意義づけやマニュアル・方法論を論じる試みや研究がなされたとしても、それらがほんとうに意味を持つのは、やはり対話の実践のなかであって、それ以外の場所ではない。なぜなら、対話とは生きた身体と思考を通して営まれるのであり、たとえ、死者の残した言葉であったとしても、それが対話者に届くときには、やはり生きた言葉として聴き取られるからだ。対話について考え、語り、書くことは、聴くこと、読まれることを通して、対話のなかに再び戻ることである。対話の外に出て対話について考えることはできない。この根本的な事実が、哲学と対話とを結びつけているように思える。

　以下に、わたしや仲間たちが、さまざまな活動に出会い、そこから学んだことを示していこうと思う。だが、結論からいえば、〈こどもの哲学〉を学び、実践するには、ただこどもとの対話の経験から学ぶしかない。相手がこどもであっても、大人であっても、いま目の前にいる対話者から学ぶことこそがもっとも重要である。これがわたしたちの出発点であるとともに終着点でもある。

1. P4C と PwC —— カリン・ムリスと絵を使った対話

　P4C ってなんだろう？　—— 1999 年にイギリス、オクスフォード大学で開催された哲学プラクティス国際会議に参加した寺田さんやわたしは事前に送られてきた会議の資料を見ながら首をかしげた。この見慣れない文字の並びに戸惑いながら「フィロソフィー・フォ

ー・チルドレン Philosophy for Children（P4C）」に触れたのはこのと
きだった。哲学プラクティスとは、1980年代にドイツの哲学者ゲル
ト・アーヘンバッハが開設した「哲学相談所」の試みをきっかけに、
さまざまな地域に広がっていった大学に属さない哲学者たちの対話
の活動に対する名称である。アメリカなど心理カウンセリングが盛
んな地域では「哲学カウンセリング」とも呼ばれているが、これは
専門的なカウンセリングというよりも、いわゆるクライアント相手
に哲学の対話を行うことが主であり、その対話のやり方は地域や哲
学者によってさまざまだ。

　この年の会議のオーガナイザーを務めたのはオランダの哲学者、
カリン・ムリスだった。彼女は、アメリカ、リップマンのもとでP4C
の教育プログラムを学んだ後、ロジャー・サトクリフ Roger Sutcliff
らとともにイギリスにて「ダイアローグ・ワークス Dialogue Works」
を設立し[1]、学校教員向けの研修などを精力的に行っているフリーの
哲学者だった。彼女はなかなかクリエイティヴな働きをする哲学者
で、前年アーヘンバッハの相談所のあるドイツのベルギッシュ・グ
ラートバッハで開かれた会議では、講演や研究発表ばかりが占める
「講壇哲学」の雰囲気に満たされた格調高い大会だったのに比べ、こ
の年は「対話を通して考える Thinking Through Dialogue」をテーマ
に、フランスでマルク・ソーテがはじめた討論会「哲学カフェ」や
ドイツでレオナルト・ネルゾンや弟子のグスタフ・ヘックマンが行
ってきた対話法「（ネオ）ソクラティク・ダイアローグ」、そしてP4C
と、さまざまな哲学者の実践が紹介され、互いに交流を図れるよう
にプログラムが組まれていた。会議の内容も実践が中心で、フラン
スで哲学カフェを行うアメリカ人哲学者ゲイル・プラウダによる「哲
学ディナー」など、多種多様なワークショップが盛りだくさんに用

　1）　ウェブサイト　http://dialogueworks.co.uk/

第2部　世界の〈こどもの哲学〉を旅して

意されていた。カリンにかぎらずオランダの哲学者は、フランスや
ドイツに比べてフットワークが軽く、さまざまな流儀を学びながら
独自に実践を展開するのが得意なようだ。

　小さな女の子が「わたしは哲学が好き、なぜなら自由に考えられ
るから…」と語るビデオからはじまるカリンの共同研究者ジョアン
ナ・ヘインズ Joanna Haynes の発表を、わたしも寺田さんも印象深
く聴いたのをよく覚えている[2]。半信半疑ながらも興味をもったわた
しは、さっそくカリンのワークショップに参加して、じっさいにど
のように対話が進められるかを知りたいと思った。じつはカリンは、
イギリスに P4C を導入するにあたって、リップマンが作成した P4C
の教材（『ハリー・ストットルマイヤーの冒険』などの小説）とカリ
キュラムを使用せずに、絵本や写真を使った独自の方法を自ら編み
出し、しかも名称も、"for" を "with" にかえて、Philosophy *with*
Children（PwC）とし、こどもたちとの対等な関係を強調した活動を
提案している。イギリス以外の地域、例えばブラジルなどでも、こ
の PwC にあたる "filosofia com crianças" という名称が用いられてい
た。わたしは理念としても呼び名としても、PwC の方が望ましいと
思う。こどもたちとともに考えるという実践、哲学という営みにこ
どもたちが参加し、それによって哲学そのものも変わっていくとい
うインクルージョンの視点、この二つが重要だと思うからだ。わた
したちが「こどものための哲学」ではなく、〈こどもの哲学〉という

───────────

2)　イギリスでの活動については、ヘインズの次の著書で詳しく知ることができる。
Joanna Haynes, *Children as Philosophers*, Routledge, 2008. この著書のなかにも収め
られているが、1999 年の会議の席でも、10 歳のこどもたちの意見がビデオで披露
された。「哲学は私を助けてくれる……自分の頭の中でお手玉のようにあれこれ動
かしてみることで、私が考えていることについて考えることができるの。たとえ
ば、『宇宙人ってほんとうにいると思う？ それともいないと思う？』という疑問
があって、もし、あなたは「いない」と思ったとしたら、こんどはその「いない」
ということについてまた新しい疑問が出てきて、もっとたくさん考えることにな
る。こうやって、あなたは変わっていく。」（ibid. 157）

名称を使うことにした理由もここにある。

　おなじ会議のなかで、リップマンの小説（『ハリーの冒険』）の一部を使ったワークショップにもわたしは顔を出してみたが、「すべての惑星は太陽の周りを回るが、太陽の周りを回るものはすべて惑星か？」という主人公ハリーの問いがわたしにはワザとらしく感じられ、こどもだったらもっと創造的な問いを考えるにちがいないのに、と期待はずれだった。この問いからピンときたひともいるかもしれないが、この小説は基本的には論理学に関わる思考のスキル thinking skills が多く織り込まれた物語から構成されている。もっとも小説自体は、こどもたちが読んで楽しめるようにいろんなモチーフがちりばめられており、哲学者による創作表現への挑戦としてもっと評価されていいと思う。だが、マシューズがこどもたちとの対話に好んで用いるようなアーノルド・ロベールの絵本や物語のような、こども大人もともに楽しめて、誰でも思わず考えこんでしまうウィットがそこにはない。

　カリンは絵本や写真を使った対話を好む。オクスフォード大学のウォダムカレッジの冷んやりした芝生の中庭で、絵本から抜き出された一枚の絵をみんなで囲んで話しあう、という彼女のワークショップがわたしにはいちばん興味深かった。どういう物語のどういうシーンなのかはいっさい明かされないまま、夕暮れの空に包まれる動物園を遠くから眺める風景を見ながら（しかしカリンにそう種明かしされるまで、わたしたち参加者はそれが動物園であることに気がつかなかった）、カリンに導かれながら参加者たちは「どうしてこの絵はこんなに憂鬱さをかもしだしているのか」などと問いを出しあった。絵について複数で話しあうというのはわたしにも初めての経験だったし、何より感想や意見を述べるまえに、ただただみんなで問いを出しあうというのが新鮮だった。それに英語が不慣れで不自由なわたしにも参加しやすく、ことば巧みなひとだけが積極的に

第2部　世界の〈こどもの哲学〉を旅して

話すのではなく、カリンに問われてじぶんのなかで感じていること
をなんとか表現してみるという試みが、その後のわたし自身の実践
に大きく影響を与えた。つまり、できあがった物語をどのように理
解し読み解くのかといった技術ではなく、まだ完成途上の意味の世
界のなかに他の仲間とともに入り込んでいく生の感覚をわたしは味
わったのだ。ずっと後でじっさいにわたしがこどもたちといっしょ
に対話するようになってから、うまくことばを操れないけれど、感
じていること、考えていることを懸命に表現しようとするこどもの
姿とこの中庭のわたしが重なるようになった。

2. オスカル・ブルニフィエの衝撃

　その後わたしは、ダイアローグワークスの提供する教員向けのセ
ミナーに参加するなど、こどもたちと哲学することへの関心を持ち
続けた。カリンの担当するセミナーは興味深かったものの、じっさ
いにこどもたちと話すチャンスのないわたしは、こどもたちと対話
することの面白さを生で感じる機会に恵まれなかった。それよりも、
じっさいにこどもたちと対話するまでの8年間は、そもそも対話と
いうものにまったく不慣れだったわたしが、さまざまなひとたちと
対話することを通して、大きな変化を経験した期間でもあった。『哲
学カフェのつくりかた』のなかで書いたように、哲学カフェや対話
の方法論云々以前に、わたしにはひとと対話する経験が圧倒的に不
足していた。議論と対話はちがう。わたしは誰とでも議論するのは
好きだったし、議論するのだったら誰とでも何時間でも話せた。ひ
との話をじっくりと聴くのもきらいではなかった。そんなわたしも、
会話が大の苦手だった。じぶんの関心で話を続けることはいくらで
もできるが、他人の関心を引き出したり、相手に寄り添って話を展

開させることはまったくというほどできなかったのだ。

　わたしが本格的にこどもたちと対話したいと思ったのは、オスカル・ブルニフィエ Oscar Brenifier の「哲学アトリエ」——アトリエはワークショップと同様にフランス語で、もともと作業場を意味している——を間近に見たのがきっかけだった。彼はフランス、パリ近郊で活躍するフリーの哲学者で、彼とわたしはオクスフォードでの対話ワークショップで一緒だった。オスカルのやり方はリップマン流とはかなり異なっている。後述するように彼はリップマンのやり方、それもリップマンの正式な進め方ではなくそれを薄めてこどもたちを放任するやり方に批判的だ。彼の流儀は大人相手もこども相手も変わらない。

　彼のアトリエでは、話しあいをはじめる導入の部分が重視される。彼の実践を知るひとは「またはじまった」ときっと思うだろうが、話しあいをはじめるまさにその瞬間に、ひとが思わずしてしまうことを彼はけっして見逃さず、下手をすれば、というよりたいがいの場合そうなるのだが、アトリエの大部分の時間をつかって、その行為についてその当人と話しあうのだ。わたしがそれを初めて見たのは、パリ郊外の公民館で行われたこどもたちとのアトリエのときだった。彼は小学校1〜2年の小さなこどもたちによく知られた絵本を見せ、タイトル部分を手で隠しながら「この本のタイトルは知っているか？」と尋ねた。半分くらいのこどもたちが手をあげ、そのなかの一人の男の子を彼は指名した。ところがその男の子はモジモジして答えない。もう一度、彼は男の子に「この本のタイトルを知っているか、ウィ（はい）かノン（いいえ）か、どっちだ？」と尋ねる。男の子は相変わらずモジモジしながら首を振った。ふつうなら苦笑いして「じゃあ別のひと」と話題を変えるところを、オスカルは執拗に食い下がり、「なんで知らないのに手をあげたの？」とさらに質問する。でも男の子は答えない。そこで彼はまわりのこども

たちに、「彼はタイトルを知っているか知らないか、どっちだ？　知らないと思うひと手をあげて」と問いかけ、多くのこどもたちが手をあげる。そして彼はそれを当の男の子に示しながら、「ほら、みんなが君は知らないと思っているけど、君はどう思うんだ」と問う。それでも男の子は何もいわない。さらにオスカルに「じゃあ君は、ぼくは本のタイトルを知らないのに手をあげました、と言えるかい？」と尋ねられても、彼は何もいわない。そこでもういちど、オスカルはまわりのこどもたちに、「彼の代わりに言えるひとはいるかい？」と尋ね、手をあげた女の子を指名し、その子が「彼は本のタイトルを知らないのに手をあげた」と言うの聞いて、ふたたび男の子に、「ほら、彼女がああやってできるのに、なんで君にできない、言ってごらん」と促す。このやりとりがしばらく続いたあと、ようやく小さな声で男の子が「ぼくは知らないのに手をあげた」とつぶやくと、ようやく彼は放任された。なんと、これでこの会は終わってしまったのだ！

　きっと多くのひとは初めてこれを見たら、こどもがかわいそう、と思い、ハラハラするだろう。吊るし上げにも似た、イジメだというひともいるかもしれない。それに肝心の話しあいを始めないまま、入り口のところで時間を潰してしまったと感じるひとがほとんどだろう。でもわたしはこれを見て、おもしろい、と興奮した。原理は極めて単純だ。彼はことばや思考と行為とが一致しているかに常に注意を払う。それが一致していない場合、多くのひとはそれを隠して認めない。気づいているのに気づいていないふりをする。知らないのに知っているふりをする。知らないことを他人だけでなくじぶんに対しても隠そうとする。本人にとってもけっしていいことにはならないのに、そのような自己欺瞞をわたしたちは演じてしまう。オスカルは、あなたは何とか隠したと思っているかもしれないが、他人からはこう見えているよ、あなたはそれについてどう思うのだ、

と問いかけるのだ。その後、オスカルにわたしはあなたのやり方は
おもしろい、なんとなくわかる気がすると伝えたら、認知というの
がポイントだ、わかるか、ウィかノンか、どっちだ？、と彼は答え
た。（彼はどんな状況でも、わかってるかどうかを相手にイエスかノ
ーかで尋ねる。）つまり、自己認知、じぶんを知るということだ。

　オスカルはたとえ相手が大人であってもこどもであっても容赦し
ない。ちなみに、大人相手、こども相手で態度を変えない、という
のが、わたしの知る哲学実践者ほとんど全員に共通する姿勢だ。彼
ら彼女らはこどもたちを特別な存在だと考えていないし、教育の場
でもそれ以外の場でも、基本的に対話的態度を貫き、ダブルスタン
ダードなふるまいを決してしない。

　さて、さきの公民館以外でも、わたしは中学校でオスカルが行っ
た授業を見学し、その後、何度か彼の話をじっくりと聴く機会をも
った。彼はなんらかのインサイト、洞察を含む物語を好んで使う。
彼はいろんな本を出版していて、彼がアトリエでつかう小噺を集め
た『哲学小噺』や、リセ（日本の高校にあたる中等教育機関）の副
読本として使えるテーマ別の対話編（意識と主体、臆見と知識と真
理、理性と感性、芸術と美、国家と社会、自由と決定など、10 ほど
のテーマからなる哲学者の弟子シリーズ）、そのこども版といえる絵
本（こども哲学シリーズ、日本語訳あり）を出版している。他にも、
中学生の授業で使える問答法（相互質問法）の書かれた教本や『小
学校で哲学を実践する』[3] という本も書いていて、この本の付録にリ
ップマン流の P4C に対する批判が載せられている。興味深いので本
書に関係する部分について少し紹介しよう。彼の批判点をまとめる
と次の 4 点になる。

---

3) Oscar Brenifier, *La pratique de la philosophie à l'école primaire*, SEDRAP, 2007.

第2部　世界の〈こどもの哲学〉を旅して

1. こどもたちに好きなように話させ、それを放任する。
2. 意見をただ列挙するだけで、関連づけや応答を行わない。
3. 素材となるテクストを "stimulus"（刺激）と心理学的に捉え、書かれた内容と向かい合わず、吟味を怠る。
4. 概念的な作業を行わず、多数意見やグループダイナミクスに委ねる。

わたしも基本的にはこの批判に賛成したい。哲学カフェであれ、教室の対話であれ、対話や探究を行うときにはこれらの点についてはわたしもいつも注意を払っている。この4つの点について見て見ぬふりをするのは哲学者ではないとさえ思う。ただし、オスカルはこどもの哲学の基本となる「探究のコミュニティ」という考えを理解していないようだ。オスカルが得意とするのは、こどもの哲学ではなく、相手がこどもであるか大人であるかに関係ない一対一で対峙する問答法なのだ。

探究のコミュニティは、一回きりで成立するのではなく、学校という環境のなかで何年もかけて育てていくものだ。こどもの哲学はデューイの教育哲学に由来し、教室や学校という場でこどもと大人がともに経験を分かちあっていくプロセスを重視する。オスカルの問答法は基本的に個人相談の技法をベースにし、それをグループ用に拡張したもので、そもそも個人というものが関係から独立した存在であるという前提のうえになりたっている。また彼には、多文化、多様性を背景とするなかで教育という場をどのように考えるかというデューイのような熟慮が欠けているといってもいい。

探究のコミュニティを熟成させていくには時間がかかる。例えば、1の点については、そもそも教室で意見をいうことにまったく慣れていないこどもたちの場合は、少なくとも最初は好きなように話をする、という会話の経験が不可欠だろう。「何を言ってもいい」、「す

ぐには反論されない」ことは、ともに考える場をつくる上で意外と重要だ。何を言ってもいい状況をともに作っていく努力と「放任」することは意味が異なる。2については、教師と生徒、あるいは優等劣等という序列関係がその場を支配しているように見受けられる場合は、できるだけ多くの者に発言する機会を与え、発言のすべてを等しく受け入れ、関連づけを急がずにただ列挙してみることも有効である。カリンのように、十分に意見が並べられた後で、それらがどんな景色を描いているのか、どういう関連性や対比が見つけられるのか、みなでゆっくり問うてみればいい。ふだん、わたしたちは意見をひとつずつ聴くことをしない。すぐに「反応」して反論を試みたり、良し悪しの評価を下したり、無視したりする、そのいずれかにならないだろうか。一つ一つ順に聴くことは、それだけで忍耐と観察を要する。それに、話す側にとっても聴いてもらえたという経験があってはじめて、話したことの中身を吟味する準備ができる。みなで聴くことができている場合には、意見を並べるようなことにはならない。それぞれが順に聴きながら意味や関連性について考え、頭をフル回転させている。

　3についてオスカルが言いたいことはこうだ。ある文章を読ませた後で問いをいくつも出させ、そのなかから一つ選んで話しあわせる教師がいるが、出される問いが元の文章とさして関係ないのなら、その文章を使う意味はない、テクストを使うなら、その筆者の意味するところときちんと向かい合い、「他者」と対面することが必要だ、それに問いを一つ選ぶにしても、なぜその問いを選ぶのかについて吟味がまったくなされないのなら、思考を組み立てる機会を逃してしまう、と。ポイントは、テクストを扱うさいの手順の問題ではなくて、そもそも探究をどのように進めるのかという基本姿勢の問題だとわたしは理解する。テクストを選ぶにしろ、問いを選ぶにしろ、決められた手順を追うだけではダメで、どのような選択がな

第2部　世界の〈こどもの哲学〉を旅して

されるにしても、その理由を吟味せよ、というわけだ。わたしも、何を素材にしてどういう手順で話しあうかよりも、こどもたちが話したいと思うものを何でも出発点にし、それから出発しても探究が可能であることをいっしょにやってみせることの方が重要だと思う。ちなみにある日の大学の授業では、わたしは学生がもってきたお菓子の包紙を話題にして対話を始めた。何を対象にしてもそれについて考えられたことは何でもちゃんと吟味する。好きでも、きらいでも、無関心でもいい、それらが表明されたら、それにていねいに応答していくことから探究ははじまる。

　4についても、たとえ大勢のなかにあっても、必ず話し手と聴き手という一対一の関係が保たれ、多数に圧迫されず一人でじっくり考える時間が与えられるよう注意すべきだろう。また、数の大小ではなくて、どういう概念がいま問題になっているのかを確かめることが大事だろう。ただし、概念化に向かうやり方はさまざまであり、必ずしも西洋哲学をベースにしなくてもいいのではないだろうか。彼の副読本でオスカルが西洋哲学の概念や語彙を使用するのは、それを教えるためというより、フランスの社会がそれらの概念をベースにして構築されていて、ひとびとが無意識に受け容れているものをあぶり出すときに、それらを自覚していくことが必要となり、そのガイドとして役に立つからだろう。これは文化の自己認知のために有用だとはいえるが、ほかの地域や社会で同じ概念が使用されるべきかどうかについては疑問の余地がある。

　オスカル、そして哲学カフェを実践する友人ダニエル・ラミレズ（『哲学カフェのつくりかた』で紹介）にはある点が共通している。それは、哲学者が街のなかに臨時に設けられた広場で一対一の問答を繰り広げる、というところだ。問答をしている当人たちは、問答を見守る証人でありながら、いつでもその問答を代わって続けることができる。これは個人であることを前提にしたオープンな対話だ。

34

これに対し、探究のコミュニティは、インクルージョン、包摂の場を重視する。ここでわたしは発言していい、違う意見でいてもいい、理由を述べることを急かされない、じぶんの考えが言えた、それを聴いてもらえた——こうした経験は、誰にとっても当たり前にあるものではなく、その場に参加する全員の配慮が重なることではじめてもたらされる。哲学の対話と探究はこの経験を前提にしている。この経験の共有がなされない場では、対話どころかモノローグの集まりにしかならないだろう。オスカルもダニエルも、格闘技のような問答を好む。相手が準備できていようがいまいが、もう試合ははじまっている、というわけだ。それは哲学相談としては有用だと思うが、探究のコミュニティを育成するとなると話は別だ。

3. 先生たちがつくる P4C、ビューランダ小学校

　オーストラリアでは、アメリカのリップマンとはちがう独自のプログラムが展開しているらしい——この情報を得て、高橋さんとわたしは 2004 年に日本にお招きしたリン・ヒントン Lynne Hinton さんにコンタクトをとり、2007 年夏にオーストラリアのビューランダ小学校を見学することになった。この小学校は、オーストラリア、クイーンズランド州ブリズベン近郊に位置し、州立ビューランダ学校として中学校と同じ敷地に設けられている。木造建築にカラフルな屋根など、日本の小学校とはずいぶん異なる雰囲気にわたしたちも驚いた。わたしたちのような訪問者を頻繁に受け入れているのだろう、校長のヒントンさん（当時）はテキパキとこの学校での取り組みについて話してくれた。この小学校は教育カリキュラムの再編に取り組み、哲学をこの学校の中核的授業として位置づけ、どの教員もすべての学年で週に 1 時間の授業を行うことを義務としている。

哲学の授業を10年以上継続し、この授業の導入以前と導入後を比較して、学校全体の学業成績が飛躍的に向上したことで、州から表彰も受けたという。「哲学は数学と同じくらい重要です」というヒントンさんのことばが印象的だった。

　こうしたオーストラリアでの教育活動を牽引しているのは、ニューサウスウェールズ大学哲学教授のフィリップ・キャム Phillip Cam である。彼は、かつて P4C の世界的な普及に熱心であったシャープから、「リップマンの教材を必ずしも使わなくてもいい、じぶんたちでカリキュラムを作ればいい」と励まされ、教員たちとともに教材を開発し、この活動をオーストラリアの各地の学校に広げている。一般に手に入る絵本が教材して利用され、こどもたちが対話を通して考えを深めることができるように教案が練られ、それが教員向けのハンドブックにまとめられている。

　このハンドブックの第1部では、哲学の持つ意味が平易な言葉で紹介され、「どうやって議論のプランを組み立てるか」「探究とリーズニングのためのスキルをどのように発展させるか」などがごく簡単に説明され、第2部には12の絵本（モーリス・センダック『かいじゅうたちのいるところ』、エリック・カール『はらぺこあおむし』、ピーター・レイノルズ『っぽい』、クリス・ホーンゼイ＆グゥイン・パーキンス『いぬのおやくそく』など）を使用した教案が、第3部には教案として利用可能なワーク（アクティビティ）が資料として掲載されている。

　1クラスは20名程度で、主担当の教員と補助教員の2名で授業が行われていた。この条件を満たすのは日本では困難だろう。この学校で初めて哲学の授業をもつ教員は、まず補助教員として授業を観察し、主担当の教員から直に進め方を学ぶという。また、哲学の授業は常に公開されており、保護者や他の地域の小学校教員が見学することができる。授業にいつも見学者がいることに、こどもたちは

第1章　こどもの哲学探訪記

Traffic Light で使われるフープ

慣れているようだった。この小学校の教員を中心に、オーストラリアの各地の小学校教員がカリキュラム開発のための組織をつくり、学校の垣根を越えた活動を展開している。最近では国境すらも越えて、シンガポールなどでも教員向け研修を行っているという。シンガポールでは日本と同じく1クラス40名ほどの生徒たち相手に哲学の授業をしなければならない。これは日本を含めてアジア諸国の学校に共通する状況で、「こどもとともにする哲学の探究国際会議（ICPIC）」の国際会議でも、どうやって大勢が円になって話せるか、はしばしば話題になる。

　わたしたちは、低学年、中学年、高学年の3種類のクラスの様子を見学させてもらった。低学年のクラスでは、フラフープを利用した「交通信号 Traffic Light」という方法を用いて、「現実・本物 real」という概念について話しあう授業が行われた（この教案を用いた日本の小学校での実践については本書第3部第1章を参照）。円になって床に座るこどもたち（1年生）の真ん中に、青、黄、赤の3つのフラフープが並べて置かれ、青の輪のなかには「リアル real」と書かれたシートが、赤には「リアルでない not real」、黄には「？」のシートが配置されている。授業がはじまると、先生が造花やワニの縫いぐるみ、

恐竜の置物、イラストの書かれた紙、キャラクター人形などを一つずつ手に取ってこどもたちに見せ、「これはリアルなもの？」と問いかけ、こどもたちひとりひとりがそれを青、黄、赤いずれかの輪のなかに置き入れ、先生に尋ねられてそこに置いた理由を話した。授業の最後には、「PHILOSOPHY」とタイトルのつけられたノートを全員が取り出し、それを開いて左右の頁の真ん中に線を引き、左頁下に「リアル」右頁下に「リアルでない」と書いたあとで、それぞれが好きな絵と説明を描くという作業を行った。こうしてこどもたちによって描かれた絵は、廊下に張り出されている。

　中学年のクラスでは、「思考のスキル」の一つである「反例 counter example」を作ってみるスキル学習が行われていた。誰か1人に「すべての○○は、△△である」という文を作らせ、それに対してこの文に当てはまらない反例を全員で考えるという内容である。例えば「『お年寄りはみんな活動的でなくなる』という文について、誰か反対の例を思いつく？」と先生が尋ね、生徒の1人が「わたしのおじいちゃんは元気にテニスをしている」と答える。「みんなわかった？　じゃあ、今度は『すべての○○は、△△である』という文章を考えてみようか。」と先生が言うと、ある生徒が手をあげて、「すべての例は反例をもつ」と言い、先生がそれを聴いて目を丸くしたまま固まってしまった。こういう思いがけない反応がこどもたちから返ってくるのが哲学の醍醐味といえるのだが、さすがに若い先生はまだ慣れていなかったようで、これにうまく応えることができなかった。

　高学年では、もはや絵本もスキル学習もなしに、ベテランと言われる先生の進行のもとで、こどもたちが「変化」というテーマについて自由に話しあっていた。変化というテーマについて考えるのは大人の哲学者でもむずかしい。こどもたちは終始ボソボソ話していたので、何を話しているのかよく聞き取れなかったこともあるが、

第1章　こどもの哲学探訪記

高学年のクラス「変化とは？」

話はさほど展開せず、こどもたちはあまり面白そうには話していなかったし、ベテランといわれる先生もあまり表情を変えず、話を整理するばかりで、いっしょに考えるのを楽しんでいるようには見えなかった。もっとも、先生は「（成長するとか）変化することはいいこと、とみんなは考えてるみたいだけど、そもそも変化することはよいことなのか？」という質問をして、こどもたちに別の角度から変化について考えてみることを促しもしていたが、この質問が唐突すぎて、こどもたちの関心とはすれ違ってしまった。わたしは、生徒も先生も関係なしに、もっとこのテーマについて考えたい、と思いながら、もどかしくその様子を見守っていた。

「聴く」「理由をいう」「例をあげる」「区別する」などから始まる「思考のスキル」学習をベースにしている点は、リップマンのカリキュラムと同じだが、先生たちがじぶんたちで授業案をつくり、他の学校に広げていくというオーストラリア独自の展開は興味深いと感じた。学年ごとに習得すべきスキルとテーマが一覧になって示されており、これに沿って教員たちがじぶんで教材と授業案を考えられるようになっている。リップマンのカリキュラムに比べて、教員た

第2部　世界の〈こどもの哲学〉を旅して

ちの自由度が高く、学校やクラスに応じて授業を組み立てやすいように　デザインされている。

その後、わたしたちがビューランダを訪問して何年も経ってから、日本の学会に招待されて来日したフィリップに会うことができた。彼はオーストラリアでの活動の発展について、クイーンズランド州にこどものための哲学者の協会が結成されたのち、各州に同様の協会がつくられ、ついにはこれらの協会を束ねる「連盟」[4]ができた、と誇らしげに語ってくれた。また、彼が日本の小学生を相手に通訳を介してじっさいに授業をする様子も見せてもらった。配布された指導案によると、「なぜなら」という理由を使って説明するという思考のスキルを使うことが「授業のねらい」として設定されており、彼は最初に絵本（カザ敬子『とらくんとぼく』）を読み、登場動物（とらくん）が友だちとしてふるまっているか、友だちとしてふるまっていないか、その違いについてこどもたちに質問し、さらに絵本から離れて、「みんな、どういう場合だと友だちとしてふるまうか、ふるまわないか、その理由はなにか」ということについて意見を聴く、という内容だった。ビューランダ小学校の授業、キャムの授業、その両方を見てわたしが思うのは、これは先生が教える P4C、つまり先生がこどもたちの「ために」「向けに」計画した哲学の授業、ということだ。授業の基本的な枠組みも、学ぶべきスキルも、あらかじめ設定されており、教員にとって進めやすい。多くの学校に P4C を広め、より多くの教員たちに授業として取り入れてもらうには、こういうやり方がいちばんよいのだろう。だが、わたしはオーストラリアでも思ったし、キャムの授業を見ても思ったのだが、肝心の哲学はどこにいったのだろうか、これはほんとうにこどもたちが考えたいことなのだろうか。この疑問は 2010 年にわたしがハワイで Dr. J

---

4)　Federation of Australian Philosophy of Children Association

第1章　こどもの哲学探訪記

に会うまで続くことになる。

4.　リップマンと IAPC

　カリンも、フィリップも、後に会うハワイの Dr.J も、リップマンやシャープらのもとで「こどものための哲学」を学び、独自に展開しているいわば P4C 第二世代である。リップマンはアメリカ、ニュージャージー州のモンクレア州立大学に「こどものための哲学推進研究所」[5] を 1974 年に創設し、上記のほか多くの人たちに P4C を学ぶ機会を提供してきた。この研究所はリップマンによって作成された教材とカリキュラムを国内外の学校へ導入することに力を入れるほか、P4C を実践することのできる教員・大学院生の教育に力を入れていた。やはり一度は「ご本家」を訪問しておきたい、ということで、以前に訪れたことのある寺田さん、そして高橋さんとわたしの 3 人で、2008 年にここを訪問した。

　わたしたちを迎え入れてくれたのは所長のモーン・R・グレゴリー Maughn R. Gregory だった。リップマンはすでに 2002 年にここを退職しているが、訪問した頃には老齢のため体調を崩し、わたしたちのとの面会はかなわなかった。（その後彼は 2011 年に死去）リップマンがいたころに研究所が置かれていた建物はもうなくなり（学生たちから「お寺」と呼ばれていたらしい）、いまは大学の共同利用施設の一角に数室の部屋が確保されており、そこを見学させてもらった。モーンによると、この研究所も大学の予算縮小の影響で、閉鎖に追い込まれる寸前であり、スタッフもわずか数名になり、P4C

---

5)　Institute for the Advancement of Philosophy for Children（IAPC）. マシュー・リップマンが 1974 年に創設。ウェブサイト https://www.montclair.edu/cens/academics/centers-and-institutes/iapc/

が教育に効果をあげてるというエビデンスを示すために特別に人を雇って結果を出すのに必死になっている、ということだった。見学の後、ここで P4C を学んでいる大学院生の案内で近隣の中学校での授業の様子を見せてもらった。歴史の授業をつかった P4C で、教材としてはなにも使わず、「物の名前とは？」という質問を大学院生が生徒たちに投げかけて、本質について考えてみる、という試みをしていた。

　残念ながらわたしたちはリップマンに会うことができなかった。直接に話を聴くことはできなかったが、幸いリップマンは多数の著作を残している。そのいくつかを見ながら、彼のやりたかったことに触れておきたい。

　1960 年代末のアメリカ社会は教育の機能不全に直面し、多くの退学者を抱えていた。リップマンはアメリカの学校教育では意味という次元が置き去りにされていて、いくつもの教科に細分化され知識と技能の教習に明け暮れる教室のなかで、こどもは意味を問うことに飢えている、と考えた。意味の探求・探究を促し、推進するのは、考えること、思考 thinking の役割である。つまり、意味を豊かに探求・探究するためには、自分で考えること、巧みに考える think skillful ことが必要であり、そのためには「思考のスキル thinking skills」、とりわけ根本的と見なされる「リーズニング能力 reasoning ability」をこどもが身につけることが不可欠である、という[6]。

　デューイが思考の道具としての言語に着目したように、リップマンは、こどもによる言語の習得と思考の学習が同時並行に進むという点に注目した。リップマンは、教材となる小説をもとにこどもと教師が対話を通して意味の探求を進めるために、こどもの思考の発展に必要と推定されるスキルを体系化し、「決定する」「信じる」「推

---

6) Matthew Lipman & Ann Sharp（ed.）, *Growing up with Philosophy*, Temple University Press, 1978. ch.1 sec.2

定する」など数十もの「心の行為 mental act」を分類し、さらに「認知スキル cognitive skill」という概念を援用して、教材の使用法とこどもとの問答のための心得が綿密に書き込まれた教師用マニュアルを作成した。

　意味の探求・探究に思考が不可欠であるにしても、なぜ哲学的な思考が求められるのだろうか。リップマンは従来の哲学が「こども」をどのように扱ってきたのかを振り返るなかで、ヤスパースの文章のある一節に目を留めている。ヤスパースは、著書『哲学入門』において、哲学はすべての者に開かれており、こどももまた大人に劣らず哲学的な問題に直面し、自らの経験を吟味し自由に表現するという哲学的性向をもっていると述べ、「こどもの哲学 Kinderphilosophie」という言葉を創案していた[7]。ヤスパースが指摘しているように、こどもは「自己」の謎という優れて哲学的な問題に驚嘆し、それをときに問いというかたちで明確に表明しさえする。リップマンは、こどもが言葉や知識を習得する過程のなかで直面するさまざまな悩みや困難は本質的なものであり、こうした「頭を悩ます puzzlement」という経験について教室のなかでこどもひとりひとりが話し、「数とは何か」「時間とは何か」という基本的な問いのかたちで関心を共有し表明し、議論することが必要であると考える。それを促すために、彼は哲学的な問いを構成する「概念」を整理し、空間、数、物質、心、可能性、現実、物、同一性、関係、始まり、生と死、意味、価値のそれぞれを扱う「形而上学的な問い」、推論に関わる「論理的な問い」、正しさ、公平などに関わる「倫理的な問い」の三つに区分する[8]。そして彼は、プラトン、アリストテレスに由来する伝統的な区

---

7)　前掲書 p.12.

8)　Matthew Lipman, Ann Margaret Sharp & Frederick S. Oscanyan, Philosophy in the Classroom, Temple University Press, Philadelphia, 1984. pp.36-39.（河野哲也、清水将吾訳：『子どものための哲学授業』河出書房新社、2015 年。）

分を採用し、こどもが主人公となって日常生活のなかで哲学の諸問題に出会いさまざまに思いを巡らせる哲学小説を自ら著した。プラトンの対話篇を模倣してこどもの対話者の名前が付されたこれらの教材は学年別に配置され、こどもどうしが議論を営むためのテキストとして利用されている[9]。

　思考のスキル、哲学的問い、そのいずれもが実際にこどもによって実行されるために最も重要であるのが対話である。驚きや発見は教師から生徒への一方向的な伝達からは生じ難く、またデューイが強調しているように、思考することは直接に教え伝達されることはない。教室のなかでこどもどうしが問答を繰り返しながら新しい意味を発見するプロセスが重視されている。教室は〈探究のコミュニティ community of inquiry〉へと変容し[10]、哲学的な探究は、他の教科等の学習効果の向上や学習態度の改善だけでなく、自律的な哲学の営みの場となることが理想とされる。教師は案内役となって議論を助け、ときには自身が対話者となって議論の見本を示すことが求められる。

　リップマンの教材（『ハリー・ストットルマイヤーの発見』など）は、小学校6年間、あるいは中学校も含めた9年間のカリキュラムを通して段階的に思考のスキルを学習することを前提に体系的に作成されており、論理的思考の習得がそのベースとなっている。リップマンによれば、論理 logic は次の三つの意味をもっている。まず、形式論理として哲学的思考を助けること。そして、適切な理由を探すこと。最後に、合理的に振る舞うこと、である[11]。また、この教材を使いこなすためには、教員の訓練が不可欠であり、教員もリップマンの作成した大部なマニュアルを使いこなすことを要求される。

---

9)　前掲書 pp.51-54.
10)　前掲書 p.45.
11)　前掲書 pp.131-152.

リップマンが最も重視しているのはこども自身による意味の探求・探究であり、スキルの習得はあくまでも探究を有効に進めるための手段として考えられていることを忘れてはならないだろう。しかし、「こどものための哲学」を導入するためには、このカリキュラムを学校全体に導入しなければならず、初等教育の教員にとって、カリキュラムそのものがあまりに縁遠いものに思われるだろう。

　わたしはリップマンの教材には好感をもてなかったものの、それでもやはり、リップマンやシャープというパイオニアたちへのリスペクトをおろそかにするわけにはいかないと思っている。教材のみならず、円になってこどもたちが話す、という基本的な P4C のスタイルを築いたのはリップマンであり、〈探究のコミュニティ〉という考え方を教育での実践として展開したのも彼の独創によるものだ。

　〈探究のコミュニティ〉は、もともとチャールズ・サンダース・パースが科学者集団の実践を考察するために導入した考え方であったが、リップマンがこれを教室での哲学対話の実践を指すものとして取り上げたことから[12]、「こどもための哲学」の中核をなす概念としてひろく受け入れられるようになった。例えば、リップマンは〈探究のコミュニティ〉を特徴づける a から o までの 15 項目をあげている[13]。

　　a．包摂的^{インクルーシヴ}であること
　　b．参加
　　c．認知の共有
　　d．顔と顔が向き合った関係
　　e．意味を求める

---

12)　マシュー・リップマン『探求の共同体』、河野哲也、土屋陽介、村瀬智之監訳、玉川大学出版部、2014 年、第 4 章を参照。
13)　リップマン前掲書 pp.136-137. なおここでの訳語は原著に従って変更している。

第2部　世界の〈こどもの哲学〉を旅して

　　f．社会的連帯を感じる

　　g．熟慮

　　h．偏りのなさ

　　i．モデルの作成

　　j．自分自身で考えること

　　k．方法としての批判

　　l．理性的姿勢

　　m．読むこと

　　n．問うこと

　　o．議論

　多くのひとが思い浮かべる哲学や探究は、おそらく、gより後の
項目に偏っているのではないだろうか。最初の6項目は、当たり前
であるか、わざわざ考えなくてもよいことかもしれない。この6項
目は、参加者全員の顔と身体が見えるように円になって座る、とい
う探究の基本スタイルに象徴されている。リップマンにおいても、
「議論」は一番最後の項目としてあげられており、包摂や参加、共有
や連帯という基本的な関係が醸成されたあとで、はじめて問いや議
論がやりとりされうる、と考えられていたことは注目に値するだろ
う。このように顔と顔が向き合う関係のなかで、包摂、参加、意味
の追求、連帯感をつくりあげていくということが、〈探究のコミュニ
ティ〉形成の不可欠なプロセスであり、これはデューイによる、経
験が連結され共有されていくプロセスという意味でのデモクラシー
を実行するものだといえる[14]。

　また彼はこどものための哲学に関する研究書を多数出版している
が、何より、周りの無理解をものとせず、哲学者がこどもを相手に

---

14)　John Dewey, *Democracy and Education*, in The Middle Works, 1899–1924, Vol.9:
　　1916, Southern Illinois University Press, London and Amsterdam, 1980. p.93.

46

小説を書く、というオリジナルな表現方法を選びそれを実行したという点は実践者であり研究者としてもっと評価されていいだろう。残念ながら、その後アメリカの公教育においては彼のカリキュラムが実施されることはなく、むしろ彼のスピリットを真に受け継いだ哲学者たちは、彼の実践を模倣するのではなく、それぞれの地で独自の実践法をみずから切り開いている。イギリスのカリンもハワイのDr.Jも、ブラジルのウォルターもそうだ。

5. メキシコ、ハワイ、そしてブラジルへ

　IAPCの所長モーンから、中南米でもP4Cが盛んであるとの情報を得て、わたしと高橋さんは、翌年2009年、メキシコでのP4Cを調査と会議参加のためにサン・クリストバル・デ・ラス・カサスを訪問し、会議に出席していたアン・シャープと会うことができた。彼女はリップマンとともに「こどものための哲学」を創設した第一世代であり、「ケア的思考」を重視している。アンは後に出会うことになるハワイのDr.Jとどことなく雰囲気が似ている。というか、要するに、歳を重ねてもこどもらしさを失わないピュアな精神の持ち主（わたしたちはそれを「P4Cマインド」と呼んでいる）で、彼女の立ち居振る舞いから、こどもたちとの対話の経験の豊かさが滲み出ていた。彼女は絵本『ともだちや』を使ったわたしたちの日本の小学校での実践を紹介する報告にも熱心に耳を傾けてくれたし、わたしがヘタクソな英語でしどろもどろしているときに、「こういうことよね！」と助け船を出してくれた。1週間にもわたる会議の会期中、サン・クリストバル近郊の彼女のすてきな別荘にも招かれ、短い滞在ではあったけれど楽しいひとときを過ごすことができた。一言でいえば愉快なひとで、同じ年の夏にイタリアで開かれたICPIC

の会議でのシンポジウム席上でも、奇声を発しながらユニークなプレゼンを見せてくれたし、会議が終わって彼女に挨拶しようとわたしがキョロキョロしながら会場を探していたら、後ろから服をチョイと引っぱって「あんたどこかで見たことのある顔よね？」とニヤと笑ってわたしをなごませてくれた。会議やワークショップという公式の場所でのやりとりよりも、こうした人間的な交流を通して触れることのできた哲学者の実像こそが、わたしの実践の資産となっている。なぜわたしがこういった哲学者との出会いを書き連ねているかといえば、細かな実践方法や教材よりも、哲学者が全身で醸し出す態度や雰囲気こそが、対話や探究のために必須であると考えるからだ。逆にいえば、どんなに優れたカリキュラムや教材を作りあげたところで、それを生身で活かすことのできる哲学者がいなければ、それらは文字通り死んでしまうのだ。

　アンと交流したサン・クリストバル・デ・ラス・カサスは原住民の自治活動サパティスタでも有名なチアパス州の首都であり、アンの弟子エウヘニオ・エチェヴェリア Eugenio Echeverria がここを拠点にして精力的に P4C の普及に努めている。チアパス州は原住民が多数居住する地方であり、白人中心の抑圧的なメキシコ中央政府に対する文化的自律のための草の根的な活動が長きにわたって続けられている。エウヘニオはリップマンの小説をスペイン語に翻訳して出版し、サン・クリストバルのイル・ペケーニョ・ソル（＝小さな太陽）小学校を中心に教員のトレーニングを行っている。またリップマンの教材を使用している珍しい例ともいえる。

　この訪問の詳細については後の第3章を参照願いたい。いくつかわたしの印象を書いておくと、わたしたちがこの小学校を訪問したときは、『キオ』というリップマンの小説を使った3年生の授業が行われていた。先生がリップマンの作成したマニュアル通りに「キオは海の中にクジラがいることを推測したのか、想像したのかどちら

ですか？」と質問しても、誰もうまく答えられなかった。この質問は、例えば「推測する」「想像する」といったことばに対応して、わたしたちが行う思考作業を分類する、という認知スキルの考え方に基づいて作成された教授マニュアルに由来する。しかしこういった理論上の関心とこどもたちの関心がまったく符合してないのはだれの目にも明らかだった。それに、2000メートルの高原に住むこの地域のこどもたちにとって、海とクジラの話はどれくらいリアリティをもって想像されたのかも疑問だ。そんな話よりも、先住民の寓話や物語を使った方が意味があるのではないだろうか。学校での実践経験も乏しく、さらにスペイン語がわからないわたしにも、そんな型通りの質問をしてもこどもたちが生き生きと答えるはずはないのに、と探究の進め方に疑問を感じさせる授業だった。先生やこどもたちが慣れていないだけではなく、対話や探究が生き生きとしていないのだ。わたしはほかの地域でもいくつか授業を参観しながら、用意された教材にこだわらないもっと自由なこどもたちへのコミットメントが必要だと感じるようになった。

　ところでエウヘニオはアンの弟子だというのが信じられないくらい無表情で寡黙、発言してもボソボソしゃべるだけでエンターテインメント精神はほぼゼロといっていい。だがP4C第二世代のエウヘニオの関心は、リップマンのカリキュラムを実施するにとどまらず、彼が「社会デモクラシー」と名づけるデモクラシーの概念と教育にあり、会議の席上でもそのことを熱心に語っていた。こうしたことは一見P4Cと無縁に思えるかもしれない。だがデモクラシーと教育は、デューイの『民主主義と教育』に由来する、おそらくは教育の最重要テーマの一つといっていいだろう。もちろんデューイの考えるデモクラシーとは政治的な統治の形式のことではなく（だから「民主主義」とは訳せない）、わたしたちの経験が分断され、孤立し、敵対してしまうのを避け、経験の共有や結合をめざす学びのプロセス

第2部　世界の〈こどもの哲学〉を旅して

そのものを指している。これは学校やその他の場所で「探究のコミュニティ」を実践していくうえでも基本的な考え方といえる。学校教育においてなぜP4Cが重要かを考えるさいにも、この意味でのデモクラシー抜きに考えることはできないだろう。

　そして数年後、わたしは運命的な出会いを遂げる。わたしには、リップマンの教材とカリキュラムも、オーストラリアの教員中心のP4Cも、正直どれもしっくりこなかった。さきのメキシコ訪問でも、北アメリカの文化と教育を押しつけているような印象が拭えなかった。ほんとうにこどもを中心とした哲学の対話がなされているのか？　こどもから学ぶという姿勢はあるのか？　わたしの疑問は大きくなるばかりだった。また、少しずつ日本でも実践を進めていきながら、どうして教員をはじめとする大人はこどもたちの言うことをありのまま受け取ることができず、理解がついていけないのだろうか、と疑問をもっていた。そんななか、2010年の寺田さんが主催するこどもの哲学に関する研究会で、ハワイ大学に留学していた豊田光世さんの発表をきき、豊田さんからp4cハワイとDr.Jのことを知る。豊田さんに、さきほどの不満を伝えると、「p4cハワイはP4Cとはちがう。きっとあなたたちはDr.Jのことを気に入るだろう。」と言ってくれた。

　半信半疑でハワイに向かいつつ、どうせ今回も変わり映えしないにちがいない、というわたしの思いは、早朝にホノルル空港に到着して空港の出口を出た瞬間に裏切られた。「p4c」と書かれたカードをもった、ドナルドダックの帽子をかぶった気のいいおじさんが、レイを持って待っており、会うなりレイを首にかけてわたしたちをハグしてくれたのだ。ハワイでの出会いがどのようなものであったのか、それについては第4章をご覧いただきたい。一つだけここで書いておきたいのは、Dr.Jに会ってはじめて、わたしはこういうことをやりたかった、これがこどもの哲学だ、と思えたということだ。

50

不登校にまつわる話を聴くということから出発したわたしの教育へ
の問いは、学校や教室はセーフな場ではない、だからこそ、探究の
コミュニティの形成を通してセーフな場を学校のなかに作っていく、
p4c ハワイとつながったのだ。彼は、白人とその文化が歴史を通じ
ていかに悪いことをしてきたかについて自覚的であり、ハワイとい
う地域が歴史的に経験してきたことや現在も変化し続けるハワイの
状況を踏まえて、北アメリカ産の P4C や哲学がこどもたちの多様な
文化的ルーツを否定してしまうことに、最大限の注意を払っている。
p4c ハワイは、ポストコロニアルな哲学の実践なのだ。

　同じことはブラジルでも感じた。わたしがウォルター・O・コー
ハン Walter O. Kohan に会ったのは、2013 年にこどもの哲学に関す
る研究助成により日本に招かれた彼を大阪大学で迎えたときだった。
フィロソフィとは知そのものではなく、わたしたちの知への関係で
あることを忘れてはいけない、と彼は言う。わたしたちは、こども
のときにすでに知との関係を結びはじめる。その関係は永遠のもの
であって、こどもとは人生のある一時期を示す名称ではなく、この
知への関係そのものを指しているのだ、と。それゆえ、わたしたち
が日本で〈こどもの哲学〉と呼ぶのと同じように、彼も「こどもの
ための哲学」ではなく「こどもとともにする哲学」だ、と言う。ま
た、知は国家や他の権威と結びついてひとびとを抑圧するので、フ
ィロソフィは、知とわたしたちとの関係を問う営みとして、「転覆的
subversive」でなければならない、と言ったことも印象深かった。こ
れは何百年にわたってヨーロッパやアメリカ合衆国の文化的支配下
におかれてきた南米の社会特有の状況に根ざした発言だと思う。こ
れは、知識階級がひとびとの抑圧にいかに加担してきたか、知識階
級もそれ以外のひとびとも対話することを通してその抑圧的な状況
を意識化する場が教育なのだ、とパウロ・フレイレが書いているこ
とに通じる考えだろう。わたしは彼の話を聴きながら、日本のわた

国際学会準備中のウォルター（右から2番目）と

したちが、大学も学校も、学問も研究も、どれも中立的なものであると素朴に信じていることが、むしろ不思議に思えてきた。

研究会の後、ウォルターにどんなふうにこどもたちと授業をするのかを実演してもらった。使っていたワークショップルームに、たまたまわたしが別の授業で使っていた楽器がいくつかおいてあったので、彼はこれを使ってみようと言い、参加者が気にいった楽器をそれぞれ選び、円になって座ってひとりひとり音を出し、その音を聴いていたひとがどんな動物を連想したか、話しあった。単純にやってみておもしろかったのだが、驚いたことに、楽器を使って対話するのはいつもやっているのか、と終わってから彼に質問すると、いやまったくの初めてで、たまたまあったから使ってみた、と彼は答えたのだ。こどもたちと授業するときも、そういうふうに即興的に遊びを考案してやっているという。こども大人関係なく、楽しんでやれる遊びをその場で思いついてやってみる、という点はDr.Jと同じで、教材やカリキュラムを固定するP4Cとこの点が決定的に異なると感じた。この柔軟性と発想力がこどもたちと対話し探究するための核心であることを、あらためて知ることになった。

この遊びをこどもたちとやったらどうなるんだろうか。ちょうどこの年、わたしは、学校の外でこどもの哲学をやってみるはじめての試みとして、大阪府箕面市小野原にある多文化交流センターで、外国にルーツをもつ小学生たちと「こどものてつがく」という数回のワークショップを行った。じつはわたしは、このワークショップ

第1章 こどもの哲学探訪記

で、いかに学校教育という装置のなかでいままでじぶんが考え、実践してきたかを、こどもたちから思い知らされる貴重な経験をした。授業ではないので、わたしは「先生」ではない。わたしがいろいろと提案しても、集まったこどもたちがやってみたい、と思わなければやってくれない。学校の教室では、いかにこどもたちがわたしたちに合わせてくれていたのかを思い知る。あるセッションでは、絵本をみんなで読むところまではみんなで楽しくやれたのだが、絵本を読んでどう思ったかをわたしが質問したところで、こどもたちに、「おもしろくない！」とは却下されてしまった。あるこどもは、じぶんは先生に感想を言わされるのがいやだ、と教えてくれた。わたしは、教室でやってきたような対話にもっていかなければならない、と思い込んでいたのだ。そこで、わたしのこれまでの対話に関する固定観念を捨て、とにかくみんなで楽しもう、体当たりで遊ぼうと思い、次の回では楽器をもってきてウォルターの思いついた遊びやってみた。楽器で遊びながら、何の動物の出す音か、音を出す方も、聴く方も、みんな真剣に考える。すると、「考える」とか「話す」といったことがいままでとは違ったように感じられるのだ。わたしは、それまで、大人とこどもの関係が変容するような学びが〈こどもの哲学〉だ、と頭では考えていたのだが、Dr. J やウォルターに出会うことで、ようやくそれを実際に少しずつできるようになったと思う。

　わたしは p4c ハワイに出会い、多様な文化的ルーツをもつひとたちにとって「哲学」とは何かを考えはじめ、さらに、北アメリカやヨーロッパの文化圏とはことなる視点から教育や哲学をみたい、実際にブラジルの学校を訪問したいと思った。ウォルターに連絡をとると、彼は訪問を快諾し、ちょうどリオデジャネイロで教育哲学の国際会議があるから、それに合わせて来ればいい、と勧めてくれた。そして 2014 年 8 月末、20 時間も飛行機に閉じ込められてヘトヘトのわたしを、花柄のシャツを着たウォルターがやはり空港まで出迎

えてくれた。

　ウォルターはリオデジャネイロ州立大学で哲学を教え、学生たちとともに貧しい地域にある小学校で哲学の授業を続けている。意外なことに、小学生で授業をはじめたのは、わたしたちが日本ではじめたのとほぼ同じ頃で、2006、7年からだという。大学の研究室を訪れた後、大学院生に連れられてリオデジャネイロのセントラル駅から電車で小一時間ほどかかる郊外の町にある小学校を訪れた。ブラジルには日系ブラジル人が多いはずだが、日本人がこの学校を訪れるのははじめてのことで、休み時間にはこどもたちに取り囲まれ、大歓迎を受けた。こどもたちはじぶんたちの住んでいる地区から出ることはなく、海は10キロと離れていないのに、海も見たことがない子が少なくないという。驚いたことに、小学校のなかに「哲学の家」が設けられている。学校のなかにありながら、学校の他の教室とは異なる空間を用意している点も非常に興味深い。授業をしている先生は、ウォルターのもとで大学院生として学びながら、こどもたちと哲学をやっている。後日大学で開かれた国際会議では、彼女は小学校教員を代表してシンポジウムの席で発表を行い、自分がアフリカルーツをもち、ファベーラと呼ばれるスラム街出身で、数々の苦労を経ていまの小学校で教員になり、哲学を実践していることを話した。（発表はすべてポルトガル語で行われたので、ウォルターから概要を聴くことしかできなかったのが残念だった。）彼女が教える小学生たちがシンポジウムにやってきて、客席から応援をしていたのも、感慨深かった。ウォルターは、おそらく大学に進学することのないこどもたちが、こうやって大学にやってきて、じぶんたちに関わる内容について見聞きすることが重要なのだ、と話してくれた。

　ウォルターはもともとソクラテス以前の哲学、詩でもあった哲学を研究していた。彼は詩をいつも大切にしている。彼や彼の仲間た

第 1 章　こどもの哲学探訪記

リオデジャネイロ郊外の小学校にて
哲学の部屋で絵本を読んで話し合う先生（中央）とこども、大学院生たち

ちは、問いのことも詩と呼んでいる。別の日に訪れたもう一つの小学校にも「哲学の部屋」があり、そこではフィロと呼ばれる猫が飼われていた。授業の内容はやはり絵本を使った対話だったが、毎回のこどもたちとのセッションでは、最後に「詩」を書く時間があり、その時間に考えた問いをひとりひとりが詩として書き、最後は朗読会をする。ブラジルでは識字は大きな課題だ。識字は、読み書きを覚えるだけでなく、読み書きを通して考え、じぶんを表明し、相手を理解し、社会や政治に参加するという目的をもっている。教育哲学の国際会議でも、識字に関わる発表が多く、こどもの哲学と識字がこんなふうに結びつくのだと知り、目から鱗が落ちる思いをした。わたしは、帰国後、日本でも戦前からなされている綴り方教育の実践について遅まきながら学び、詩を書くということを取り入れた授業をいろんな場所でやってみることにした。

第 2 部　世界の〈こどもの哲学〉を旅して

おわりに　探訪記の最後に

　言うまでもなく、この探訪記は、どの地域の取り組みが「優れている」とか「先進的である」とか「こういうことが日本でもなされるべきである」とか、そういったどうでもいいことを読者に示したいのではない。それぞれの哲学実践者はそれぞれの地域がおかれた歴史・社会的状況のなかで、こどもたちや教員とともにフィロソフィを追究している。リップマンをはじめとして、学校でいかに哲学の授業を行うのか、その方法論を熱心に考えるひとたちも少なくないが、わたしはそんなことよりも、学校やその地域が置かれている状況を、身近で些細なことからでいいから話しあいながら考え、そこで生きていくことの意味をさまざまに問うていくことが、フィロソフィの役割だと思う。

　また、こうした訪問を通して、P4C の "P" がいかに西洋地域を中心にしたものであるかが肌身で感じられた。第 1 部でも少し触れたように、2009 年のイタリア、パドヴァ大学で開催された ICPIC 国際会議では、韓国で長年 P4C の実践に取り組み、韓国の寓話を用いた探究について発表するパク・ジンファンさん、イスラム圏で哲学を行うことの難しさとコーランを用いた授業の話をしたムスリムの女性研究者、そして日本の少年院での対話についてのわたしたち、この三者が一つの会場に押し込められ、しかもイタリア人をはじめとする大多数の西洋人たちは、じぶんたちに役に立ちそうな方法論についての会場に集まり、ごく少数の西洋人とそれ以外の国々のひとたち数人が発表を聴くという有様だった。発表した三者にとっては互いを知る貴重な経験となったが、やはり西洋の研究者にもこうした発表をぜひ聴いてほしかった。西洋人研究者はじぶんたちが世界の中心に立っていると思っていて、韓国もイランも日本もその辺境に位置し、関心の対象ではないことが身に染みてわかった。ウォル

ターがブラジルで開催した国際会議のタイトルは「わたしたちのア
メリカにおいて学校は何ができるのか」であり、使用言語はポルト
ガル語とスペイン語だった。「わたしたちのアメリカ」という表現を
彼がわざわざ選びとり、あえて英語を使用しない、という彼の姿勢
に、わたしは大いに学ぶことができた。こどもの哲学は、わたした
ちの生きる歴史・文化的状況を問う根本的な営みなのだ。

　臨床哲学は、わたしたちの生に直に触れようとする。社会は教育、
医療、福祉という領域や、学校、病院、介護施設という機能によっ
て分断され、ひとりの生身の人間が、「生徒」「患者」「障害者」ある
いは「教師」「医療者」「支援者」に分けられ、それぞれの役割やカ
テゴリーに応じたふさわしい行動を求められる。対話とは、そのよ
うにバラバラに生かされているわたしたちが、セーフな場所で、じ
ぶんたちをとりもどす試みでもある。

　哲学対話に関わる活動や研究もまた分断されている。学会ベース
でいえば、哲学対話や哲学相談のための国際会議（「哲学プラクティ
ス国際会議」）では心理セラピーや経営コンサルティングに関心をも
つひとたちが集まり、「こどものための哲学」を推進する国際組織
（ICPIC）はどちらかといえば教育学者中心だ。哲学カフェも行い、
学校でも対話するひとたちは少数だ。ましてや日本では、こどもた
ちとの対話について発表できるような哲学の学会はごく最近まで存
在しなかった。実践者と研究者も交流がきわめて少ないといわざる
をえない。

　リップマンによって創案され、展開された「こどものための哲学
（P4C）」のプログラムは、「考えることを学ぶ」ことを掲げて、知識
学習偏重の教育を改革を目的に、哲学と教育学、実践と理論的考察
とを横断する画期的な試みだった。しかし、教育学と哲学の双方か
ら冷遇され、アメリカ合衆国の学校には定着しなかった。P4Cはエ
ビデンスを求める教育学にとって不評であり、P4C実践者たちも、

第 2 部　世界の〈こどもの哲学〉を旅して

学校現場でいかに実践の効果測定をするのか、というところに追い詰められてつねに苦戦を強いられている。どこも、最終的に「成績が上がった」という点に落ち着かなかければ、意味がないとされるのだ。オーストラリアのように、P4C の導入によって学校全体の成績が上がったということを実証できたという「成功モデル」だけが注目される。「成功モデル」をつくることは、学校教育に限らず、社会のなかの有意義な活動を展開しているひとたちが晒されるプレッシャーだ。

　対話する、とはどういうことだろうか。リップマンのプログラムやその後継にあたる教育プログラムは、こどもの生に根ざした対話よりも、教材を通して教師が生徒に議論や考える仕方を学ばせるための方法を重視している。その理由は、対話を通してこどもたちから学ぶということを後回しにしているからだ。対話はときとしてわたしたちを混乱に陥れる。だが、揺さぶられることは、ひとが学び直すために不可欠な通過点でもある。対話をコントロールできたと思うとき、わたしたちは対話から遠ざかっている。

　本章は、対話することについてのある重要な結論に導かれている。それは、対話はなにかを改善したり解決するための手段ではなく、経験そのものである、ということだ。教育の場でそれがなされる場合も例外ではない。いや、それが教育の場であるからこそ、方法や効果ということとは独立に、対話がどのように経験されているのか、ということへの注意が必要であり、その注意を実行することが対話なのだ。

58

第2章　自律と自治のための／としての〈こどもの哲学〉
── メキシコにおける「こどものための哲学」国際会議に参加して

高橋　綾

"La autonomia es una arma mas fuerte que el antiimperatismo."　Michel Hardt
自律性は反帝国主義よりも強力な武器だ。　マイケル・ハート[1]

はじめに

メキシコの南東部、チアパス州にサンクリストバル・デ・ラスカサスという街がある。その名が示すとおり、スペインの入植後にできたコロニアル都市である。端から端まで歩いても1時間ほどの広さの街の中心部では、中南米の街によく見られる低層の箱形の建物が連なる町並みのなかに、コロニアルの名残の石畳の道が続く。目に映るもの、匂い、聞こえる音や言語、湿度や温度など空気や光の感触など、異国に足を踏み入れた瞬間にさまざまな身体感覚が刺激され、一度に活性化する経験はなにものにもかえがたい旅の喜びの一つであるが、高地特有の澄んだ空にピンクや黄色、白やグリーン、水色、紫などに塗られた建物が立ち並び、陰ることのない太陽の光とそれがつくり出すくっきりとした陰影が刻まれるこの地では、特に視覚の驚きが強烈な印象を残す。それと同時に目に入ってくるのは、街を行きかうさまざまな民族衣装をまとった先住民の姿である。メキシコのなかでもチアパス州は貧困問題が最も深刻だと言われる。

---

1)　「lavaca」によるマイケル・ハートへのインタビュー、廣瀬純訳、『闘争の最小回路』、人文書院、2006年、75頁。

第 2 部　世界の〈こどもの哲学〉を旅して

　この地で異なる民族ごとにコミュニティを作って暮らす先住民族た
ちは、農業や手工芸等で生計を立てており、非常に質素な暮らしを
している。街には、そういった周辺の先住民族の村から人々が品物
を売りにやってきている。こどもも例外ではなく、お菓子や手作り
のネックレス、リストバンドをたくさん持って人々の間を駆け回っ
ている小さな商売人の姿が広場や繁華街には目立つ。

　アメリカの IAPC から、2009 年の年明けにこのサンクリストバル
で「こどものための哲学（P4C）」の国際会議があるという知らせが
あった時点では、「なぜそんな辺鄙な場所で」と疑問に思ったほどで
あったが、アメリカ、ヨーロッパ、オーストラリアと P4C の実践を
調査してきて、中南米やアジアなど欧米以外の場所でどのような実
践が行われているか興味をもっていた我々はともかく行ってみるこ
とにした。

　調べてみると、このメキシコでの P4C の国際学会は毎年この街で
開かれており、今年は「社会批判としてのこども El Niño Como Crítico
Social」というテーマで、環境問題、グローバリゼーションをどのよ
うにこどもたちと考えるかが中心に話し合われるようだった。さら
にチアパス州は、1994 年にメキシコ政府の NAFTA 条約締結に反対
して立ち上がったサパティスタ民族解放軍 Ejército Zapatista de
Liberacíon National（EZLN）の本拠地であり、近年注目されている
オルターグローバリゼーション運動の一つの発信地であることもわ
かってきた。「こどものための哲学」や今回の会議と、『帝国』の著
者たちも言及するサパティスタの運動がどのような関係があるのか
はわからなかったが、その関連を匂わせるテーマや土地性にも惹か
れ、元旦に出国した我々はサンクリストバルの街に 2 日かけてよう
やくたどり着いた。

第 2 章　自律と自治のための／としての〈こどもの哲学〉

1.　会議の内容

　会議は 2009 年 1 月 3 日から 1 月 11 日までのほぼ 1 週間、サンク
リストバルの街の郊外にある文化施設にて行われた。1 月 3 日には、
先住民族の博物館ナ・ボロム Na Bolom にてレセプションパーティ
が行われ、ここで初めて会議の主催者であるエウヘニオ・エチェヴェ
リアさんと対面した。彼は、現地で CELAFIN (Centro Latin Americano
de Filosofia para Niños こどものための哲学ラテンアメリカセンター)
を中心となって運営している人物であり、哲学の学位を取ったのち、
大学には属さず P4C の普及・教育を行っている。以下では会議の様
子をかいつまんで紹介する。

　会議の参加者は 30 名ほど、主にメキシコ国内から、小中学校の先
生、学校のカリキュラム作りの責任者や、教育、哲学関係の研究者
が参加していた。その他に、カナダ、スイスやイギリスからも、ス
ペイン語を話せる実践家や研究者が 5、6 人来ていた。国外から来て
いる人や大学関係者などは、英語やフランス語も堪能であることが
徐々にわかり安心した。ほかには、IAPC からリップマンの次に P4C
に長くとりくんでいるアン・シャープが来ていた。アンは高齢のた
め、会議の全ての時間に参加することはなかったが、現地に別荘を
もっており、毎年会議に顔を出し、CELAFIN の精神的支柱となって
いるようだった。

1 月 4 日：アンのレクチャーと Digna Rabia（尊厳ある怒り）フェ
　　　　　スティバル訪問

　翌 1 月 4 日から本格的に会議が始まった。午前中がレクチャーや
発表、午後は参加型のワークシショップがあり、午前のレクチャー
は英語で同時通訳がついた。午後のワークショップはスペイン語な

第2部　世界の〈こどもの哲学〉を旅して

会議の様子。中央にいるのがアン

のでついていけないかと思われたが、参加者のなかに英語が話せる人が何人かおり、彼らが助けてくれ、英語のグループを作ったり通訳をしてくれたので、どの時間も取り残されることはなかった。欧米の英語中心の会議とは異なり、すべての人が会議の主要言語に堪能であるわけではないという状況（それは先住民族の多いチアパスの言語環境にも通じるのだろう）のため、言葉を理解できない人に対して、主催者や多くの参加者がサポーティブであったので、これまで参加した国際会議よりも参加しやすい印象を受けた。

　4日は、アンの講演から会議が始まった。アンは、マーサ・ヌスバウムやアマルティア・センなどに言及しながら、こどもには、精神的だけでなく身体的統一感や性的志向にも配慮され、尊厳を持った存在として平等に扱われる権利があり、そうした環境の中で、自尊心をもち、自己表現や考える力を養っていくことが重要であると述べた。IAPCの研究は授業方法や評価についての研究など教育学的なアプローチが多いと思っていたので、アンがこどもの権利につい

てフェミニズム、人間開発などの観点から意見を述べたことは新鮮に感じられた。

　また、夕方の最後のセッションは予定を変更して、Digna Ravia（尊厳ある怒り）というサパティスタ運動の 25 周年フェスティバルに参加することになった。会議の主催者エウヘニオによれば、「今回の会議の社会批判 Critico Social というテーマにも非常に関係があり、興味深い講演もあるので、会議の一環として参加されることをお勧めします」とのことだった。会議の一日目にいきなりサパティスタという名前が飛び出したことに驚いたわたしが、当然フェスティバルに参加したことは言うまでもない[2]。

1 月 8 日：現地の学校見学

　午前中、ペケーニョ・ソル Pequeno sol（小さい太陽）という名前の現地の学校を訪問。この学校はプレスクールと呼ばれる幼稚園から中学校まで一貫制の私立学校であり、私立とは言っても親が出資して運営しているコミュニティスクールのようなものである。エウヘニオと CELAFIN のメンバー、この学校の先生は協力して、プレスクールから P4C の授業を取り入れている。学校は郊外の山ぎわにあり、起伏のある広い敷地のなかに、円形のロッジのような建物が点在している。それぞれの建物は各学年の専用の教室である。建物の中には、図書スペースや芸術作品の展示スペース、お昼寝用のちいさなテント、P4C 用のじゅうたんコーナーなど、こどもたちのアクティビティにあわせて専用の場所が割り振られてあり、こども部

---

2)　より詳しいフェスティバルの様子については、高橋綾「自律と自治のための／としての「こどもの哲学」——メキシコにおける「こどものための哲学」国際会議に参加して」、『臨床哲学』vol.10、大阪大学臨床哲学研究室、2009 年、97-112頁参照。この文章はこの報告を簡略化したものである。

第2部　世界の〈こどもの哲学〉を旅して

屋を見ているようで楽しかった。

　プレスクールのクラス（5歳以下）は15人程度、最初に短いお話を先生が読み聞かせ、そのあと「ともだち」についての話し合い。かえると「ともだち」になりたい男の子が、どうやったらかえると友達になれるかということを友人の女の子と話している対話篇で、2人の対話のなかで、「いつも一緒にいたら」「人形とはいつも一緒にいるけどそれってともだちっていえるかな」「人形は話せないのにともだちになれるかな」「かえるは話すことができるかな」など、なにか/誰かを「ともだち」と言えるかどうかの基準、ヒントが示されている。その後は、先生がいろいろな物や人の名前を書いたカードを見せながら、それとともだちになれると思うか、その理由を聞いていくという方式での対話がなされた。カードに書かれているのは「お人形」「かえる」「大人」「女の子」「男の子」「犬」「猫」「海」「テレビ」など。先生は物語にならって、「いつも一緒にいたらともだちって言えると思う？」「動物は言葉を話せると思う？」「動物や自然を人間は食べてしまう場合もあるけど、それでも友達になれるかな？」というような疑問をこどもたちに投げかけていたが、全員が一つの問いに集中して答えるという感じではなく、「どうして？」と聞かれてそれぞれが一生懸命自分なりの理由を言う練習、対話のための習慣づけをしている印象だった。

　続いて見学した小学校3年生のクラスでは、リップマンの書いた「キオ」という物語を中心に話し合いをしていたが、盲目の少年キオが自分のおじいさんを助けた鯨が近くにいると感じたというシーンをとりあげ、心の行為を表すいくつかの概念「仮定する」「想像する」「理解する」の意味を分節化するというワークをしていた。先生は「鯨がそこにいると仮定する」「鯨がそこにいると想像する」「鯨がそこにいると理解する」ことの違いは何か、キオが鯨がいると「仮定する」「想像する」「理解する」理由は何か、などを尋ねていた。

第2章　自律と自治のための／としての〈こどもの哲学〉

リップマンのテキスト「キオ」を読んで話し合うこどもたち

ワークとしては面白いと思ったが、さまざまな心の働きであるメンタルアクトを定義し、区別するという課題は、3年生にはちょっと難しいのではないかと一緒に見学した人と話した。

　中学校の授業を筆者は見学することができなかったのだが、そこでは学生自身が進行役をし、議論をまとめるということが行われていたとのことだった。この学校での全体のP4Cのプログラムがどのように段階をおって組まれているかは聞きそこねたが、IAPCの教材を使いながら、理由づける、概念を分類する、というような思考のスキルを積み重ねていき、最終的にはこどもたち自身が議論のテーマを決め、進行をするという方向性があるように見えた。しかしこの方法論はアメリカ的なP4Cとそれほど異なるものではないようにも思われたので、この学校の実践はリップマンのP4Cの理想的実践例とは言えるかもしれないが、メキシコ独自のやり方のようなものは見てとれなかったようにも思う。

65

第 2 部　世界の〈こどもの哲学〉を旅して

1 月 10 日：エウヘニオらのプレゼンテーション、ディスカッション

　エウヘニオを中心とした CELAFIN のメンバーによるプレゼンの
あと、テーマについての共同討議が行われた。特にエウヘニオの発
表では、彼のラテンアメリカの政治状況に対する見方や、その延長
線上でメキシコのおける P4C の方向性をどのように考えているかが
理解できた。

　エウヘニオは、まず P4C の基本的な理念である批判的思考 Critical
Thinking、創造的思考 Creative Thinking、ケア的思考 Caring Thinking
などについてどうとらえているかを説明したあと、彼がそれらをど
のようなヴィジョンへ結びつけようとしているかを述べた。批判的
思考に関しては、いわゆる論理的思考だけではなく、状況や文脈に
根ざした思考の重要性、基準に基づいて判断し、アクションへとつ
なげられること、自己批判を含むこと、こどもたちが自分自身にと
ってよい判断をできるようになることが指摘された。創造的思考に
ついては、それが直感や感情を伴うものであり、論理的思考よりよ
り広範な活動であるとしつつも、文脈を超えることや自己超越 self-
transcendent を含むと言われていた。その後、社会的思考とケア的思
考について言及し、――500 年間にわたって先住民の存在を無視し
てきた、そしてマチスモが支配的な風土のなかで女性を虐げてきた
というメキシコの歴史をふまえ――男女平等やジェンダーコンシャ
ス、少数者の権利を尊重する公平な判断の重要性が述べられた。そ
して、こうした力を対話のなかで養成することは、最終的にはソー
シャルデモクラシーへとつながるというヴィジョンが示された。エ
ウヘニオは、それはアメリカ型の、個人の自由に基づくリベラルデ
モクラシーではなく、社会的公正 Social justice に基づくラテンアメ
リカのソーシャル・デモクラシーの実現のために必要であると考え
るということをはっきりと述べていた。P4C が、あるいは彼のメキ

66

シコにおける対話活動の実践が目指すものは、社会的公正に基づいて判断し、具体的なソーシャルアクションを起こす人々を養成することである、とも言っていたと思う。

　このプレゼンは、今回の会議のテーマの核心をなす、重要な問題提起であったが、社会批判 Crítico Social やソーシャルアクション、ソーシャルデモクラシーとはどのようなものであるのかが十分明らかにできなかったこともあって、そうした目標のために P4C はどのような方法で行われるべきなのかというような問題には答えが出なかったように思う。以下ではエウヘニオの話を筆者なりに補い、社会批判やソーシャルアクションの実践、それらと P4C の関係について、少し考えを述べたいと思う。それにあたっては、ソーシャルアクションやソーシャルデモクラシーと P4C の関係についてもう少し具体的に知りたいとエウヘニオに質問したときに、彼自身、サパティスタの対話の仕方と P4C は似ている点があると述べており、帰国してからあらためてサパティスタについて調べてみて、新しい形のソーシャルアクションの方法として学ぶところが多かったので、そのことから始めてみたい。

2. サパティスタ民族解放軍（EZLN）について

　サパティスタ民族解放軍は 1994 年 1 月、メキシコ政府によるNAFTA 条約批准に反対し、サンクリストバルの街を占拠した。当時のメキシコは与党 PRI による経済開放政策がとられ、チアパス州の天然資源を海外市場向けの商品にするために先住民の排除が行われていた。こうした自然の商品化や先住民族の搾取に反対して立ち上がったのが、先住民を中心に結成された EZLN である。メキシコの「片隅」におこったこの反乱は、「グローバリゼーションの傲慢と南

第2部　世界の〈こどもの哲学〉を旅して

の貧しい人々の排除との間の結びつき」[3] を明確に示し、グローバリ
ゼーションは不可避であるという当時の悲観的な趨勢を打ち破った
として、21世紀のオルターグローバリゼーション運動の先駆けとさ
れている[4]。こうした活動が出現した背景には、近年中南米に見られ
る反米、反ネオリベ、左傾化の傾向やメキシコ革命やゲバラのよう
なゲリラ活動、革命運動の歴史が存在するが、むしろ、EZLN の活
動・組織形態は、世界各地で生まれつつある新しい形の草の根の市
民活動と共有される特徴を有しており、「武装ゲリラ」「革命運動」
といった冠よりも、グローバリゼーションに抗する市民活動、新た
なソーシャルアクションとして考えるほうが適切であると考える[5]。

　また、EZLN は民族的なアイデンティティに基づく独立運動でも
なければ、「権力」の奪取を狙った革命運動でもない。彼らは、メキ
シコの一員として先住民族の存在が認められ、その自治が認められ
るべきであると主張しており、彼らが目指すのは、何十もの先住民
族がその多様性を保ったまま、メキシコ国内にとどまらず、市民社
会の一員として正当な権利を認められることである。そしてそのこ
とは、グローバリゼーションとネオリベラリズムのなかで先住民族
が収奪や搾取の対象となったり、経済・消費活動中心の生活のしか
たを押し付けられるのではなく、自分たちの望むやり方で生活を自

3)　イグナシオ・ラモネ、湯川順夫訳『マルコス ここは世界の片隅なのか　グロー
　バリゼーションをめぐる対話』、現代企画室、2002年、28頁 。
4)　サパティスタ運動の背景、経緯については、上にあげたイグナシオ・ラモネ、
　廣瀬らの著作ほか、マルコスとイボン・ル・ボとの対話『サパティスタの夢』、
　佐々木真一訳、現代企画室、2005年などが詳しい。
5)　EZLN が「軍隊」という名称、形態を採用していることによって、「武装ゲリ
　ラ」、武力革命による政権の奪取を狙った組織であるという誤解が生じたり、政府
　によって意図的にそういった報道が流されたこともあったが、彼らは暴力行為を
　是認しているわけではない。EZLN はテロ襲撃や暗殺、爆弾の使用などは一切行
　っておらず、国際法に従って軍事行動を行っている。1994年の蜂起のあとは、世
　界の市民社会からの要請に応じる形で対話路線へと活動を変容させたが、その後
　も強大な政府軍と彼らの法を無視した攻撃に対する先住民の不服従を示し、貫く
　ために武装を続けている。

68

律的に営むことが認められることを意味している。マイケル・ハートは、こうしたソーシャルアクションの主体が求めているのは、「今存在しているような形での権力」ではなく、「社会の自主管理の可能性」という「別の意味での権力」となるだろうと述べている[6]。

「社会の自主管理」、自律と自治はサパティスタのキーワードであり、政府や議会など政治的代表制との交渉を、彼らの度重なる不誠実によって「埒があかない」と判断した EZLN は、2001 年からその活動の方向性を自主統治システムの実現に向け変え、共同体自治のための組織として「善き統治評議会」を発足させて自治コミュニティの形成に力を入れている。教育においても、国からカリキュラムや教師が押し付けられることを拒絶し、彼らは学校を自分たちのコミュニティの望む仕方で組織し、教員を選出することに決めている。今回我々が学校訪問で訪れた場所も、そうした自治のための学びの場の一つである。

また、サンクリストバルを訪問して実感したのは、サパティスタたちは、そうした自律的な生活のための活動を、ゆるやかに楽しみながら行っているということである。彼らの活動は、今は存在していない理念の実現のために闘う理想主義者や前衛主義者といった悲壮感あふれるシリアスな活動家のイメージとはほど遠い。サパティスタの女性たちは、自治活動の資金を調達するために、サパティスタを象った人形や刺繍作品をちくちくと手縫いでつくり、カメラやパソコンなど不慣れなツールを使って、自分たちの活動を自らで映像に記録し発信する。街の若者たちはステッカーをつくり、壁にスプレーで落書きをしてサパティスタへの支持を表明する。これらのどの活動、どのアウトプットも、物が氾濫する資本主義の市場の中では商品価値を持たない、DIY 的な隙間だらけのゆるいプロダクトで

---

6) 廣瀬、前掲書、85 頁。

第2部 世界の〈こどもの哲学〉を旅して

サパティスタの刺繍作品に見入る著者

ある。しかし、それらのプロダクトはそのつたなさゆえに我々を打つ。そこには、洗練され、商品化されていることへのあっけらかんとした無頓着と、大資本への依存を断ち切り、自分たちでやること、創造することの重要性に比べれば、プロダクトのクオリティなどとるに足らないことではないかというはっきりとした意思表示が感じられる。自らの生活を自分自身で作り上げることの喜び、そのプロセスこそがサパティスタの活動であり、活動の目標そのものであって、今とは違う生活をすること、権力を握ることのような外在的な目標のために、現在を手段として犠牲にしているわけではない。

　ここから、こどもや人々が、社会批判の主体になるとは何を意味するか、ソーシャルアクションを起こすこととはどういうことか、について考えてみたい。それは、環境保護や動物の権利を守る運動に参加することや、エコバッグを買って使うことだけでもなければ、あるいは、投票をすること、自分たちの代表を議会に送りこむことでもないだろう。ソーシャルアクションとして通常思い浮かべられるこれらの行動に欠けているもの、それは、サパティスタ的能動性と創造性である。真の意味でのソーシャルアクションとは、すでに与えられてある選択肢（環境保護、消費、代表制）のなかで満足するのではなく、自分たちで、能動的に、新しい選択肢を創造することを意味するのではないか。そうした意味でのソーシャルアクションはけっして派手な、目立つ活動でなくてもよい。刺繍をすること

第2章　自律と自治のための／としての〈こどもの哲学〉

やビデオで活動を記録すること、ステッカーをつくることさえも、あるいは、そうしたマスの制度にのらない活動こそがソーシャルアクションなのだといってもよい。みずからの生活の細部を、自律的に、創造的に作り出していくこと、そして「社会的なもの」の領域を新たに創造すること、それこそが新しいソーシャルアクションの方法論である。

　社会批判の主体となること、それは、与えられた社会問題を「考えなければならない」と受け入れることや、社会で行われていることにやみくもに異論を唱えることではない。自分たちと社会の関係を見直し、自分の問題でもあると同時に社会の問題でもあるような問題を創りだす、という創造性にこそその真価がかかっているように思われる。社会に対して批判的であることとは、社会の外に立つことではない。それは、社会の一員としての「自己」批判を行うことであろう。ただし、ここでいう「自己」批判とは、リベラリズム的個人やアイデンティティを共有する集団のような「自己」ではなく、サパティスタたちが、国家から排除されていると同時に、国家の一員として語るという「遂行的矛盾」[7]をおかしながら、自分たちは自分たちが含まれる新しいメキシコ（自己）の一員となりたいと主張する時のように「自己」の範囲を創造的に拡張しながら、「自己」のあるべき姿を他の人々とともに問い、考えることを指している。

　ソーシャルアクションや社会批判とは、上記の意味において、自己批判と自己変容の活動である。それはどこまでも自己目的的、あるいは自己生産的なものであり、外在的な目標のために動くもので

───────────────

7)　ジャック・ランシエール、松葉祥一、大森秀臣、藤江成夫訳、『不和あるいは了解なき了解　政治の哲学は可能か』、インスクリプト、2005 年、97 頁。
　　ランシエールはこの「遂行的矛盾」の例として1849 年にジャンヌ・ドロワンが立候補できない選挙に立候補し、彼女の性を排除した普通選挙の矛盾を証明した例を挙げている（同書、78 頁）。

71

第 2 部　世界の〈こどもの哲学〉を旅して

はない。こうした活動の主体にとっては、「環境問題についてとりくんでも何も変わらない」「自分にはなにもできない」というような嘆きは問題にならない。ソーシャルアクションや社会批判とは「自分が変わること」を自分自身が楽しんで行う活動であり、それを外から計るものさしは存在しないからである。

3.　社会批判、ソーシャルアクションとこどもとの哲学対話

　最後に、こどもたちが社会批判やソーシャルアクションの主体になることが以上に述べたことであるとするなら、その実現のために、P4C あるいは（その枠組みをこえて我々が実践していくべきこととして）こどもとの哲学対話はどのようなものであるべきかを簡単に書き留めて終わりとしたい。

　　○こどもを受動的、依存的にさせないこと
　　　自分たちの言葉で、自分の考えや他人の考えに向かい合うことの喜び
　　　を、それが自分にとって生の能動的再生産のための力 potentia になる
　　　ことを伝えること。

　　○どんなにつたないものであれ、こどもの自発的参加と表現の
　　　場をつくること
　　　自分たちの思考や対話に対して能動的な関わりができることに比べれ
　　　ば、論理的思考力や成績の向上は二次的な問題にすぎない。こどもの
　　　言うことは、大人の口まねであったり、直感的で練られていなかった
　　　りすることもあるが、そこからしか対話は始まらないのだから、少し
　　　ずつ自分たちの考えに向かい合うプロセスを作っていけばよい。対話
　　　やこどもたちの活動を、その外にある基準からはからないこと。

第2章　自律と自治のための／としての〈こどもの哲学〉

○思考の技術の習得ではなく、こどもたちが思考や対話の主体
　へと変容する場をつくること

　　哲学的思考が、単なる「思考の技術」の習得と区別されうるとすれ
　ば、自らの思考や対話を評価する基準をも自らでつくりなおしていく
　こと、能動的な思考の主体になるという点が重要である。それは、必
　ずしも技術の積み重ねで得られるものではない、むしろ対話における
　態度、あるいは主体のあり方の変容が起こることを意味する。高度な
　論理的表現ができなくても、自分たちの思考や対話を反省し、評価
　し、続けていける主体になれればよい。

○思考や対話の場をこどもが自主管理すること、自律的に運営
　すること

　　こどもたちとの哲学的対話が目指すものとは、こどもたちが思考や対
　話の主体になり、自分たちの思考や対話のありかたを自分たちで決
　め、思考と対話の場を自律的に運営できるようになることである。学
　びにとって最も重要なことは、与えられることをこなすことではな
　く、自分達の学びのありかたを決め、学びの場所をつくることに能動
　的に関わることである。

　　こどもとの哲学対話は、こどもをソーシャルアクションの主体に
するための「手段」なのではない。サパティスタが自分たちの生活
に向かい合い、それを紡ぎだしていこうとするのと同様、自分や他
人の考えに向かい合うこと、ともに考えること、そのプロセスその
ものが一つのソーシャルアクションなのである。それは、思考と対
話の、そして生の、自律と自治のための／としての哲学的対話活動
である。

73

第3章　Dr. J と p4c ハワイの魔法

高橋　綾

1. 出会い　虹の向こうの p4c ハワイ

　太平洋の真ん中のハワイの地でも p4c の実践が行われていると聞いたのは、2010 年になってからのことだった。その噂には、そもそものはじめからどこか不思議な調子が付け加わっていた。ハワイ大学で p4c を学んだ豊田光世さんという人がいると、「こどもの哲学」に関心を持ち始めた何人かの人から聞いていた。東京で「子どものための哲学教育研究所」を立ちあげた実践者土屋陽介さんは豊田さんに頼んで、ハワイ大学の p4c を推進しているトーマス・ジャクソン Thomas Jackson を訪れたという。「ハワイどうでした？」と聞いた時の様子がそもそもおかしかった。彼は開口一番「ハワイは行ったほうがいい、ハワイにいって Dr. J に会うべきだ。」と熱心に言ったのだった。土屋さんが言うには、"Dr. J" という映画や漫画の登場人物のような怪しい名前を持つこの人物こそが、p4c ハワイの中心人物であるトーマス・ジャクソンその人であり、彼は一言でいうと「びっくりするほど『いい人』なのだ」、と。その後、土屋さんの不可解な興奮に興味をかき立てられた我々は、研究会でハワイの "Dr. J" のもとで p4c を学び、日本でも対話実践を行っている兵庫県立大学の豊田さん（当時、現新潟大学）をお招きし、ハワイの p4c について話を聞くことにした。豊田さんによってハワイの p4c の体系的な情報を得ることができたが、そのなかでも我々の関心をひときわ惹い

第2部　世界の〈こどもの哲学〉を旅して

たのは、豊田さんが p4c ハワイのキーワードとして示した〈セーフ
な探究のコミュニティ Safe community of Inquiry〉〈知的なセーフテ
ィ intellectual safety〉という単語だった。

　この報告でさらに p4c ハワイへの関心が高まったわたしたちは、
ついに豊田さんにお願いして "Dr. J" とコンタクトをとり、ハワイに
行ってみることにした。ハワイ大学には "Dr. J" の他にもベン・ルケ
イ Ben Lukey さんという方がおり、p4c のプロジェクトを "Dr. J" と
一緒に行っているとのことだった。早速お二人にメールを書いてみ
ると、ルケイさんのほうから、我々の訪問を歓迎してくれる旨のメー
ルが来た。そこで、メールの文面にあった何気ない一行に目がとま
った。「我々はあなた方と、p4c ハワイの魔法 the magic of p4c Hawaii
を分かち合えることを期待している」と。「p4c ハワイの魔法 the magic
of p4c Hawaii」——この訪問のキーワードとなるこの言葉の本当の意
味を我々が知るのはもっと先のことである。今のところは、この言
葉を目にした時、軽い戸惑いと期待のまぜあわさった不思議な気持
ちがしたことを付け加えるにとどめておこう。それにしても、"Dr.
J" が親切な方とは聞いているが、60 代の方とも聞いていたので、ル
ケイさんのほうが今回の窓口になってくれるのだろうと思っていた
ところ、年明け 2011 年の 1 月 2 日に "Dr. J" からじきじきのメール
があった。我々の訪問中の予定を決めたいのでハワイの空港で会っ
て話し合おう、とのこと。"Dr. J" は朝の 7 時に空港までわたしたち
を迎えにくるつもりらしい。「びっくりするほど『いい人』」という
称号はあながち土屋さんの誇張ではなかったのだ。

2.　魔法使い、"Dr. J" との遭遇

　正月休暇の空港の喧噪と入国審査の長い列のはてに、ようやくホ

第 3 章　Dr. J と p4c ハワイの魔法

ホノルル空港にて、魔法使い Dr. J と出会う

ノルル空港の到着者出口にたどり着いた。そこに "Dr. J" が待っているはずだった。しかし、ハワイでの冬のバケーションを過ごす人が作る入国審査の列とだらだら続く指紋認証の手続き、荷物を探し出すのに想像以上の時間がかかってしまったため、我々は "Dr. J" に 2 時間ちかく待ちぼうけをさせてしまっていた。出口で南国の生暖かい空気を感じながら、"Dr. J" らしき人を探す我々に、最初の「p4c ハワイの魔法」が起こる瞬間が迫っていた。

　魔法使いは花とともにやってきた。片手にハワイ名物のレイ、もう片手には "p4c" と書いたウエルカムボードを持って。長身で銀髪、大学の哲学教授とは到底思えない満面の笑顔。この人があの……と思う暇を与えることなく、Dr. J はフラガールよろしく我々の首にレイをかけ、「ハワイまで、よくいらっしゃいました。わたしはトーマス・ジャクソン、皆は "Dr. J" と呼びます。」とハグ。自己紹介をし、「ずいぶんお待たせしたようで申し訳ありません。」と型通りの詫びを言う我々に、Dr. J はにっこり笑って一言、「あやまるなんて、いけませんねえ。ここはハワイです。時間はたっぷりあるのですから、我々には急ぐ必要は一つもありません。We are not in a rush!」

77

第2部　世界の〈こどもの哲学〉を旅して

その時の我々を表す言葉があるとしたら、この一言しかないだろう —— "Bewiched"。そう、この瞬間に、その辞書に「魔法」という項目がどう探しても見当たりそうにないしかつめらしい日本人哲学者2人の「p4c ハワイの魔法」の旅は始まったのである。

Dr. J の箒ならぬ愛車ホンダに乗せられた我々が、ホノルル市内の滞在先で一旦荷物を下ろしたあと、まず連れて行かれたのは、かのダイヤモンドヘッドを後ろにひかえた入り江を一望できる、見晴らしのいい場所だった。観光客もたくさん車を止めて見物している。下のビーチには、これから波乗りに出かけようとするサーファーの姿がちらほら。しかし、海は凪のよう。うす雲の向こうに見え隠れする太陽の光を浴びて入り江はきらきらと輝いていた。

「さあ、降りて。p4c ハワイのマジックプレイスを紹介しよう。」Dr. J の言葉と眩しすぎる光景に、真冬の日本からやって来たわたしたちは目がくらみそうになった。道路のへりにある低い塀の上にハンプティダンプティのように腰掛けたわたしたちは、しばらく無言で入り江を眺めていた。「これがハワイの海だよ。もっと波が高いときのほうが多いけどね。今日は海は静かだ。美しい。」「ここは p4cハワイの魔法の場所だよ。もちろん他にもたくさん魔法の場所はあるけどね。」「ここに来るとどんなに忙しいときでも心を休めることができる。ここで感じる気分をこどもたちと対話する時にも忘れたくないんだ。こんな場所が近くにあるところで p4c ができるなんてなんて幸せなんだろうと思っているんだよ。」海原の音と一緒に Dr. Jの柔和な話し声が耳に入ってくる。言葉を失う、とはこのような瞬間のことである。と、Dr. J が声を弾ませて「浜辺を見てごらん！」と指差した。指先をたどると浜辺の岩と岩の間の波に黒い大きな生き物の影が見える。サーファーたちがあちこちからその影に駆け寄り、泳ぎよっている。どうやらアシカかなにかのようだ。ハワイの海にはクジラやイルカ、アシカのような生き物がたくさん生息して

第3章　Dr.J と p4c ハワイの魔法

ダイヤモンドヘッドの麓にたたずむワイキキ小学校

いて、運が良ければこのように出くわすことがあるらしい。「ほーらね。これが p4c の魔法なのさ。」

　「さて、もう一つの魔法の場所に案内するよ。」そう言って Dr.J はダイヤモンドヘッドの麓に車を走らせ、ある場所に我々を連れて行った。その場所こそが、Dr.J が 30 年も p4c を行ってきたワイキキ小学校だったのである。ワイキキ小学校は、ダイヤモンドヘッドの麓、ワイキキビーチまでも歩いて 10 分程度という場所に存在している。またしてもその立地にただただ驚くわたしたちに Dr.J は「今日は新年の休暇があけたばかりだから、p4c の授業は行われていないが、まずは、学校の中を案内しておくことにしよう。」と言い、受付に入って行った。学校の受付の女の人になにやら紹介され、visitor の名札の代わりに彼女から手渡されたのは「Dr.J のお友達 a friend of Dr.J」という名札だった。こどもたちの声が響く賑やかな小学校の中を案内してもらいながら、まず気がついたのは、Dr.J が学校の中の全ての人々、とりわけ、こどもたちから愛されているということだった。Dr.J の姿を見ると、必ずといっていいほどこどもたちが集まって来る。「Dr.J！　今日は p4c の授業しないの？」と話しかけたり、女の子は Dr.J の足下をハグしようとし、男の子は Dr.J の背中に飛び乗ったりしている。よく聞いていると、こどもたちは Dr.J に「いつもの

79

第2部　世界の〈こどもの哲学〉を旅して

あれやって！　やって！」と何かを催促している。何だろう、と思って見ていると、そういうこどもたちに Dr. J は「eW［艸SQæ–‡å◇◇? ?åŒ–ã !!」とドナルドダックの物真似で話しかけ、会話をしているのだった。（この物真似は Dr. J の十八番の一つであり、のちに聞いたところによると、学者が集まる国際学会のキーノートスピーチでも開口一番繰り出されたことがあるという "恐れ知らず fearless" の Dr. J の必殺技である。）このようにして、「魔法」という神秘的響きに半ば疑問を持って真冬の日本からやって来た哲学者の疑念と寒さで細められた目は、訪問初日にして、ハワイの海と太陽と、そしてドナルドダック語を話す魔法使いのような哲学者によって大きく見開かされることになったのだった。

3. ハワイ p4c を知る

3.1.　Dr. J の授業／哲学対話のための工夫⑴
　　　　コミュニティーボールをつくる

　小学校や、中学、高校での授業に行く前に、Dr. J が大学で行っている p4c を実践するクラスに参加させてもらえることになった。ここでわたしたちは、p4c ハワイの特徴の一つである、「コミュニティ・ボール」作りに参加し、その作るプロセスを目にすることになる。コミュニティ・ボールは、対話の中で用いる道具の一つであり、毛糸を束ねて作ったボールのことである。このボールを話し合いに参加する人たちが自分たちで回して指名しあい、話を自分たちで進めて行くのに用いる。話し合いにこのようなボールを使うことは手法としてはよくあるが、p4c ハワイの特徴は、このボールを参加者自身が作るところから話し合いを始める、という点にある。いわば

80

第3章　Dr.Jとp4cハワイの魔法

大学の授業で受講者とともに毛糸を巻いて話すDr.J

ボールを作ることは、話し合いのコミュニティに参加し、それを作っていくための最初の儀式、というわけである。

　ちなみに、「こどものための哲学 Philosophy for Children」は一般的に愛称を「P4C」と大文字で表記することが多いが、ハワイではp4cと小文字で表記する。これもまたDr.Jの考えで、彼は、古の大哲学者や大学の哲学研究者がやっている哲学のことは大文字のビッグP、こどもたちや普通の人々が日々の生活のなかで"てつがく"するのはリトルpと呼んで区別している。大文字のしかつめらしいビッグPとささやかな小文字のリトルpの間には共通点もあるが、Dr.Jはこどもたちとする小文字のほうの"てつがく"を何より愛しているのだ。だから、ハワイのp4cは、小さな哲学者たちの矜持とともに、かならず小文字で表記される。この文章中での「こどものための哲学」を表す表記が「p4c」になっているのはそれに習っている。授業でも、最初に、「この授業は哲学の授業だけど、Big Pの哲学じゃなくて、little pのてつがくをしていく、p4cの授業です」と紹介があった。

第2部　世界の〈こどもの哲学〉を旅して

　この授業では、ちょうど新学期が始まるところだったため、コミュニティ・ボール作りが行われていた。Dr.J がたくさん用意した毛糸玉の中から、参加者は自分の好きな毛糸を選び、芯となる筒に毛糸を巻き付けていく。その間に、「自分が呼ばれたい名前、なぜ自分はここにいるか（このクラスを選択したか）、自分の得意なこと、こどもと哲学の関係について、もし学校教育が変えられるとしたらどんなふうに変えたいか」というような問いに答えながら、その問いに対する自分の答えを述べていく。参加者は輪になって座っているため、自分の話が終わったら、毛糸と筒を隣の人に渡して、自分は毛糸玉から毛糸をうまく滑り出させる手伝いをする、という寸法である。

　このクラスでも、20 人くらいの参加者が話し終えて、芯に巻き付けられた毛糸が Dr.J の手元に戻って来たときには、巨大な毛糸のかたまりができていた。Dr.J は手際よく、この毛糸のかたまりを芯から結束バンドに移し、結束バンドでドーナッツ型になった毛糸の内と外を縛りつける。「さあて、何ができるかな？」と皆に毛糸玉を見せながら、結束バンドで縛った側とは反対側にハサミをジョキジョキ入れていって完成したのが、毛糸で出来たぬいぐるみのようなコミュニティ・ボールである。日本で豊田さんの発表を聞いた時にも、〈知的なセーフティ　Intellectual safety〉や〈セーフな探究のコミュニティ　Safe community of Inquiry〉という p4c ハワイのキーワードは耳に残っていたのだが、実際話し合いのコミュニティに参加し、特にコミュニティ・ボールを作るプロセスに参加できたことによって、〈セーフティ〉や〈コミュニティ〉でどんなことが目指されているのかということが自分たちの体感からわかるようになった。

　この最初の作業のポイントは、毛糸という具体的な同一の対象を全員で共有し、巻き取るという共同作業を行うという点にある。この作業を通じて、この場所が毛糸やコミュニティ・ボール、そして

声という具体的な手触りある物を交換し合うことによって共同のなにかを作り出していく場所であるということをイメージすることができる。毛糸は、言うまでもなく、後に交わされる声や言葉、思考に置き換えられることができ、それぞれが自分について話せば話すほど毛糸玉は大きくなっていき、最終的にはそれが多様な色の毛糸からなるボールになる、という過程そのものが、「探究のコミュニティの形成」の可視化された象徴となっている。このボールは後の話し合いのなかで繰り返し用いられるが、参加者はそのボールを見るだけで、協働するということの意味、そのなかで求められる自らの役割を意識しなおすことができるのである。

　また、このボールを作る時に話されることというのは、いわゆる自己紹介やアイスブレークとは少し異なっている。通常、学校で新たなクラスが始まる時に行われる自己紹介では、名前、好きなこと、好きな教科といった既に決まっている項目について情報提供が行われ、同じ年齢の同級生であれば、答えがそれほど大きくは異ならないため、目新しい発見はあまりない。しかし、このコミュニティ・ボールの語りにおける質問は、自己紹介での王道の質問ではなく、むしろ答え方から参加者間のわずかな差異が浮かび上がるような、王道からは微妙にずれた質問が意図されているようだ。そもそも、名前を名乗る段階からして、自分の本名ではなく、「この場で呼ばれたい名前」とすることにより、本名をそのまま使う人、子どもの頃からのニックネームを使う人、個性的な名前で呼んでほしいという人など、それぞれの人となりが差異として浮かび上がってくる。ボールの巻き方や話すスピード一つをとっても、人それぞれであり、それを見ているだけで、色々な人が、それぞれの仕方でこの場に参加を許容されているのだ、ということがわかってくる。

　また、ただ自分の考えを述べるのではなく、ボールを持つ、毛糸を巻きながら話す、というワンクッションがあるだけで、かなり話

第2部 世界の〈こどもの哲学〉を旅して

し手の気持ちも変わる。何も見ないで、自分についての話を一から
しなさい、と言われると人は緊張するものだし、相手が聞いてくれ
ているかどうか、あるいは恥ずかしくて人の目を見ることができな
いなど、話している時に自分の眼差しや注意をどこに置いたらよい
のか不安になってしまう。ここに糸を巻く、自分の巻いている糸を
見つめるという動作が加わることによって、話している時の不安が
毛糸のなかに吸い込まれて行くような効果がある。おまけにその糸
は他の人の手につながっているのだから、それぞれの参加者は不安
や緊張から少し解き放たれ、自然体で自分についての話をすること
ができる。わたしたちは、このワークをやり終わった瞬間に、これ
らの意味に直感的に気づき、「わたしたちが日本でやっている実践で
もこのボールを取り入れたいね。」と話し合ったのだった。

3.2. ワイキキ小学校訪問／哲学対話のための工夫(2)
　　　哲学者の道具箱とマジックワード

　その翌日再び訪問したワイキキ小学校では、p4c ハワイならでは
の方式で行われている授業に参加させてもらうことができた。ハワ
イ大学の p4c チームや Dr. J の助けで、ワイキキ小学校では関心を持
った先生が自分の担当の科目に p4c をとりいれている。Dr. J はもう
30 年ちかく、ワイキキ小学校に通いつづけ、p4c の授業に参加、進
行、進行をする先生の手助けを続けているそうだ。ゲストが来るの
は大歓迎、日本からゲストが来たら、先生やこどもたちは「わたし
たちのしていることは、わざわざ外国からお客さんが見に来てくれ
るほど、すごいことなんだ」とそれだけで励まされるから、とのこ
と。

　1クラスの人数は 15 人〜30 人強と日本の小学校よりは少し少な
め。驚いたのは、わたしたちが訪れると、教室でも廊下でもほうぼ

うから「こんにちは！」「にほんから来たの？」「ぼくのなまえは○○です！」と日本語で声がかかることだ。ハワイはアメリカ合衆国本土から移住してきた人、ハワイ原住民にルーツを持つ人、アジアからやって来た人の子孫などが混在している多民族、多文化地域なのだ。もちろん、日系のこどもたちもたくさんワイキキ小学校に通っている。アメリカ本土と異なるのは、ワイキキ小学校の教室には、ハワイという地域の民族構成を反映し、どの人種、文化がマジョリティということはなく、さまざまな民族、文化背景を持つこどもたちが同数に近い割合で存在することだ。

　どのクラスでも海外からきた我々を暖かく迎えてくれ、Dr. J やクラスの先生がコミュニティボールを取り出し、「今日はゲストがいるから、最初にボールを回してみんな自分の名前を言って挨拶をしてね。それと、p4c の好きなところをひとりずつ挙げられるかな？」と促してくれる。これによってわたしたちはこどもたちと距離が縮められるのと一緒に、彼らが p4c をどのように経験しているのかをこどもの言葉で直接知ることができる。通常学校を訪れて対話を見せてもらう場合、見学者として対話を外から見守るのが普通であるが、p4c ハワイの特徴として、そのようなゲストも対話の輪の一部となって話し合いに参加するということがある。初めて参加したときには「どうぞ輪の中に座ってください」と言われて驚いたのだが、確かに参加者として対話に参加してみることほど、コミュニティの中で考える、コミュニティとはどういうものかがわかる方法はない。

　わたしたちに対する自己紹介が一通り終わってボールが一巡すると、Dr. J が車から持って来た工具箱を開き、「さて、何が出るかなー？」とこどもたちに話しかける。出てきたのは、工具ではなく、W、R、T などの文字がはりつけられた、哲学対話のための道具（tool kit）である。こどもたちにはすでにおなじみの道具のようで、口々に「知ってるー！」「W は○○だよねー！」に答える。

85

小学校の授業でこどもたちに Good Thinkers Toolkit を示す先生

　哲学対話においては、単にこどもたちが話しているだけでは十分ではなく、コミュニティでの探究が深まっていかなければならない。そのためには、「理由を尋ね、吟味する」「言葉を定義し、分類する」「例や証拠を挙げる」「反例を挙げる」などの作業が必要となる。ここが哲学対話において重要でありかつ難しい点である。つまり、こどもたちに対話をすべて任せると上のような作業は自発、自然的には起こりにくい。かといって、こういった作業を対話とは別にそれぞれ取り出して、「スキル」という形でひとつずつ教え、それを対話に応用する、ということはなかなかうまくいかない。議論を深めるためには、大人（教員）の介入や助けが必要に見えることもあるが、その場合はこどもたちが大人に依存せず自分たちで議論するという目標から遠ざかってしまう。こどもたちの自発的思考を邪魔せず適切な介入をするためには大人（教員）の側にある程度技量がなくてはならない。

　こうした課題への一つの解決策として、ハワイでは、「good thinkers tool kit 哲学者の道具箱」という道具が用いられている。哲学対話を

第3章　Dr. J と p4c ハワイの魔法

深めるのに必要な作業の頭文字をとった、W、R、A、I、T、E、C
の七つ「道具」（カード）が、こどもたちのいつでも見えるところに
置かれている。こどもたちはそれぞれの頭文字のカードが何を意味
するか知っており、教員は対話のなかで、「今の発言にはどの道具
（カード）が使われていたかわかる？」「この議論では、この道具を
使ってみよう！」という形で、話を深めるための作業の重要性をこ
どもたちに気づかせ、それをうながすことができる。

---

good thinkers toolkit 哲学者の道具箱[1]

"W" = What do you /we mean by？：どういう意味なのだろ
う？（意味）
一つの言葉にいろいろな意味があることや意味があいまいなことに気づ
くことができる、重要な言葉の意味がはっきりしているかをいつも念頭
においておくこと

"R" = Reasons：どうしてそう思うの？（理由）
単に意見を言うだけでなく、そう考える理由を一緒にのべること

"A" = Assumptions：そもそも～って？／～を当たり前だと
思ってよいのだろうか？（前提）
話し合われている議論の前提となっていることを明確化すること

"I" = Inferences, If … then …, Implications：もし…なら…と
いうことになる（含意、帰結）

---

1)　Thomas E. Jackson, The Art and Craft of Gentry Socratic Inquiry, P.10. 2011 年当時
ハワイ大学の p4c の授業で配布されていたパンフレット。ほぼ同様の内容のもの
を以下の文献やインターネット上の資料で読むことができる。なお訳文は筆者が
ワークショップ等で使用できるよう簡易化したものである。Thomas E. Jackson
"The Art and Craft of 'Gentry Socratic' Inquiry", published in *Developping Minds; A
Resource for Teaching Thinking*, (3rd edition), Arthur L. Costa (editor), ASCD,
Alexandria, Virgina, 2001.

誰かが述べたことの含意、帰結について、推測し仮説を立てる

"T" = True?：本当にそうだろうか？（真実、事実性）

誰かの発言が真実であるかどうかを吟味すること

"E" = Examples, Evidence：たとえば？（例）証拠は？（証拠）

誰かの発言を明確にするためにその例を出す、主張を裏付ける証拠を出す

"C" = Counterexample：でもこういうこともあるのではないか？（反例）

"いつも""ぜったい〜しない"といった発言が出てきたときに、その発言の正しさを吟味するために反例を考えてみる。例：「わたしたちはぜったい夜更かししないようにしている」「でも、翌日が休みだったら夜遅くまで起きていることもあるんじゃない？」

　ちなみに、こどもたちが多数決で関心があるテーマを選ぶ場合は、時におよそ哲学とはほど遠い場合がある。その場合にも、この道具を使うことを促せばどんなテーマからでも「てつがくする」ことができる。ちょうどこの時わたしが参加したワイキキ小学校の話し合いでも、他のテーマを差し置いて、（ティーチングアシスタントとして新しく教室に加わった）「○○先生について」というテーマが選ばれたことがあった。これはどうなるのだろうか？と疑問を持って見ていると、進行役をしていた担任の先生は、そのまま○○先生について話し合わせたり、質問させるのではなく、「では、あなたたちが○○先生はこんな人ではないかなー、と思うことを推理して、その理由と一緒に発言してください」と、道具箱の Reason をつかう推論の遊びにさりげなくこどもを誘った。最初はこどもたちもすこし戸惑ったようで「○○先生は何歳ですか？」という質問の形で発言をしていたが、先生は「あなたは○○先生は何歳だと思う？どうしてそう思うの？」というふうに、あくまでこどもたちに推理をさせる

ようにさせ、その結果、「○○先生は兄弟がいると思います。理由は
……わかんないけど。」「○○先生はサーファーである。理由は髪の
色が薄くなっているから。」「○○先生は結婚はしていないけど、彼
女はいると思います。理由は指輪をしていないけど、先生はかっこ
いいからモテると思うから！」というようないろいろな推論が出て
きて、さらに担任の先生は、「髪の毛の色の薄い人はみんなサーファ
ーなの？」というように、反例について尋ねることもしており、こ
どもたちの○○先生に対するパーソナルな関心から、推論へと巧み
に皆の関心を向け変えた先生の機転には「さすが！」と思わされた。
この推論ゲームには、○○先生がそれぞれのこどもの推論が当たっ
ているかどうかを答えるという「オチ」があり、こどもたちが最も
盛り上がっていたのはこの最後のパートであったことは言うまでも
ない。

　p4c ハワイでは、考えたり、質問するための手引きとしての「哲
学者の道具箱」に加えて、他の話し手に対して要望がある時にそれ
を表明するための合い言葉、「マジックワード」なるものが用意され
ている。「聞こえない」「誰かが話している時は、他の人は静かにし
て」「わからない」「話がわからなくなった」「このテーマはもうい
い、他の話をしたい」というような対話の進め方や他の話し手への
要望を表明することは対話にとって重要なことであるが、状況や場
面、参加者によってはいいにくいこともある。特に「わからない」
ということは、通常の授業では本人の理解の遅さや能力のなさを意
味することになるため、こどもたちはなかなか対話のなかでそれを
率直に表現しづらい。そうしたことを「マジックワード」という、
魔法の呪文のようなコミカルな響きを持つ言葉に短縮化することに
よって、表明しやすくしているのである。Dr.J がこの magic word を
楽しそうに口にするため、こどもたちはそれに魅了されて、"イドゥ
ス" や "ポパート" のような呪文をハリーポッターのように我先に

第2部　世界の〈こどもの哲学〉を旅して

口にしたがる。（日本に帰ってから、わたしたちもこのマジックワード——特に「わからない」を対話に導入しようとしたのだが、英語の短縮語は参加者になじみがないため、日本語でどう表現するか困っていた。試しにわからないときには「ワン」（わからんの略）と言う、という magic word を提案してみたが、大学生の参加者はあまり使わなかった。ある時、「ニャー」（わからにゃい）でもいい、と言ったところ、なぜか多くの参加者は「ニャー」のほうが使いやすいといい、その日はぽつぽつ「ニャー」が聞かれる場面があった。語感なのか音なのか、「口にしやすさ」はそのような些細なことでも大きく変わるという例であろうか……。）

---

magic word　マジックワード[2]

SPLAT "スプラット" = Speak a little bit louder, please.　もっと大きな声で話して

IDUS "イドゥス" = I don't understand.　言っていることがわかりません

POPAAT "ポパート" = Please, one person at a time.　一回に話せるのはひとりだけ

OMT = One more time.　もう一回言って

NQP = Next question, please.　次の質問をして

LMO = Let's move on　次（の話題）に進もう

PBQ = Please be quiet.　静かにして

GOF = Going off subject　テーマから離れてきてるよ

---

2)　Jackson、前掲パンフレット、pp.6–7。

3.3. 哲学対話のための工夫（3）
プレイン・ヴァニラとセルフエヴァリュエーション

　こどもとの哲学対話において、最も重要なことの一つは、「こども
たちの問い、考えたいことから対話をはじめる」ということである。
しかし、いきなり何を話したいと聞いても出てこない場合や、教科
や単元にあったテーマについて対話をしたいという場合などもある。
そのため、ハワイ p4c では、こどもたちの考えたいこと、問いを引
き出すために、プレインヴァニラというシンプルな方法論がしばし
ば用いられている。ちなみに、プレインバニラという命名は Dr.J が
好きなトッピングなしのバニラアイスに由来しており、最もシンプ
ルな基本形、という意味だそうである。

Plain Vanilla　プレインバニラの五つのステップ[3]

Step. 1: Read（経験の共有）
短い文章、小説のパラグラフなどを全員で読む。これ以外にも、全員で
映像、映画を見る、絵や写真を見る、詩を読む、音楽を聴くなどでもよ
い。

Step. 2: Questions（問いを立てる）
読んだ文章やその他の共有された素材を元に、それぞれの参加者が問い
を立てる。これらの問いは全員が見えるところに書き出される。問いを
立てた人の名前をいっしょに書いておくとよい。

Step. 3: Vote（問いを決める、投票する）
全員でこれらの問いから考えたい問いを決める。ハワイではシンプルに
教員も含めた多数決を行う。

---

3)　Jackson、前掲パンフレット、p.8。

第2部　世界の〈こどもの哲学〉を旅して

> **Step. 4: Dialogue/Inquiry**（問いについて話し、考える）
> 選ばれた問いについてともに考え、探究する。その際にはマジックワード、ツールキットを使う。
>
> **Step. 5: Reflect**（振り返り）
> いくつかの指標を用いて、全員で今日の探究を振り返る。

　Step. 1の部分は、経験が共有されるものであれば何でもよい。学校の英語（国語）や社会の時間等、読むテキストや素材が決まっている場合は、それを一通り読んだ後で、それぞれに問いを立てることもできる。筆者たちが見た授業でも、英語の先生が自分の好きなパンクロックの歌詞をみんなで聴いて、それについて問いを立てることや映画を見て問いを立てる、というようなことを行っていた。小学校の低学年や幼稚園など、このような素材を通じての経験の共有が難しい場合には、こどもたちに直接「問い」を立ててもらって、その中から話し合いのテーマを選ぶことも行われていた。この場合は、こどもたちの直近の経験や、関心によって出てくる問いが変わってくるため、その時にこどもたちの関心を捉えたものがわかって面白い。前日に大雨があり、雷が鳴った次の日の授業では「雷はなぜ恐いか？」が、ジャンクフードを食べすぎないようにというレクチャーが最近あったというクラスでは「ジャンクフードとはなにか？」というテーマで話し合いがなされていた。いずれの回も進行をする先生は、ツールキットをうまく使って、「あなたたちに悪いことをするのは雷鳴 thunder かしら？　稲妻 lightening かしら？」「君たちの好きなマッケンチーズ（マカロニにチーズをかけて焼いたもの）が『ジャンクフード』と言われるのはどうしてだい？　塩味が濃いからか？　栄養が偏ってるからか？」というように、こどもたちの関心や考えたいことをうまく分節化できるように手助けをしていた。ただ、「友達にされて嫌だったこと」のようなテーマでは、身近すぎるから

か、先生とこどもたちの関係性の問題か、先生は「誰かが嫌なこと
をした場合、あなたもその相手に嫌なことをしてもいいのかな？」
というような質問をするものの、こどもたちがそれをスルーして、
延々と嫌な経験について話し続けるという回もあり、担任の先生も
参加していたわたしも困り果てる、というような場面もあった。

　ハワイでのセッションでは、探究の最後に、全員に「今日の対話
に満足したか」「考えは深まったと思うか」「セーフな場だったか」
などを聞いて、全員がそれに対して応える形で振り返りを行うこと
がある。重要なことは、今日の議論がよかったかどうか、こどもた
ちが自分自身で考えてみること、それを表明することができる場が
あることである。質問に対する反応の仕方は、手を親指だけ立てて
握り、その親指を「よかった」なら上に、「悪かった」なら下に、「ま
あまあ、わからない」なら横に向けるという方法（サムズアップ）
がよく用いられている。これも、言葉ではなかなか言いにくいこど
もたちが、自分を表現するための工夫である。ハワイでは、この振
り返りの基準となる質問として、以下のようなものが挙げられてい
る。コミュニティとしてどうだったか、探究としてどうだったかの
二つの観点から質問がされていることが特徴である。

振り返りのときに使われる質問[4]

コミュニティとしてどうだったか？
- 聴くこと：私は他人の話をよく聴いたか？他の人は私に
  耳を傾けてくれたか？
- 参加度：少人数の人だけではなく、多くの人が対話に参
  加していたか？

---

4)　Jackson、前掲パンフレット、p.11。

第 2 部　世界の〈こどもの哲学〉を旅して

> ・セーフティ：セーフな環境であったか？
>
> 探究としてどうだったか？
> ・焦点：話の焦点はつねにあっていたか？
> ・深まり：探究は深まったか？
> ・理解：トピックに対する理解は深まったか？
> ・考えること：がんばって考えようとしたか？
> ・面白さ：話し合いは面白かったか？

4.　カイルア高校訪問／p4c ハワイチームの面々

　別の日にはベン・ルケイさんの運転で、ホノルル郊外のカイルア地区にあるカイルア高校の見学に連れて行ってもらうことになった。ベンはハワイ大学の研究員（当時）として、大学の授業を一部担当したり、こうしてワイキキ小学校やカイルア高校へと出かけ、p4cスタイルの授業を行っている先生をサポートしたり、教員間の研修や会議に参加しているらしい。（のちにこの活動形態が、「フィロソファー・イン・レジデンス Philosopher in residence」という p4c ハワイが提案している学校への哲学者の関わりだと知る。）

　カイルア地区は現在はワイキキ郊外の小さなビーチタウンとして観光客にも知られる場所である。カイルア高校では、p4c の方法論を用いて行われているエスニックスタディーズと英語の時間を見学させてもらった。カイルアビーチやカイルアの町並みが観光客に見せるのどかな顔とは裏腹に、カイルア高校では、多人種、文化的、経済的背景の異なる生徒たちが通っており、主に比較的裕福な主に白人系の家庭の生徒グループと経済的に恵まれていない移民やハワイ原住民系の家庭の生徒グループに学校自体が分断される事態が起

94

こり、生徒グループ間の争いや暴力も起こったそうだ。この状況を改善するために、エスニックスタディーと p4c のメソッドが導入され、一定の効果を上げている。ハワイ大学にて Dr.J から p4c を学んだ同高の教員によってこうした授業のための教材や教授法についてのハンドブックも作られている。それだけでなく 2010 年当時、カイルア高校の教員をしていたアンバー・S・マカイアウ Amber. S. Makaiau さんは p4c の高校への導入をテーマにし、ハワイ大学で博士論文を書いておられ、英語の教員をしているチャド・ミラー Chad Miller さんも博士論文を準備中（当時）ということだった。アンバーもチャドも p4c ハワイカウンシルのメンバーであり、Dr.J のもとで p4c を推進している主要な人物だ。

4.1. アンバーのエスニックスタディーの授業から

　上述したように、多様な背景を持つこどもが集まるアメリカの学校では、学校内外でのこどもたちの暴力や対立抗争が大きな問題となっている。カイルア高校もその例外ではなく、生徒たちも「学校のなかで暴力行為がなく、安全であること School safety」が自分たちにとって重要な問題であるととらえている。ハワイ大学には、アジア・太平洋諸島青少年暴力防止センター Asian/Pacific Islander Youth Violence Prevention Center が設けられており、このセンターとカイルア高校は提携して、学校での暴力行為を防止するためのプログラム作りを行っていた（当時）。その一環として、人種やエスニシティ、マイノリティと多様性について学ぶエスニックスタディーズと哲学の時間が卒業に必要な受講必須の科目として設けられるにいたった。これらエスニックスタディーの授業を導入し、カリキュラムにまでした中心人物がアンバーである。アンバーは社会的公正に強い関心を持っており、移民社会、格差社会のなかで、生徒たちが

エスニックアイデンティティについて授業でレクチャーをするアンバー

アイデンティティをいかに構築していくかに関心を持っているようだった。

　最初に参加したエスニックスタディーの授業で驚いたのは、生徒たちが「自分のエスニシティ」について自由に考え、堂々と意見を述べていることだった。日本では自分のルーツやエスニシティについて話をする、考えるということが学校ではほとんどないのに対して、多文化社会のハワイでは、日々そうしたことを考えざるをえない場面もあるようで、それぞれの生徒が自分とは誰か、についてしっかり考えを持ちつつあるという印象を持った。特に印象に残ったのは、「自分のエスニシティ」について話す場面で、「先生はどうなの？」と生徒から問いかけられたアンバーが、「そうね、あなたたちと一緒で一言では言えないところはあるわ。わたしの親はアメリカ本土から来たコーカソイドだけど、わたしはハワイの文化を愛しているし、ハワイアンと言いたい部分もあるの。夫はアジア系だしね。」と若干のためらいを示しつつも真剣に答えていたことと、「自分の親はオキナワとハワイ出身なので、最初は自分のエスニシティはオキナワニーズ・ハワイアンだと思ってた。だけど、みんなで話してみて、オキナワもハワイも共通の太平洋、アジア文化圏に属するまとまりかなって思うようになったから、自分のエスニシティはエイジ

アン、と言いたい気がしてきた。」と言う生徒がいたことである。後者の発言には、ハワイの多文化性を象徴するような発言で印象に残っていることと、オキナワは日本の一部だとわたし自身無反省に思っている部分があったが、オキナワには固有の文化があり、それをアイデンティティとしている人々もいるのだ、ということに気づかされたという点で記憶に残っている。アンバーさん自身のエスニシティの言及については、授業の後で質問をした時に、「実際わたしも迷うところはあるし、生徒たちの中にも真剣に考えている子もいるから、迷いを率直に語ったほうがいいと思ったの。」ということを言っておられ、その真摯さや自分自身に問いを向ける態度に感心したことを覚えている。アンバーはエスニックスタディーズという科目で、生徒たちに自分の家族史（特に第二次世界大戦で自分の家族に何が起こったか）を親や祖父、祖母に聞き取りをさせて、それを作文させるということも行っており、こうしたことが彼女の博士論文の主要テーマであったとのことだった。

4.2. チャドの英語のクラス 「推論ゲーム」

英語の先生のチャドは、体躯の立派な若い男の先生。どこにいっても、スポーツマンらしい快活さで人気の先生だ。この日の授業で行っていたのは、写真をもとに推論をするという課題だった。チャドの授業は、エスニックスタディーズの授業の雰囲気とはまた違って、哲学者の道具箱をもとにした推論ゲームをすることで楽しく推論のイロハを学ぶというものだった。

この「推論ゲーム」の内容は、最初にある写真を皆でみて、そこに映っている人や物について推理をする、というものである。この日は「モヒカン頭で瓶ビールをあおる若い男の人」（チャドに似ている）の写真をみて、それぞれの写真について、以下の三つの作業を

第2部　世界の〈こどもの哲学〉を旅して

するように、チャドが促していた。

　三つの作業とは、1) その写真から推論できることを考え、「I infer …」（わたしは…と推論する）という文章を作る Inference、2) その推論の理由や論拠をあげる Evidence、3) 自分の挙げた理由や根拠が、自分の推論を支持しているとどうして言えるのか説明する（Explanation と呼ばれていたが、仮説形成に近い）を各自で行い、紙に書くことである。二番目の若い男の人の写真についての推論では、

　　1) 写真に写っている男の人は、ハワイに住んでいるか、ハワイのことが
　　好きにちがいない → 2) なぜならハワイの地ビールを飲んでいるから
　　→ 3) ハワイの地ビールを飲んでいる人はみな、ハワイに住んでいるか、
　　ハワイのことが好きである。
　　1) 写真に写っている男の人は、"かっこつけ"である → 2) なぜなら、モ
　　ヒカンでピタピタのTシャツを来ており、ビールを瓶で直接あおってい
　　るから → 3) モヒカン、ピタT、瓶ビールの人は"かっこつけ"である。

というような推論が生徒から提示され、さらにみんなで「すべての
モヒカン頭の人は"かっこつけ"である」という推論に対する反例
（モヒカン頭の女の人はどうか？アメリカの原住民にルーツを持つ人
でこの髪型をしている人はどうなのか？）を考えたりしていた。ま
た、この「推論ゲーム」にもオチがちゃんと用意されており、この
写真の男の人はチャドの兄弟であるということが最後に明かされ、
生徒たちがワッと湧いていた。ワイキキ小学校でTAの先生に関心
が集まった時の対応にも共通しているが、この「推論ゲーム」で注
目するべきなのは、先生や他人のパーソナルなこと、プライベート
な事柄について生徒たちがもつ関心——哲学や授業のなかでは、そ
れは些末な、下世話なこととして却下されることがほとんどである
——をうまくすくいながら、そこから「哲学する」方向に持ってい

第3章　Dr.J と p4c ハワイの魔法

PHILOSOPHY の掲示板の前で
左からベン、チャド、筆者（高橋）、本間

っているという点であり、そこに現場の教員のしたたかな知恵が見えているように思われる。チャドの授業は、このような「推論ゲーム」や、若者に人気のパンクバンドの音楽をみんなで聴いて、それについて話すというような工夫がなされており、生徒たちも楽しく哲学することに入っていけている印象をもった。

5. Dr.J と p4c ハワイの魔法
　　"Not in a rush" と〈セーフティ Safety〉

　こうして Dr.J や p4c ハワイの実践者、研究者に会って、各学校での取り組みをみせてもらううちに、わたしたちはすっかり p4c ハワイのもつ魔法に魅せられてしまったのだった。それまでさまざまな国や文化においていろいろに異なる実践を見て、自分たちでも取り入れたり、改良して日本でも行ってきたが、ハワイで行われている実践に出会って、「わたしたちがしたかったことはこれだったんだ！」

第2部　世界の〈こどもの哲学〉を旅して

と思うようになった。これ以降ハワイを訪れるたびに、あるいはハワイから実践者が日本にやってくるたびに、この p4c ハワイの持つ魔法に触れ、それはいったい何を源泉にしているのだろうと不思議に思っているが、すべての魔法と同じく時間をかけていくと、その謎に多少迫りはするものの、謎が解けることはなさそうである。

　まずは、魅力的な p4c の実践はどれもそうだが、ハワイの p4c が魅力的なものに見えるのは、ハワイの風土にしっかり根をおろし、そこから育まれたものであるからだと言えそうである。ハワイは合衆国の一部ではあるものの、そうした政治区分を超えてやはり土地独特の風土というものを持っている。オアフ島の場合、どこにいても、たいがい少し歩いたり、高いところに上れば広々とした海と空が望める。それと反対側に目をむければ、いつもしっとりとした雨と湿度につつまれている山々がある。ホノルル周辺こそビルやコンドミニアム、住宅が建ち並ぶが、他のハワイ諸島の島々と合わせてみれば、やはりこの地域は、良い意味で「田舎」ののんびりした島々なのであり、それが独特のアイランドスタイルを作り出している。離島に共通する特徴と言えるだろうが、ハワイの人々の生活水準は平均するとそう高くはなく、経済活動は観光産業に依存しており、生活物資の多くは本土アメリカからの輸入、輸送に頼っている。しかし、ハワイの良いところは、沢山の物資に囲まれた豊かな生活というよりも、少ない資源を生かしながら自然のなかでどう生きるか、経済的な豊かさとは違うものを知っているという風土に根付く精神的遺産にありそうに思える。

　文化地理学的にも、ハワイは東洋と西洋、ポリネシア等のさまざまな文化が交わるところであり、さまざまな地域からの移民や入植者の流入があり、多様な民族、文化構成をなしている。Dr. J も「ハワイでは誰もがマイノリティーなのさ」という通り、支配権を握っているマジョリティとマイノリティという構図よりも、コンフリク

100

トはあるものの、多様な人々が雑多に混じりあって暮らしている気軽さがどこかにある。ハワイ大学にはその土壌を反映し、東西文化の交流やそれを研究するセンターが置かれ、比較文化学が盛んであり、哲学科には東洋哲学の先生やそれに関心を持つ学生が多くいる。

　Dr.Jの口癖であるとともに、p4cハワイの合い言葉でもある"Not in a rush　あせらないで、ゆっくりいこう"という言葉もこうしたのんびりとした島の時間や文化を反映したものであるだろう。ちなみに、Dr.Jはこどもたちとの対話のなかでもこの言葉をよく使うが、ある学校では職員会議で先生たちが「時間がない、あれもやらなきゃ、これもやらないと」とせかせかと話し合いをしていた時に、この言葉を発して、「何をそんなに急いでいるんだい、今本当に大事なことが何なのかを話し合うことが先じゃないのか」と制したことがあるそうだ。この合い言葉は、単にDr.Jがおおらかな人であるということだけではなく、今という時間を見つめ、充実させるために邪魔になるものを極力なくすという哲学対話に必要な態度を表すものでもあるようだ。学校というシステムの中では、時間は将来や成果という先の瞬間のために存在し、しなければならないことのためにこどもも大人も忙殺されてしまう。p4cのような哲学対話は、絶えず先の結果から逆算され、細切れにされる時間のなかで立ち止まり、今わたしたちがしたいことは何なのか、今この瞬間をよりよく生きるにはどうしたらよいのかを考えるための時間と場所を作り出そうとする。

　〈セーフティ〉という言葉も、やはりハワイの風土や多文化的な学校の状況を反映していると言える。英語が母国語ではないこどもたちも多くいる環境で、そうしたこどもたちも対話に入って話ができるためには、場がインクルーシヴなものであることが重要になる。Dr.Jの数少ない書き物によれば（Dr.Jはソクラテスよろしく対話と実践の人であり、論文や書き物をほとんど残していない）、セーフテ

101

ィとは、〈身体的にセーフである Physically safe〉、〈感情的にセーフ
である Emotionally safe〉、〈知的にセーフである Intellectually safe〉
という三つの要素からなるとされている。こどもたちが対話に加わ
って話したいと思えるためには、身体的、感情的に脅かされておら
ず、リラックスして対話に参加できること、「これを言わなければな
らない」「これを言ってはならない」「わからない、違うと言えない」
という発言の知的バリアがないことが重要になる。

　わたし個人としては、セーフティという言葉を知る前からこうし
たことには配慮して対話をしてきたつもりであるが、p4c ハワイを
知ってあらためて対話をセーフティという観点からよく観察するよ
うになり、新たな対話の見方ができるようになったように思う。初
めて豊田さんの報告を聞いたときから〈セーフティ〉という言葉遣
いは p4c ハワイ独特のものであり、印象に残っていた。おなじよう
な実践をしているヨーロッパの実践者が哲学対話とは「自由な空間
Freedom space」だと言うのを聞いたことがあったため、その時はヨ
ーロッパでは似たようなことを〈セーフティ〉とは言わず、「フリー
ダム」だと言うのだろうと思ったが、p4c ハワイの特徴〈セーフテ
ィ〉とヨーロッパ型の P4C の「フリーダム」の前提の違いは実は興
味深い。ヨーロッパ型が、個人の自由な発話、表現という前提を持
っているのに対し、ハワイでは、場がセーフであるかどうかが重要
であるため、参加者が発話や表現をしやすいかどうかは場所次第で
ある、という考え方があり、個的な能力の育成よりも、共同的な場
の生成に重点が置かれている。また、〈セーフティ〉の場合は、身体
や感情のセーフティも含まれるように、言語的、論理的な思考の発
展だけではなく、身体的、感情的な表現、応答も含む他人とのやり
とり、コミュニケーションということが重視されており、理性的と
いうより、ケア的な対話の場づくりが目指されている。

　さらに興味深いのは、この "Not in a rush"、〈セーフティ〉という

第 3 章　Dr. J と p4c ハワイの魔法

p4c ハワイの理念は、Dr. J という人物その人によって最もよく体現
されているということである。新しい実践や思想潮流が産まれる時
というのはそのようなものなのかもしれないが、p4c ハワイを語ろ
うとすると、この Dr. J という人の人となり抜きには語ることができ
ないように思う。海外からの訪問者を空港まで自ら出迎え、手厚く
もてなす。幼稚園児たちにも、大学教授の集まりでも、ドナルドダ
ックの物真似で話を始める。英語を話す時には、誰が相手でも、ゆ
っくりはっきり、わかりやすい英語で話しかけ、どんなにブローク
ンな英語でも嫌な顔をせず耳を傾ける。Dr. J と一緒にいるだけで、
わたしたちは "Not in a rush" と〈セーフティ〉を体感することがで
きる。この人ほど他人にセーフティを感じさせることのできる人（特
に男性の大学教授でそれができる人）は世界広しといえども他には
いないだろう。ハワイを訪れて最も驚いたのは、この Dr. J という人
物との出会いだった。忘れもしない、ハワイ大学の近くのギリシャ
料理レストランで夕食を共にしている時のこと。わたしはずうずう
しくも、会って二日ほどしか経っていないのに、Dr. J に「あなたは
恐ろしいくらい『いい人』だ。どうしてそんなに『いい人』なの？」
と質問をしたのである。その時の Dr. J の答えを聞いた瞬間、わたし
は「p4c ハワイの魔法」の源がちらっと見えたような気がしたと同
時に、そして生きているかぎりは、この人には絶対にかなわないだ
ろうな、と思ったのである。

　相手が誰でも、自分がこうしていると、その人の本来の姿が出
　てくる。その人本来の姿はどんなものでもすべて美しい、わた
　しはそれを見るのが好きなだけなのだよ。

第2部　世界の〈こどもの哲学〉を旅して

6. 再び、ハワイへ

6.1. p4c ハワイのさらなる躍進

　p4c ハワイの魔法に魅せられたわたしは、さらにその秘密を探るべく、2012 年の 2 月と 3 月、大阪大学の助成金を得て、ハワイに 2 ヶ月滞在し、調査をすることにした。見学者として教室を訪れるだけでなく、ある程度の長い期間滞在し、ふだんの教室でどのようなことが行われているかをじっくり見てみたかったためだ。ちょうどわたしが訪れた頃から、p4c ハワイの更なる躍進と拡張が準備されつつあり、ハワイの実践のほうも新たな展開を見せつつあった。

　まずは、カイルア高校での英語教師チャドが、p4c を取り入れた英語の授業によって、毎年合衆国の各州で 1 人選出される優秀な教師 teacher of the year のハワイ州代表に選出された。チャドはハワイ州議会で表彰されるだけでなく、本土でオバマ大統領（当時）からも表彰を受け、地元のテレビ局にも取材されるなど、いちやく有名人となっていた。チャドは、高校で授業をしたり、後進の指導にあたる傍ら、ハワイ大学での博士論文の準備を進めていた。また、わたしが日本に帰る 2012 年 4 月には、ダライ・ラマがハワイを訪れ、その際に対話と平和の教育の実践校として、カイルア高校にやってきて、生徒たちと対話をするとのことだった。一連のことで、Dr. J も取材を受け、合衆国やハワイ州全土で p4c への関心や認知がこれまで以上に高まっているようで、ハワイ州全土の高校に p4c スタイルの授業を組み込むことも考えられているとのことだった。

　一方、ベンも独自の実践を切り開いていた。彼は韓国で開催された p4c の国際学会でも哲学者の学校に対する関わりとして、〈フィロソファー・イン・レジデンス Philosopher in Residence（以下 PIR と略）〉という仕組みを提案していたが、それを自ら実践し、カイルア

104

高校やワイキキ小学校に足しげく通い、学校に滞在しては p4c スタイルを新たに導入する先生のサポートや職員会議に参加し、その学校のコミュニティの一員として意見を言うなど、滞在型の研究実践を続けていた。今回の滞在では、ワイキキ小学校での授業の様子と、Dr.J の大学での様子、そしてベンの PIR としての仕事ぶりなどを見せてもらうことができた[5]。

6.2. 〈フィロソファー・イン・レジデンス〉の活動

　ワイキキ小学校でもそうだが、カイルア高校でも、学校の理解はあるものの、全ての授業に一斉に p4c を取り入れるというよりも、すこしずつ先生方の理解や研修を経ながらできる範囲から徐々に対話型の授業を導入しているようだった。アメリカの学校でも（日本より少ないながらも）先生の転勤や移動があるため、新しい先生が来た場合は p4c の授業を見てやり方を学んでもらったり、ベンやチャドがサポートに入って授業でやりたいことや教科の内容と合う授業のやり方を作っていくことが必要になる。カイルア高校では、ちょうど英語と数学の若い女の先生たちが授業に対話をとりいれようと苦心していた。

　数学の授業ではいくつかのテーブルに分かれ、方程式のようなものを解いたり、答え合わせをしたりしている。真面目にやっている生徒もいるが、多くの生徒はかなり退屈そうだ。アメリカの高校では普通なのかもしれないが、授業中立って歩いたり、断りもなく教室を出入りする生徒がいるのもやや驚いた。この授業に対話を取り入れるのはさぞ大変だろうと思われた。2 回目にこのクラスを訪れ

5）　ベンによる PIR の詳しい報告は次を参照。Benjamin Lukey, "The High School Philosopher in Residence: What Philosophy and Philosophers Can Offer Schools," in Educational Perspectives, vol.44, 2012, p.6.

第2部　世界の〈こどもの哲学〉を旅して

た際には、先生とベンとの相談の結果だろうか、数学のクイズのようなもの（森で1本の木に火がつくと、周りに燃え広がって〇分後には何本の木が燃えているか）を各グループで協力して解く、というのをやっていた。すこし対話型には近づき、生徒の参加度も増していたが、まだまだ数学嫌いの生徒が取り残されている印象があった。帰りの車で「数学にp4cを取り入れるのはなかなか難しそうですね。」と尋ねたところ、「今は先生と自分（ベン）、先生と生徒の信頼関係を作っているところだから、まだまだこれから。先生も戸惑っているし、それにコミットして一緒に授業を作って行く段階だね。」とのこと。さすがにレジデンスというだけあって、長期的な関わりのなかでの進展を視野にいれているようだ。

　別の先生の英語の授業は、すでに対話の形はできつつあった。この日は「蠅の王」を読んで問いを立てて話し合うという回。テーマは「成長」や「大人になるということ」。p4cスタイルに慣れたハワイの中高生は自分の生活や人生に近いことでも臆せず話す印象がある。この授業もそうだった。「高校生の間はまだ『こども』だ。親の家で生活しているし、夜のパーティには行かないなど、親の言うことを聞かなければならない」「そもそも、親はパーティを禁止するけど、パーティになんで行ったらだめなわけ？　酒やドラッグをやるわけじゃないし、みんなで音楽聞いて楽しくしているだけなのに。」「僕は働いたこともあるけど、学校にいるより仕事をすることのほうが自分を成長させる気がするな。」「わたしは、他の高校からこの高校に転校してきて、この高校では自分が成長できる、と思ってる。前の高校はやらないといけないことばっかりで、ちっとも面白くなかった。」と、本のストーリーを離れて自分たちの生活の話の方向へどんどん話が盛り上がっていった。

　他に印象に残ったことは、先の数学の授業では後ろの席に陣取りあまり楽しそうにしていなかった大柄の男の子が、この授業ではす

すんで意見を発言し、対話を引っ張っていたことだ。あとでベンに
そのことを話すと、「同じこどもでも、先生や教科との相性でだいぶ
ん授業内での態度は変わるよね。あの英語のクラスは先生と生徒の
相性がいい。あの先生も対話には大分慣れているけれど、他のクラ
スではもっと苦戦している時もあるよ。」と教えてくれた。

　ベンはこうしてp4cを取り入れているいろいろな先生の授業に参
加して、生徒たちと言葉を交わし、模範的対話者として対話を深め
る質問を投げかけたり、授業後に先生に対話についてフィードバッ
クし、助言をしている。上の英語の授業では「コミュニティはでき
つつあるから、今の段階では先生から投げかける問いを答えやすい
ものにしたり、道具箱を使って皆が思考を組み立てられるような授
業にしたほうがいいね。」と助言をしていた。こうして長期間に渡り
色々な授業を見せてもらっていると、ハワイのp4cが完璧な理想型
というわけではなく、ごくごく普通の学校のなかで、さまざまな困
難、難しさを伴いながら、地道に続けられている実践なのだとわか
ってくる。p4cハワイの本拠地、ワイキキ小学校も、カイルア高校
も、エリート校ではないごくごく普通の学校である。こどもたちは
勉強が大好きというわけではなく、彼らの関心を引きつけておくの
は容易ではない。いじめなどのこどもたちのトラブルも日本と同様
に存在する。全ての先生が最初から対話や進行に長けていたり、理
解があるわけではない。ベンは —— Dr.Jにいたっては30年以上も
—— こうした普通の、不完全な日常のなかで、いろいろな難しさに
直面しつつ、長期的な視野と "Not in a rush" の精神で、じっくりこ
どもたちや先生をサポートし、対話を続けている。その実践の積み
重ねと我慢強さには本当に頭が下がる。

　ベンのPIRというアイディアは、Dr.Jが長年続けて来たワイキキ
小学校との関わりをモデルに作られたものだと言える。最初、PIR
のアイディアを聞いたとき、学校のコンサルタントを思い浮かべ、

第2部　世界の〈こどもの哲学〉を旅して

「学校にも、会社のように、外部から関わるコンサルタントみたいなものは必要かもしれないですね。」と言ったところ、ベンは「コンサルタントに似ているけど、自分としては PIR はコンサルタントのように外部の存在であってはならず、あくまで学校というコミュニティの一部にならないとと思う。」と話してくれた。たしかに、Dr. J もベンも、職員会議や学校行事にまで参加しているし、自分の孫やこどもをワイキキ小学校に通わせているため、保護者としても学校に関わっている。ワイキキ小学校では職員会議も p4c スタイルで先生たちが円になって行うことさえある。その意味では、コンサルタントというビジネスライクな響きではなく、哲学者として、保護者として、学校－地域コミュニティの一部でありつづけている。ただ、哲学者 —— や哲学対話 —— の特徴として、コミュニティの内部でありつつ、同時に外部にも立てる、ということはあるのかもしれない。つまり、学校制度の前提や制約の中で活動をしつつも、それだけになってしまわず、同時にその前提を問い、他の可能なありかた、あるべきあり方を見据えながら活動できるという意味で、である。

　〈探究のコミュニテイ Community of Inquiry〉の形成はリップマンにとっても重要なアイディアであったが、ハワイでは探究のコミュニティは教室のなかだけでなく、哲学者の貢献を一つの要として教師同士の間へ、学校全体へ、さらには地域全体へと広がっていくものとして構想されているようだ。わたし自身は、哲学対話や p4c の学校や地域への浸透を考える際、ハワイ流のコミュニティ形成とそこにおける哲学者の役割（PIR）は日本での実践においてもかなり参考になると考えている。わたしたちが見て回った各地域の p4c を見てみると、教室だけでなく、オーストラリアやハワイなど、それが学校や教育者のコミュニティにまで発展しているところは、実践が根付き、継続的に行われている印象がある。ハワイやオーストラリアなどの実践が広がりを見せているのは、p4c をカリキュラムと

108

してだけではなく、学校や教師のコミュニティのあり方そのものを変える新しいコミュニティづくりの方法としてそれを捉えようとしているからだと思われる。日本に限らず、学校制度のなかでは、総合学習のように新しい時間や領域が作られても、現場の教師が方法論を確立するまえにその領域自体がなくなってしまったり、縮小されてしまうことも少なくない。特に対話型の学びについては、教師が進行役という新しい役割に慣れるまでに時間がかかる上に、教材やマニュアルだけでは対話のなかで起こる出来事にうまく対応できない。対話によってコミュニティを作るには、時間と手間がかかる。p4c ハワイでは、PIR という継続的な関わりによって、教室のなかだけでなく、学校全体や地域にまで広がる対話と探究のコミュニティの形成に哲学者が寄与する、ということが目指されている。ここでは、これまでにない、哲学者が社会において果たす役割と哲学対話によるコミュニティが創造されようとしている。ハワイ大学では、その後、日本の財団からのバックアップを受けて、ウエヒロアカデミー Uehiro Academy for Philosophy and Ethics in Education が創設された。Dr.J だけではなく、ベン、アンバー、チャドたちが雇用され、p4c ハワイの更なる展開に取り組んでいると聞く。モンクレア大学の IAPC も、また臨床哲学もその困難を経験していると思うが、1 人の先駆者が切り開いた道が大学のなかで制度化され、拡張されようとするときに、その実践の根本的なスピリットの部分を保ちつづけることは容易なことではない。「p4c ハワイの魔法」がこの大躍進のなかでどのように保たれ、受け継がれて行くのか、期待を込めて見守りたい。

6.3. Dr.J と p4c ハワイの魔法

　ハワイに 2 ヶ月滞在することのもう一つの目的は、Dr.J の行って

第2部　世界の〈こどもの哲学〉を旅して

いる対話に長期間参加し、いろいろ質問をしてその「p4c ハワイの魔法」の秘訣を少しでも体得することであった。ワイキキ小学校や付属の幼稚園などで Dr. J が p4c を行う時には一緒に参加し、またハワイ大学で毎週2回ある p4c の授業にも、2ヶ月間続けて参加させてもらった。

　この2ヶ月間で、Dr. J がじっくりセーフなコミュニティを作っていく様子や、幼稚園生、小学生、大学生など年齢に関わらず、参加者が思わず答えたいと思うような話し合いを活性化する質問をする様子を見ることができ、実践者としても非常に学ぶところが多かったが、それだけでなく、対話が終わったあとや、行き帰りの車の中で色々な話をするなかで、Dr. J のこれまでの人生や考え方、ひいては p4c ハワイの魔法のルーツがこれまで以上に見えてきたことも一つの収穫だった。

　Dr. J の p4c 前史には、60年代の公民権運動、ベトナム反戦運動や70年代のヒッピームーブメントがある。60年代後半、少年、青年期の Dr. J は公民権運動の高まりの中で、医者を目指して勉強をし、地域のアフリカ系アメリカ人だけの学校で白人がほとんどいない環境で先生のようなことをしていた時期もあったという。Dr. J の「政治の時代」も、同世代の多くの若者の経験と同じく挫折感とともに終焉したのかどうかは定かではないが、その後、Dr. J はこうした社会的、政治的活動と同じくらいの情熱で、反西洋、反近代的なカウンターカルチャーの思想家たち（カスタネダやクリシュナムルティ）の本を読み、実際にグルに付いて瞑想をした時期もあったらしい。本人も「自分は典型的な60年代の人間だ」というように、Dr. J のなかには、反骨精神や権力者に対する怒り、弱いもの、虐げられたものへの思い、東洋的な叡智やそれへの憧憬が深く刻み込まれている。これは Dr. J の一弟子を勝手に自認するわたしの解釈であるが、これらの Dr. J の p4c 前史は彼の p4c のスタイルに大きな影響を与えてい

ると思われる。

　それは、西洋の個人主義的とは異なる彼の対話観にもよく表れている。Dr. J はある時、「探究とは議論、論証 argumentation ではなく、理解に包まれること embraced by understanding なんだ」とわたしに言ったことがあるが、他のところでも述べたように、この言葉は、個人と個人の意見のぶつかり合いやその勝敗を決することとは異なる、対話という理念をよく表した言葉だと思う。ほとんどの人は気づかないだろうし、気づくか気づかないかはさほど重要なことではないとは思うが、Dr. J の実践の背景には、ある種の、スピリチュアルな「精神修養」的な方向性があるとわたしはひそかに思っている。最初に会ったとき、Dr. J が沢山の本と書類が山と積み重なる自分の研究室で、ひょいと取り上げてわたしたちに渡してくれた本は、ディヴィッド・ボームの『ダイアローグ』とジッドゥ・クリシュナムルティの本だった。ここでは、そのことを詳しく語る余裕はないが、ボームは上の本のなかで、対話にとって最も重要なことは、「前提 Assumption」を吟味することだと述べているし、クリシュナムルティはセーフティについて語っている。ただ、クリシュナムルティは、自分に安住したり、自己保身のためのセーフティではなく、自分の喜怒哀楽をさらけ出し、自分の殻を破ることのほうを重視しているようだが。いずれにせよ、この Dr. J が導きの糸としている 2 人の思想家たちは「自覚」や「自己革新」を重視しているようだ。

　わたしは、Dr. J が進行する対話に参加するうちに、身体的、感情的、知的の三つのセーフティについても、「安心、安全」で妨げがないという意味でのセーフではなく、ある種の「自覚」が重要なのではないかと思うに至った。つまり、これらのセーフティとは、進行役がだれにとっても「安心」で不快なことが起こらない、なんでも語り合える場所を作るということではなく——これは実際、日本で大人に説明すると、そのように受け取られがちである——、それぞ

第 2 部　世界の〈こどもの哲学〉を旅して

れの参加者が、自分の、身体的、感情的、知的コンディションによく注意を払い、いつ自分はセーフではなくなるか、自分をセーフにさせなくするものは何かということを自覚しつつ対話に参加すること、やみくもに自分の経験を他人に晒すのではなく、テーマについてともに探究する上で、自分が語りたいこと、語るべきことは何かということを自分のなかで線を引き、その線を引き直しつつ語るという、自分についての自覚を指し示しているのではないか、と思うに至ったのである。Dr. J の作り出す対話の雰囲気が、通常の授業や、参加型のワークショップなどとかなり異なるのは、Dr. J の振る舞いだけを導きの糸として、対話の参加者が自分に向き合い、自分の殻を破っていくという、ある種のスピリチュアルなコミュニティがかたち作られていくからなのではないかという気がしている。

　また、別の観点から見ると、Dr. J が若かりし頃、公民権運動から得た、弱き者や虐げられた者のため、あるいは彼らとともに闘うというスピリットは、彼の 30 年あまりの実践を動機づけるものであったのではないか、ということも思い浮かぶ。わたしと一緒に震災についてのこどもたちとの対話を行っていた、臨床哲学の大学院生（当時）の辻明典さんが、いっしょにハワイを訪れた時のこと。その時わたしたちは、東北の学校で震災についての対話を行いたいと交渉をしていたが、学校に断られてしまい、非常に落胆していた。特に、故郷の学校で、こどもたちと対話をしたいという思いを持っていた辻さんの心の痛手は大きいものがあった。そんな時、わたしと辻さんは、Dr. J にこのことを話し、アドヴァイスを乞うたのだ。「あなたも 30 年以上こどもたちとの対話を続けて来て、いいときばかりではなかったでしょう、もう辞めたいと思ったことはなかったんですか」と。すると Dr. J は、「確かに、自分の実践はすぐに理解や協力者を得られたわけではないし、軌道にのったと思っても学校の都合やらでプロジェクトが立ち消えになるということもあった。だけど、そ

んなときにはこう思ったんだ、『明日、そこにまだこどもたちがいる、自分を待っていてくれるこどももいるだろう。それで明日も p4c を続けていける』と。」と教えてくれた。その言葉を聞いて感動しているわたしたちに、さらに Dr.J は「君たちがそこで対話をあきらめてしまえば、それまでにこどもたちが話してくれたことは無駄になってしまう。こどもたちのためにも、プロジェクトは続けなきゃ。」という励ましの言葉をかけてくれた。わたしはその時、Dr.J の長年の実践を支えてきたものを少し垣間みた気がした。また別のエピソードもある。大阪大学から連れて行った学生たちが、ハワイで印象に残ったこと、考えたことをもとに作成した映像作品を Dr.J と一緒に見ていたときのことだ。学生たちがなにげなく撮ったよくある海岸での戯れに、砂浜に p4c と描いた文字が波に流されて行くというシーンがあった。p4c が波のなかに消えて行くという意味ではないんですけどね……と冗談にする我々を見て、Dr.J は、「いや、これはわたしにとっては、重要なシーンだった」と突然真顔で語り始めた。Dr.J には、みんなが真顔で話している時にドナルドダック語を話しだしたり、みんながふざけた話をしているときに突然重要なことを言い出す傾向がある。「チベットの宗教画に、砂で描いた曼荼羅、というものがある」、きょとんとしていると次の言葉がたたみかけられた。「この世には、大きな伽藍を作る宗教もあるが、わたしは砂で曼荼羅を描く、という東洋の叡智に非常に感銘を受けた、p4c もこのようなものでありたいと。実際、わたしが p4c をやってきたなかでは、長年の努力が、まるで砂絵が風にかきこわされるように無駄になったことが多々あった。p4c とは、砂で描いた絵のように儚い営みなのかもしれない。しかし、明日たとえすべてが消えるとしてもわたしはその絵を描くだろう。」突然の師からの啓示を受け、弟子たちはきょとんとするばかりだった。わたし自身は、師にとって、こどもたちと哲学する、という実践は、60 年代からつづく弱きものと

113

第2部　世界の〈こどもの哲学〉を旅して

共に生きるという彼の「闘い」の一部だったのではないか、という気がしている。公民権運動のなかで Dr.J の中に灯った火は、ハワイという地で、形を変えながら、こどもたちのために、こどもたちとともに生きるという実践として燃え続けていたのではないかと。

　別の時に、哲学カウンセリングという活動について話しながら「アメリカやヨーロッパ型の哲学カウンセリングはどちらかと言えば個人ベースで、コミュニティもセーフティもあまり関係がない。けれどもセーフなコミュニティでの探究は、そうした哲学カウンセリング以上に、人を変え、解放する、治療的 therapeutic な効果があるように思うのですが」というわたしに、Dr.J は、「そうした『効果』はあるかもしれないが、それが目的だとは言いたくないね」と答えたこともある。だから、もしこのわたしの文章を師が読むことがあれば、きっと「精神修養や、闘い、セラピーなんていう大げさなものではないさ、p4c は p4c さ」と言って一笑に付されるのではないかと思っている。また、師について弟子が書いた多くの文章がそうであるように、ここで書いたことは、あくまでもわたしの目に映った師の姿であり、特に師が自分の実践についての文章を残していない以上、それについての唯一の正しい解釈といったものは存在しないのだろう。優れた師ほど、それを目にする人に応じて、幾とおりもの姿を見せるものだ。おそらく、「p4c ハワイの魔法」の秘密は、自分自身のやり方でそれを引き継ぎ、生きることによってしか、解明され、証明されることはありはしないのだ。いや、わたしたちは、もうその秘密の名前を知っているのかもしれない。

　精神修養でも、政治的闘いでも、セラピーでもない、それに与えられるただ一つの名は、ちいさな文字で書かれててつがくだと。

インテルメッツォ：日本にも「こどもの哲学」はあった！

林先生に伝えたいこと

高橋　綾

　林竹二という哲学者がいた。1970 年代に林竹二は宮城教育大学の学長を務める傍ら、全国の学校を「巡礼」し、哲学の授業をして回っていた。林の実践は、当時一世を風靡し、大きなホールに参観者を集めて授業をしたり、授業の記録映画が撮影されたりした。わたしがこの名前を初めて聞いたのは、たしかその頃「こどもの哲学」の授業をさせてもらっていた小学校だったと思う。校長先生かどなたかが、わたしたちが「てつがくの授業をしたい」と言ったのを聞いて、「ふうん、てつがく、ねえ。林竹二先生みたいな授業のことですかねえ。」とつぶやかれた。その時、わたしはその名前も、教育実践についても知らず、昔の教育者で哲学的なテーマを題材に授業をした人がいるのだ、くらいの認識だったのだが……。

1. 林竹二の哲学の授業

　わたしが林先生 —— こどもたちが親しみを込めて呼んだように、敬慕をこめてそう呼ばせていただきます —— と出会ったのは、忘れもしない、東日本大震災の直後でした。その時のわたしは、あの時期多くの人がそうだったように、あまりの出来事の大きさに途方に暮れ、どんな言葉を読んでも、本を読んでも全く頭に入らない日々を送っていました。その時、何かのきっかけで、先生の有名な言葉「学んだことの唯一の証は、ただ一つ、何かがかわることである」を目にし、林先生の本を手にした

第2部　インテルメッツォ

のです。

　驚きました。わたしには、そこに書かれている言葉、授業の記録、授業を受けたこどもたちの感想、どれをとっても、まさにこれが「こどもの哲学」だ、としか思えなかったからです。さらに驚いたのは、林先生の書き物を夢中になって読みすすんでいく中で、こうしたこどもたちと哲学するという実践は、それまで先生が研究されてきたソクラテス、そして明治時代の田中正造、新井奥邃、森有礼といった人物の研究に裏打ちされ、それを実践したものだったということです。林先生の実践は哲学を人々の間で実践することの優れた先例でもあったのです。

　方法論だけを見る人は、林先生がこどもたちとした「授業」は、あるテーマについて、資料を提示しながら林先生が話していき、所々でこどもたちに発問をして考えさせる、という通常の一方向型の授業であり、この本で紹介している「こどもの哲学」のような、こどもたち自身の発話や関心に基づいて話が進んでいく対話型、参加型の授業とは異なるではないか、というかもしれません。しかし、林先生の授業実践の根幹にあるのは、ソクラテスに由来する「哲学的問答」にほかなりません。林先生が授業の途中の「発問」でこどもたちに求めているのは、その問いかけについて自分で考えてみることであり、通常の授業のように、教師の求める正しい答えを返すことではないのです。林先生は、質問をして当てたこどもが答えられなくても、じっとそのこどもの口から答えが返ってくるのを待ちつづけます。それを残酷だという人もいますが、先生は、まだ彼女／彼が考えているにもかかわらず、次に答えられそうなこどもを探して当てるのでは、そのこどもに失礼だし、彼女／彼のためにならない、と考えておられました。さらに、こどもがやっとの思いで答えると、続けざまに質問をし、その答えの意味を追究します。また、自分自身も、単に用意して来たテーマについて話すのではなく、授業をしている時でもテーマについて詳しく掘り下げ、自ら探究していく姿勢を崩しませんでした。

　それは、先生にとってごく当たり前のことでした。なぜなら、ソクラ

テスが問答を通じて行っていたのは「吟味」だからです。授業の中で林先生の言葉や表情は、終始柔和で相手を語気強く問いつめる、というようなことはありません。しかし、それと同時に先生はご自身とこどもたちに「吟味」を厳しく求めていらっしゃいます。こどもたちは先生の授業のなかで、「借り物の知識では通用しないんだということを思い知らされ」自分の核がむき出しにされるような、「裸にされる」体験をします。周りの大人には「厳しすぎる」「こどもが可哀想だ」と言う人もありましたが、先生は、こうした吟味によって「裸にされる」体験は、不思議と、こどもにとってそれほど嫌な体験ではないのではないか、とおっしゃっておられます。

　　裸にされるということが、こどもにとっては、決して苦しい、いやな体験ではないと思いますね。やはり一つの解放があり、一種のカタルシス――浄化というものがあるのではないかという気がします。借り物の知識では通用しないんだということを思い知らされるということ。そのことに自分が納得するということ。それによってこどもは解放され、浄化されるのではないかと思います。それが授業の中のこどもをあんなに美しい姿にするのではないかと思いますね。[1]

　林先生の授業実践を記録した写真や映像――教案や語る教師の姿ではなく、授業中のこどもの姿やその変化のほうを記録する、というのはいままでに誰も思いつかなかったことです――では、あどけない表情を浮かべていたこどもが授業のなかで、ふっと真剣な、大人びた表情を浮かべる場面や、学校や授業に倦み疲れ机にへばりつき寝そべっていた少年がだんだん身体を起こして授業に聞き入り、先生に質問をするまでになるという場面が見事に切り取られています。林先生が「美しい姿」と述

---

1)　灰谷健次郎、『わたしの出会った子どもたち』、角川書店、1998年、226頁。
　　林竹二の言葉として灰谷が引用している。

第2部　インテルメッツォ

べているのは、こうしたこどもたちの「変化」のことですね。先生のおっしゃる「教育」や「学ぶこと」とは、その営みに参与するものが、ともに吟味しあい、探究するということにありました。先生は、けっして「哲学の教育」を行ったのではありません。先生の実践においては、哲学すること、ともに吟味することが、そのまま教育の実践であり、学びの実践だったのです。

　哲学にとって、吟味の対象は、「思考」「考え」だけではありません。ソクラテスにとって、考えを吟味するということはすなわち、生き方を吟味するということであったように、先生の求める吟味は、こどもたちの生の核心へと迫ることでした。人は、借り物の知識をたくさんまとって生きています。この借り物の知識が一枚、一枚はぎ取られ、自分の生のあり方がむき出しにされる時、それに直面し、納得できれば、人は「解放」され、その人の一番「美しい姿」が現れます。その時、人は「変わる」、いえ、単に「変わる」というよりも、「生まれ変わる」のだと、先生はお考えでした。これは、比喩でも誇張でもありません。実際、定時制高校の授業を受けた生徒たちのなかには、実際林先生の授業を受けて行くなかで、それまでの授業の中での投げやりな態度を改め、行動や人格の一部が、というより人生そのものが変わる体験をした人たちがいました。

　先生は、一貫して、教育は教師のためのものではない、こどもたちのためのものであり、彼らの生の「解放」のためにある、という態度を貫かれました。普通、授業の記録というと、教案や、教師がどのような発問をしたか、それに対する生徒の答えはどうだったか評価するという形でなされます。しかし、先生は、ご自身が何を話されたかよりも、授業中のこどもたちの姿を、発言だけでなく、表情、姿勢、態度といった彼らの現れとその変化を詳細に記録されています。また、授業がどのようなものであったかを振り返るために、授業の後でこどもたちが先生に宛てて書いた感想やお礼の手紙を、人数分、一字一句変えずに資料にし、そこでこどもが書いていることを、詳細に分析して、ご自身の授業の評

118

価とされています。先生は、こどもたちが授業後に書いたものを、自分の実践を評価するものとして一番信頼を寄せていました。

　先生がこうした実践をされている時代、大学紛争を経ているとはいえ、大学の学長と言えば、まだまだ権威的な存在であり、ましてや地方の片田舎の小学校に通うこどもにとっては、雲の上の存在であったに違いありません。しかし、先生は、誰に対しても、対話的な態度、相手を自分と同じ資格を持つ者として扱う姿勢を崩されませんでした。ここでわたしは、林先生の大学紛争当時のエピソード —— 大学紛争当時、林先生は宮城教育大学の学長として、学生の批判の矢面に立ったが、バリケードのなかに進んで入って学生たちと対話をしつづけ、全国の大学のなかで唯一の封鎖自主解除をなし得た人物でもある —— を思い浮かべています。しかし、先生は、それ以外の場所でも、田舎の小学生の言葉を、定時制高校の「ごんた」たちの言葉を、まるで先哲の言葉を読むときのように、一字一句変えずにそのまま忠実に理解し、意味を汲みとり、そこからなにかを学ぼうとされています。すべての生に対して畏敬を持って接する先生の生き方には、まったく頭が下がるとしか言いようがありません。教育者の、あるいは哲学者の真の姿がそこにはあります。

2. 林竹二と田中正造

　ただ、わたしの心に一番突き刺さるのは、これほどこどもたちと哲学することを熱心に続けた林先生が、「学校に教育がなくなってしまっている」[2]、教育はすでに滅んでいると強い口調で学校制度を批判していることです。この言葉は、明治時代、現在の公害や原発問題の原点であるともされる足尾銅山問題に人生を捧げた、田中正造翁の考え「国家はすで

---

2)　林竹二『教育の再生をもとめて　湊川でおこったこと』、筑摩書房、1977年、8頁。

第 2 部　インテルメッツォ

に滅んでいる」[3] に重ねて述べられたものだとわたしは考えます。林先生
は、田中翁の思想＝人生について詳しく研究、探究を行い、論考や本を著
されています[4]。これらの文章を読み進めるうちに、多くの読者は、そこ
で書かれている田中翁の思想と人生が、著者林先生の思想と人生にも重
なり、二重写しになってくることに気がつくはずです。ここでは、この
2 人の思想家の思想と人生が重なるこの感動的な著作について、あるい
は田中翁の生涯について、詳しく説明している余裕はありません。です
が、林先生の教育はすでに滅んでいるという考えを理解するために、お
2 人の思想の重なりを林先生のご本にしたがって少々書きつけてみます。

　田中正造は、江戸時代末期に、自治制度が根付いていた農村の名主の
家に生まれました。若い頃の田中正造は、農村の代表として、村の自治
を守るために領主に抵抗し投獄されます。その後、彼は明治になって設
立された民選議会、衆議院の議員になりました。議員としての田中正造
は、その頃問題になり始めた足尾銅山／渡良瀬川流域の鉱毒問題につい
て知り、その調査と解決の取組みを政府に求め、盛んに活動を行います。
しかし彼の訴えもむなしく、政府は一向に対策に取り組もうとしなかっ
たばかりか、解決を求めて請願行動を起こした農民や住民たちを力で押
さえ込むことすら行ったのです。この時、議会や政治に絶望した翁が、
議員を辞して行ったのが、あの有名な直訴行動です。しかし、林先生は、
この事件で捕まるもののすぐ釈放され、議会にも場所がなくなった後の
田中翁の行動にこそ、注目しておられました。

　この事件のあと、田中翁は、足尾銅山の被害を最も被っていた谷中村
に着のみ着のままで住み着きます。初めの頃は、困窮した状態にある谷
中村の農民に「人道的援助」をすべく、鉱毒におかされた村の土地を捨
て他の土地に避難することを勧めておられたとのことです。しかし、翁
は、そこで、がんとして立ち退きを拒む、谷中村の住民の一部、十八戸

---

3)　当時の政府に対する田中正造の質問演説「亡国にいたるを知らざれば、これす
　　なわち亡国の儀につき」参照。
4)　林竹二、『田中正造の生涯』、講談社、1976 年。

120

あまり百数名の家族に出会います。

　林先生は、田中翁は、最初、鉱毒によって不毛の地と化した谷中村に残留しつづけるこの農民たちの行動が理解できなかったようだ、と仰っておられます。この時の翁は、法や国民の権利についてよく知る自分のような知識を持つ議員や運動家が、無知な農民を教え諭し、援助してやらなければならないという「啓蒙」的な図式に留まっていたからだ、と先生は少し批判的におっしゃっておられますが、その一方で、自分にとって不可解に映る谷中村の人々を、田中翁がそれでも見捨てなかったこと、理解しようとし続けたことこそが、この人の偉大さだったとも書かれています。

　結局、それから九年あまり、田中翁は谷中村に留まりつづけ「谷中の苦学」[5] をすることになります。その間にも谷中村の残留民たちの状況はどんどん悪くなっていきます。政府や県は、鉱毒問題を治水問題にすり替え、谷中村を貯水池にすることで、鉱毒問題を解決すると主張しはじめます。行政によって、貯水池にするための土地売り渡しと立ち退きを強いられ、それでも村に留まった農民たちは、住んでいた家屋を役人に壊されてしまいます。それでも農民達は抵抗もせずそれを見守り、ただし住まいを変えることは断固として拒否、最後には、打ち壊された堤防に洪水が重なったことで、村の土地は水の下に沈み、ほとんど沼のようになりました。それはもはや人間の住む場所ではありません。

　しかし谷中の人々は、家屋を失い、野ざらしの生活を耐え、水浸しの土地に粗末な仮住まいを作って暮らし続けます。洪水になった村を見舞った翁が、そこで目にしたもの、それは、雨がよけられるかよけられないかの粗末な小屋のなかに、小舟を浮かべて押しよせる波頭に耐える谷中の残留民の鬼気迫る姿でした。なんという静かな抵抗、不屈の精神でしょう。この神にも比されるほどの峻厳たる抵抗の様子を間近で見た翁は、終に、この谷中村の残留民たちのあり方こそが自分の追求する道で

---

5)　林竹二、前掲書、155頁。

第2部　インテルメッツォ

あり、彼らこそ、自分の「師」だ、ということを悟りました。翁の、「谷中のほかに日本なし、日本のほかに谷中なし」という言葉は、ここにこそ、わたしたち日本の人民のあるべき姿があり、国家が本当にとりくむべき問題があるのだ、ということを強く訴えかけてきます。当時、林先生が書かれた翁の評伝を読んだわたしは、原発事故のことを思い浮かべ、十年一日どころか、百年一日の思いで身震いがしたことは言うまでもありません。それとともに、もう一つわたしの心に思い浮かんだのは、大学の学長まで務めた林先生が、あえて、名も無い小学校のこどもたちや、定時制高校の貧しさや差別に荒んだ少年、少女たちと共に、あるいはその傍らで哲学をすることを志されたことだったのです。わたしにとって、田中翁の谷中の苦学は、林先生のこどもたちとの苦学にそのまま重なって見えました。

　ところで、田中翁が谷中の残留民たちに見いだしたもの、追求すべき道とはなんであったのでしょうか。林先生は「自治の復活」こそがその道だと書いておられます。江戸時代、翁が生まれついた農村には、自分たちの生活に関することは自分で決めるという自治制度が残っていました。しかし、明治政府という中央集権国家が成立する過程で、この古くから日本にあった自治という文化、制度は崩壊し、人々は、中央政府、官僚のもと、管理統制されるようになります。こうした自治の代わりに、憲法や民選議会が設けられてはいきますが、政府は議員の声に耳を傾けず、藩閥も民権もなく政治家たちは権力争いに目を奪われ、貧しい農民のために立ち上がろうという者はほとんどいませんでした。翁が政府と議会に失望したのは、この公であるべき場所、人民のためを考えるべき場所にいる人たちが、自分の私益ばかり考え、人民＝公のための仕事を全くしていないということが理由です。そればかりか、公の仕事をするべき政府は、銅山を運営する民間企業と国益という名の私益によって結託して、鉱毒事件をもみ消そうとし、谷中村の人民の苦しみなど目もくれず、彼らを押しつぶそうとすらします。国家が人民のための、公のための仕事をしないなら、それはもはや国家ではない。足尾銅山鉱毒事件

は、国家や国土の荒廃や危機ですらない。なぜなら、そこで露わになっているのは、国家が「すでに滅んでいる」という紛れもない事実なのであるから。翁の「国家はすでに滅んでいる」という考えの真意はそこにあります。

　翁は最初、自治とは、憲法で保障されるべき国民の「権利」「人権」に基づくものであり、自分の地所や財の処分は自分で決める、どこに住むかは自分で決めることができることであると考えられていたようです。国民に権利がある、人はみな平等に、人権を持つというこの考え方は、明治以降の西洋にならった近代化のなかで、取り入れられる理念です。それにもかかわらず、明治政府が谷中住民に行った非道な行為は、完全に国民の権利や人権の侵害、破憲破道の行いでありました。初め、田中翁は、谷中住民の権利や人権を守るために、もっとほかの土地に避難場所を確保しようとします。が、住民はそれを拒んだ。農民は無知無学であり、己の「権利」すら知らないからだ、というのが、谷中村に入ったころの翁の考えです。

　ところが、谷中人民の抵抗を見続けるうちに、そこに賭けられているもの、すなわち彼らにとっての「自治」とは、そうした近代流の抽象的な権利や人権ではないのだ、ということを翁はつかみ取るのです。谷中の残留民のなかに、染宮与三郎という人がいました。この人は、行政との取引に応じて他所へと転じ財をなした親戚から、お前のところも、はやく土地を県に売りわたし、移住をしろと勧められます。これに対して、染宮与三郎の妻が返した返事は簡素ながら、彼らの思想、信念がうかがえるものです。

　　われらは好んで正しく貧苦に居るもの。人の富はうらやましからず。
　　我ら夫婦は人の害となることはせざるなり[6]。

---

6) 林竹二、前掲書、170頁。

第2部　インテルメッツォ

この言葉に象徴されているもの、それは、私益をむさぼらず、コミュニティのために協力して生きるという古くから農村に伝わる生き方でした。農に生きる民は、自分の命がなにによって生かされているかを日々の労働のなかでよく知っています。彼らは、自分を生かすものとしての自然、土地を損なうことは行いません。自分を生かすものとしての、共同体の仲間たちや、先祖の墓石を決して見捨てることもないでしょう。横暴に対しても、黙って毎日を暮らし、争いも、勝利も求めはしませんが、その代わり、富に目がくらみ、自分や、自分を育んでくれたものを他人に売り渡すことは断固として拒否します。翁は、そこに、近代国家によって創設され保障すると唱われた「権利」や「人権」よりもっと古い、もっと大切な何か、人間の根本的な「尊厳」を見いだすのです。こうした深く長く続く静かな尊厳のための闘い、抵抗の意味を見いだせず、権利だ人権だと抽象的な理念を振りかざしてまわっていた、農民を無知と決めつけ知識人ぶっていた自分の不明を、翁はこのとき心から恥じています。

　「正しく貧苦に居る」こと、正しく生きるということ、それは吟味した生を生きるということです。なぜそう生きなければならないかを、自分や他人に対して証し立てることができるということです。ソクラテスは、吟味されていない生は無意味である、と述べていますが、この吟味というのは、知識人のように理論や言葉に頼ってだけ行われるわけではありません。むしろ彼らは、言葉の上の吟味に満足し、生の吟味には至らないことがしばしばです。それよりも尊いのは、沈黙のうちに、行為をもって行われる生の吟味とその証明が存在するということです。

3.　教育の滅び尽くしたところから始まる哲学

　さて、教育はどうでしょうか。林先生は、明治政府の文部官僚であった森有礼を研究することで、明治以降の日本の近代教育がどのようにできあがったかをたどるというお仕事もされています。森有礼が日本の近

代教育の形を作った1人であることはよく知られていますが、林先生は、森が欧米型の個人の自由に基づく教育を目指していたのに対し、国家主義教育の流れによってそれを阻まれたのだと考えておられます。その結果、明治以降の学校の機能は、国家に役立つ人材を育てるということに重きが置かれることとなりました。田中翁流に言えば、国家のための人材をつくる、国家の利益のための教育、それは人民のために行われる公の事業ではなく、国益という名の私益に基づく事業です。そこには、本来教育の主体であるはずのこどもたちの姿はありません。国家のための、大人のための教育、もはや教育という名に値しないなにかが無惨に残るのみです。国家の将来や立身出世のための名目で、吟味されていない慣習や国家への忠誠心、借り物の知識を、こどもがまるでそれらの容器であるかのように詰め込み、工業製品のように人を画一化した枠にはめていくこと。それを受け入れない落ちこぼれはさっさと切り捨てていくこと。そのような行いが、こどもたちの生命やその尊厳を —— まるで公害が自然を破壊するように —— 破壊していることを、林先生は誰よりも熟知しておられました。教育は、こどものため、こどもの生の尊厳を守り育むためになされるものであり、もしそうでないとしたら、それは教育ではありません。だから林先生は、田中正造の言葉を思い出しながら「学校に教育がなくなってしまっている」と書きつけられたのでしょう。

　しかし、田中翁が、国家に幻滅した後も谷中村で生き延びたように、林先生も、教育に心底幻滅しながら、希望をお捨てにはなりませんでした。いや、教育や学校制度がすでに滅んでいるからこそ、そのもっとも滅び尽くした場所 —— 田舎のこどもたちが通う小さな小学校、返還直後の沖縄の学校、落ちこぼれがあつまる定時制高校 —— にこそ、希望はあると考えられたのではありませんか。林先生はこの時、先生にとっての「谷中」を見つけられたわけです。

　そうした場所で、こどもたちや少年少女は、彼らには到底難しく、理解できないのではないかと思われるようなテーマについて、林先生がお話しし、問いかけるのを聞きながら、自分について、人間について、生

きることについて、探究し、吟味していきました。林先生の授業や質問によって、吟味され、裸にされて、こどもたちは自分の生の核に触れて、彼らの顔は美しく輝きます。やっかいもの、落ちこぼれと言われ、人生を投げ出しかけていた少年たちの人生は変わりました。世間の人は、これらのことが起こったのは、林先生がすばらしい教師だったからだ、というかもしれません。けれどもわたしは、林先生がそうした考えを拒絶されるだろうことを知っています。田中正造が谷中の残留民とともに、あるいは彼らから生きることを学んだように、林先生もまた、こどもたちとともに／から生きることを学ばれたのですから。

　田中翁については、大局をつかめず、鉱毒事件という一個の問題に深入りしたために、国政に関わる議員人生を棒に振ったと批評する人もいたと言います。しかし、わたしには関わっている人数の数や事の大小で翁の直訴後の行動を評ずること、政治的「闘いに敗れた」翁が小さな抵抗に身をやつしたと捉えることは、そこで起こっていることの意味を正しく捉えそこなうのではないかと思います。共に生きることを学ぶことは、人間のいのちと尊厳を賭けた闘いであり、人間が、真の意味での人間になるための闘いなのではないでしょうか。谷中の民が、こどもたちが、その闘いのなかで、尊厳を守り、真の人間となり、解放され、救われるとしたら、それは、日本の人民ばかりか、人間性そのものの救済でもあるのではないかと問いかけたら、先生は何とお答えになるでしょう。

林先生、そちらはいかがですか。先生が後ろ姿を追いかけていた田中正造翁が旅立たれて100年あまり、林先生が逝かれてからはもう30年になりますね。お2人はそちらで邂逅を果たされたのでしょうか。
30年、100年たった今でも、日本の国家は、そして教育は滅び尽くし、滅びは深まる一方のように思います。
それでも、谷中の民の魂はいまも、ミナマタ、オキナワ、フクシマ、あちこちに生き続けています。
先生が慈しみ見守った、こどもたちのいのちもひそかに燃え続けていま

す。

誰かが言っていました、わたしたちの闘いは勝ちをおさめることはない
だろう、そのかわり決して滅びることはないのだ、と。

不滅、不屈には道まだ遠く、わたしたちの苦学は続きます。ご加護のあ
らんことを。

第 3 部

日本での〈こどもの哲学〉の実践

第1章　兵庫県西宮市の小学校での
「こどもの哲学」の試み

本間 直樹・高橋　綾

1. 経験の変化

　金澤正治さんとの出会いから、わたしたちは小学校での対話の授業に熱中するようになった。その後何年にもおよぶ金澤さんの学級での対話、こどもたちとの出会いを通してわたしたちが学んだことは計り知れない。海外の実践者との出会いだけでなく、日本で出会ったひとりひとりの先生方、そしてこどもたちといっしょに歩んだ道こそが、わたしたちを〈こどもの哲学〉へと導いてくれたのだ。

　金澤さんにはじめてお会いしたのは2004年の研究会で本間がフランスでの実践を紹介する発表を行ったときだった。その彼から、じぶんの教える小学校で哲学をやってみたいが、どうしたらいいか、とわたしたちに相談をもちかけられたのだ。金澤さんは教育大学で哲学を学んだ後、西宮市の小学校で教えている。どうしてわたしたちに声をかけられたんですか？と尋ねたら、教育学の先生ではなくて哲学をやっているひとにお願いしたかった、と答えられた。

　わたしたちが当時関心をもっていたのは、マシューズやイギリス、オーストラリアでの実践のように、絵本を含む児童文学を用いた対話だった。ピアジェの発達段階を批判するマシューズは、リップマンと異なり、考えるスキルを学年に応じて段階的に学ばせるという考え方をとらず、こどもたちと対話を重ねながら、こども期 (childhood)

第3部　日本での〈こどもの哲学〉の実践

特有の思考の創造性に大きな可能性をを認めていた[1]。また、かえる
とがまの二匹を主人公とするアーノルド・ローベルによる機知に富
んだ童話[2] は、大人もこどももともに楽しむことのできる最良の教
材となる、とマシューズは述べている。わたしたちも、ローベルの
「おちば」のエピソードを対話の授業でとりあげ、それが大学生から
一般のひとまで幅広く対話するのに役立つことを実感した。また
2005 年から 2006 年にかけて、臨床哲学の授業でも、どんな絵本を
使えばいいだろうかと、大学生や大学院生みんなで絵本を持ち寄り、
じっさいにそれを読みながら対話を行い、それをもとに「ともだち
や」「おちば」「かえるとさそり」などの絵本や寓話を使った対話の
教案を作成したりもした[3]。

　この頃から、わたしたちは、「こどもとともに哲学する philosophy
with children」の意味をこめて〈こどもの哲学〉という新しい名称を
使うことにした。おとながこどものために哲学を教えることでもな
く、あるいはまた、おとながこどもについて哲学することでもなく、
こどももおとなも対話し、哲学することをたがいに学ぶ。日本の初
等教育では、いろんな新しい教科内容や教授法が導入され、そのた
びに生徒も教員も振り回されることが多いようだ。〈こどもの哲学〉
にとっては、そうした「新しい方法」の導入ではなく、むしろ、通
常の授業のなかで対話による探究を行い、生徒や教員が日々の学習
や学校生活をより豊かに過ごせるようになるのが大切だろう。その
ためには、リップマンのように考えるスキルを体系的に学ばせるの
とは異なって、教室でこどもたちが自由に話せる時間をもつこと、

---

1)　Gareth B. Matthews, The Philosophy of Childhood, Cambridge, Mass. Harvard
　　University Press, 1994.（倉光修・梨木香歩訳『哲学と子ども』新曜社、1997 年）
2)　『ふたりはともだち』(1972)『ふたりはいつも』(1977)『ふたりはいっしょ』
　　(1972) アーノルド・ローベル作・絵、三木卓訳、文化出版局。
3)　こどもの哲学研究会「絵本から、ともに考える」(『平成 17 年京都市高齢者介護
　　等調査研究事業報告書』京都市長寿すこやかセンター発行、2005 年。)

132

第1章　兵庫県西宮市の小学校での「こどもの哲学」の試み

　特に、授業中に自由に話すという経験がほとんどない中学年以降の
こどもたちにとっては、教室のなかで自由に自分の考えたことを話
してもよい、という環境をもつことが何より重要ではないか。わた
したちはそう考えていた。ボールを回しながら順番に話すという手
法も、研究会で見聞きして知ってはいたが、むりに円にならなくて
もいいし、ボールも使わなくていい、わたしたちでぽちぽち独自に
やっていきましょう、と金澤さんに提案した。新しい方法や手法を
もちこむことではなくて、対話をやりたい、対話をたいせつにした
い、と思う教員の実践のひろがりをともにつくっていくことが、〈こ
どもの哲学〉の基本だと考えたのだ。

　じっさいに授業を行ってみて、わたしたちはとても驚いた。積極
的に話したいと必死に手をあげる生徒たちの多さ、いや、その熱意
に。生徒たちはものすごいスピードでじぶんたちの発言を吟味しは
じめる。あまりの速さに金澤さんも、ほかの教員もついていけない
ほどだった。また、発言できなかったこどもも、話しあいを聴きな
がらいっしょうけんめい考えていた、と感想用紙に書いてくれた。
話しあいを聴いているだけで頭がフル回転する。これも多くのこど
もたちの感想だった。〈こどもの哲学〉はまさに、こどもたちのもの
だ、とわたしたちは確信した。よけいな方法はいらない、こどもた
ちの関心をもつ題材があって、あとは自由に考え、話せる時間と空
間さえあればいい。もちろん、金澤さんがふだんから大切にしてい
る、生徒の考えを注意深く聴く、という姿勢があるからこそ、自然
に対話が成り立つのだ。方法よりも、こどもを聴くという姿勢がそ
こに一貫していなければならないのだ。

　やがて、こどもたちへのわたしたちの関心はすこしずつ変わって
いく。はじめの数年間は、こどもたちの考えのおもしろさや、なさ
れた発言への鋭敏な反応に驚き、こどもたちが表明したことを漏ら
さず書き記そうとした。はじめのうちはビデオ録画が許可されてい

133

第3部　日本での〈こどもの哲学〉の実践

なかったので、教室にノートパソコンをもちこんで、必死に発言を
筆記していた。じっさい、この経験は非常に役に立った。こどもた
ちはシンプルなことばで考えを表明する。おとなのように、ああで
もない、こうでもない、と回り道しない。その分だけ、教員がうま
く合いの手をいれないと短時間でたくさんのことが話されるので、
聴いている方はついていくのが必死になる。話についていくのに必
死だったというこどもの感想もよくわかる。

　こどもたちが表明する考えはいちいちおもしろい。一見ハテナ？
と思える発言も、よく考えてみればその意味は理解できる。すべて
の発言を書き取ってゆっくり読んでみると、じつにたくさんの思考
が、ゆるやかにつながりながら交わされているのがわかる。こども
たちは好き勝手に発言しているだけだ、という教員もよくいるが、
それはそのひとが話の流れとスピードについていけてないだけだ。
ちなみに、対話の極意は、スピードをできるだけゆっくりさせて、
ひとりひとりに考える時間を十分にあたえることだ。この点につい
てわたしたちは、後になってコミュニティボールの重要さを知る。

　だが、話された内容のおもしろさに熱中するあまり、わたしたち
は話しているこどもたち、考えているこどもたちの姿に十分に目を
向けてこなかったように思う。こどもたちが対話するその場で、わ
たしが直接に感じていることは、話しあわれていることだけではな
かった。例えば、ビデオに記録されたこどもたちの様子をなんども
繰り返し観てみると、こどもたちからわたしがその場で何を受け取
ったのかが、次第に浮かび上がってくる。話を聴いていて単にわた
しの思考が触発されるだけではない。こどもたちによって表現され
たことを知識で補ったり解釈したりすることで、わたしが勝手に満
足を得ているのではない。たしかにはじめの数年は、こどもたちの
話す内容が、大学で学ばれるような哲学の問題（Dr. J のいうビッグ
P）とどう関連するのか、ということがどうしても気になった。で

第1章　兵庫県西宮市の小学校での「こどもの哲学」の試み

もそれはわたしたちが身につけてしまったクセのようなもので、慣れていくうちに、そんなことはだんだん考えなくなったのだ。

　表現がそれ自体として充実している。この単純な事実にわたしは気づきはじめた。おとなは、話されたことばが適切であるかとか、文脈に沿っているかとか、じぶんの正しいと思うことと合致しているかとか、授業にふさわしい発言であるかとか、評価のまなざしでとらえてしまう。それが、なされた表現そのものをちゃんと受けとるのを妨げる。いいとかわるいとか、そういう判断を控えて、ただ聴けばいい。それも耳だけじゃなくて全身で聴けばいい。そして、ある充実した表現に居合わせるとき、対話者から何かが教えられたという感覚がわたしたちのなかで生じる。なされた表現がどれだけ洗練されているかは、二の次、三の次で、それを聴くわたしがいくら洗練させたかたちに置き換えようとも、オリジナルの表現にはとうていかなわない。話すこと、表現することは、何かを伝達するのではなく、それ自体としてその場に現れ出る何かなのだ。洗練された表現を摸倣するだけでは、けっしてオリジナルの表現にじぶんでたどりつくことができない。どれだけ大学で身につけた知識があってもこうしたオリジナルな表現にはたどりつかない。わたしたちは、表現すること、考えることを、こどもたちから学びはじめた。訓練、トレーニングと教育は異なる。デューイは『民主主義と教育』のなかでそう書いている。考えること、表現することは、訓練されるのではない。ひとが生きる状況のなかで、どうにかつかみとられるものだ。

　そんなことを考えはじめた頃、2011年のはじめにわたしたちはp4cハワイに出会う。Dr.Jが実践していることは、まさにわたしが感じはじめたことに大きく重なるものだった。この活動では「コミュニティボール」と呼ばれる毛糸でできたボールが使われている。このボールは、発言者を指し示す道具ではなく、これを持って話す

135

第3部　日本での〈こどもの哲学〉の実践

ひと、そのひとの考えがその場に現れ出るということに、わたしたちの目を向けさせてくれる。ボールを使うか否かが問題でない。それとともに何がそこに現れているかを全身で知覚することが、探究の不可欠な一部であることに、Dr. J の授業に出てわたしたちは気づいたのだ。

2. 兵庫県西宮市の小学校での「こどもの哲学」の試み

　ここで金澤さんとの歩みをざっとふり返ってみたい。はじめての授業は、2006 年度 3 学期に 5 年生 38 名を相手に行われた。金澤さんと話しあい、絵本『ともだちや』[4]が小学校教員にもこどもたちにもよく知られていることから、この絵本の物語をかんたんに要約した文章をつかうことになった。金澤さんが作成した学習指導案には、単元名「みんなで話し合おう ―― ともだちってなに？ ――」、ねらい「1. お互いに疑問を出し合い、それに向き合い楽しんで対話をする。2. 対話を通して、ともだちについての新しい考えをみつけることができる。」と書かれている。金澤さんは対話を、「へぇー、そうか」「なんでそう思うの？」と自由に発話する雰囲気をうまく作りながら聴き手に徹されていた。そのおかげで、たくさんの生徒が発言を求め、どの生徒も熱心に発言し、また、聴いていた生徒も授業のあいだずっと頭をフル回転させたという主旨の感想を多く残してくれた。

　さらに 2007 年度には、6 年生 38 名を対象に、フランスの哲学寓話集[5]からとられた物語「かえるとさそり」を用いた対話の研究授業が行われた。（単元名「あなたとわたしで考えよう「かえるとさそ

---

4)　内田麟太郎・降矢なな『ともだちや』偕成社、1998 年。
5)　Michel Piquemal & Jacques Salomé, Les philo-fables, Coffragants, 2004.

第1章　兵庫県西宮市の小学校での「こどもの哲学」の試み

り」」。ねらい「1. 自分の考えを自分の言葉で、ゆっくりていねいに話す。2. 対話を通して新しい考えを持つことができる。」）このときには、「問いを立てる」ことに焦点を絞り、教員の導きのもとでこどもたちが実際にいくつも問いを考え、それらを黒板に書き出していった。

　2008年度には、アーノルド・ローベルのかえるとがまの童話『ふたりはいっしょ』から「おちば」のエピソードをとりあげ、5年生32名を相手に、2時限つづきで授業が行われた。1時限目に物語について話しあいがなされた後、2時限目にはこどもたちによって「感謝」にテーマが絞られ、感謝をどのように表明すべきかという点について活発に意見が交わされた。また、この年度の冬には、道徳の時間に、5年生全学年を対象に『ともだちや』を用いた対話の授業が行われた【本章第3節】。

　これら研究授業では、毎回発言記録がとられ、授業後の感想も残されている。また、授業後に毎回、研究会が小学校教員全員の参加のもとで行われた。そのなかで、「自由な発話によって何が学習されるのかがわかりにくい」、あるいは「こうした対話型授業の意義はわかるけれども、それをどのように教室で実施すればよいのか、わからない」という教員の意見も少なくなかった。そこで2009年度には、学年の教員たちと繰り返し協議を重ねて、自由な発話ではなく、ある程度ルールに則って発言する方式（オスカル・ブルニフィエの相互質問法）を採用し、ある程度教員にもわかりやすい「スキル」に焦点をあてた試みを模索することになった【本章第4節】。最初の試行から5年目にあたる2010年度は、これまでの試みをまとめ、一つの学年にとどまらず、対話を重視した授業の小学校全体、各学年への導入を検討することになった。この学校では、総合的な学習の時間を活かしたさまざまな授業案が作られてきた。これらを参考にしながら、低学年、中学年、高学年のそれぞれの学年に応じた学習

137

第3部　日本での〈こどもの哲学〉の実践

プログラム案を提案した。

　「哲学」という言葉は日本の小学校教員にもやはり馴染みにくい。リップマンのP4Cやビューランダ小学校が作成したカリキュラムでは「哲学」が週1回の必修科目として設けられることが条件となっているが、日本の初等教育のなかで「哲学」が科目として設置されるのはむずかしい。むしろ、すでに導入されている「総合的な学習」の時間を有効に活用し、教室のなかで教員たちがこどもたちとともに学びの場を形成できること、そして「ともに考える」という営みが、他のすべての科目での取り組みにつながっていくことが重要だろう。そこでわたしたちは、この小学校のモットーを活かして学習プログラム全体の目標を「あなたととわたし　じぶんで考える、ともに考える」とした。さらにこの目標を実現するために、「問いかける（知的関心・批判的思考）」「感じる（感性、共感）」「コミュニケーション（聴く、話す）」「協働する（ケア、共同性、地域への関わりの広がり）」という四つの要素を設け、これらの要素が学年ごとに授業のなかでどこが重視されるべきか、を一覧表にして作成した。まず、低学年（2年生）を対象に新たに授業案を作成し、オーストラリア、ビューランダ小学校で行われているフラフープを利用した対話を行った【本章第5節】。また、この小学校では3年生を対象に環境体験学習が導入されていることから、このプログラムのなかに、体験したことについてこどもたちが自由に話し合う対話の時間を設けることになった。この体験学習には地元の人々が熱心に協力しているが、これらの人々も授業を参観し、こどもたちの声を非常に熱心に聴いていたのが印象的であった。さらに、5年生を対象に、美術館のなかで1枚の絵を見ながら自由に意見を交換する授業を計画し、各クラスが順番に近隣の美術館を訪れて、1時間じっくり絵について話しあった【第3部第2章】。協力していただいた美術館の責任者も活発に意見を述べあうこどもたちの姿を見て非常に感心されていた。こ

のようにこどもたちが対話する様子を教員だけでなく、地域の人々にも直接見てもらえることができ、その意義を確かめることができたのがこの年度の最も大きな成果であった。

　転機を迎えたのは2011年。ハワイから帰ってきたわたしたちは、金澤さんにぜひコミュニティボールをクラスでつくりたい、ともちかけた。いつもの机と椅子のある教室ではなく、フラフープの授業をやったランチルームで、みんなで床にすわって、いろとりどりの毛糸を巻きながらボールをつくった【本章第6節】。コミュニティボールは、金澤さんにとっても、わたしたちにとっても、こどもたちにとっても、文字通り挑戦だった。いままでのような、先生によってコントロールされたスムースな話の流れにはならない。こどもたちの葛藤も、望ましいことも、望ましくないことも、みんなそのままそこに現れる。それまでみんなが慣れ親しんできた学校文化や制度をあぶりだす、ふしぎな魔法だったのだ。

　以下では、この歩みのなかから、物語、相互質問法、フラフープ、コミュニティボールを用いた対話の例を順に紹介していこう。

3.　物語を用いた対話
── 道徳の時間に「ともだち」について話しあう

　絵本『ともだちや』をもとにこどもたちが話しあう授業は、2006年度から繰り返し行われている。「ともだち」について考えを交換することは、道徳で扱うべき主題と重なることも多い、という教員の声を参考に、2008年度には、道徳の時間に対話を導入しようと金澤さんとわたしたちは話しあった。道徳の学習指導要領を参照しながら、何度も授業の進め方について検討を繰り返し、この授業のための学習指導案を作成した。従来の道徳教育では、主に「読むこと」、

第3部　日本での〈こどもの哲学〉の実践

そして「書く」ことと「内面の形成」のつながりが重視されてきた
といえる。確かに、書くことを通して自分自身に向かいあうことも
重要な道徳の課題だ。しかし自己という存在は、自分だけで閉じる
ことなく常に他人に対しても開かれており、〈話す－聴く〉という会
話の体験を通して、自己と他人とのつながりを深めることもまた、
重要な道徳の学びとなる。〈話す－聴く〉という水平的な関係のなか
で成立する対話では、模倣すべきモデルは存在しない。教室のなか
で教師にモデルを求めるのではなく、対話を通じてこども自身が仲
間とともに「ともだち」について考えることは、道徳の学習にとっ
て必要不可欠だといえるだろう。単元名は「あなたとわたしで考え
よう ―― ともだちってなに？」、授業のねらいは「1. 対話を通して、
ともだちについての新しい考えをみつけることができる。2. 自分と
異なる意見を受け入れ、自分の考えを深める。」となった[6]。

---

6)　この指導案のなかに、道徳教育とのつながりが明確に書かれているので、その
　　一部を以下に引用する。
　　「今回の授業では、内田麟太郎 作　降矢なな 絵の『ともだちや』という絵本を取
　　り上げる。お金をもらうことで友だちになってあげるきつねの話である。友だち
　　になることでお金という対価を求めることはよくないという判断を子どもは下す
　　だろう。しかし、「○○しないと仲間にいれてやらないぞ。」等のお金ではない対
　　価を友だちから求められる経験を子どもたちはしているかもしれない。友だちと
　　は、対価をお互いに求め合うことによって成り立つ関係ともいえる。それを是と
　　し、友だちは対価を求め合うことにより助け合っていると考えるのか。また、そ
　　れを非とし、対価を求めることは友だちではないと考えるのか。実際の自分自身
　　の友だちとの経験を照らし合わせながら、友だちについて話し合うことに適し、
　　友だちについていろいろな角度から話をしやすい題材といえる。話し合うことに
　　より、友だちに対する認識を深め、人に対する理解を育てることができると考え
　　る。言葉にするという作業は自分の内面を出すということであり、その作業を繰
　　り返すことによって自分の内面を育てることになる。さらに、友だちの考えを聞
　　くということは、自分以外の友だちの内面を知ることである。その気づきは、新
　　たな考えをつくり、言葉にする作業を通して内面を変えていくのではないか。『と
　　もだちや』を題材にして話し合うという対話の場によって、自分の思いを言葉に
　　表すこと、相手の思いを聞くことより、コミュニケーション能力の基盤を育て、
　　思いやりの心を培うことができると考える。『ともだちや』の絵本を読み聞かせる
　　のではなく、あらすじをワークシートで用意する。絵本では、絵に影響をうける
　　ので、あらすじで言葉だけによる理解にしたい。国語の読解ではないので、読ん

140

第1章　兵庫県西宮市の小学校での「こどもの哲学」の試み

　絵本を授業で使うことは珍しくない。わたしたちが最も気をつけたのは、「読み聞かせ」によって絵本を味わう、あるいは、作者の意図を探る、物語を正しく理解するといった国語の理解力に授業のねらいを定めるのではなく、物語について自由に話しあうことを通じて「ともだち」についての考えを深めることがもっとも重要であることを教員たちに伝えることだった。そこで、指導案に書かれている通り、絵本の実物は使用せずに、あらすじの書かれた紙だけを用意し、向かい合って座って、こどもたちが互いの発言に集中できる環境を準備した。

　授業の手順はこうだ。開始後すぐに、金澤さんは次の内容の書かれたプリントをこどもたちに配布した。

　『ともだちや』　内田麟太郎　作
　〈あらすじ〉
　一時間100円でともだちになってあげる「ともだちや」になることを思いついたキツネ。「えー、ともだちやです。ともだちはいりませんか。さびしいひとはいませんか。ともだち　一時間100円　ともだち　二時間200円」
　最初のお客は「ひとりぼっちの食事はつまらん」というクマだった。キツネは苦手なイチゴを一緒に食べ、200円受け取る。
　次にキツネを呼んだのは、オオカミ。「おい、キツネ、トランプのあいてをしろ」トランプはオオカミが3回勝って、キツネが1回勝ちました。「あのう……」キツネはもうしわけなさそうに手をさしだしました。「なんだい、ともだち」「まだ、おだいをいただいてないのですが……」

_____

で感じたことを子どもに自由に話させることで学習を進める。なるべく、先生が望む考えを話さないといけないというしばりを子どもに与えることがないようにする。そのために、教師がどんな考えでもよいという安心感をあたえる態度でゆっくりとより丁寧に子どもの話を聞くようにしたい。」

141

第3部　日本での〈こどもの哲学〉の実践

「おだいだって！お、おまえはともだちから金をとるのか、それがほんとうのともだちか」とオオカミは目をとがらせました。
「ほんとうのともだち？」とキツネ。「そうだ、ほんとうのともだちだ。おれはともだちやなんかよんだんじゃないぞ」「それじゃ、あしたもきていいの？」「あさってもな、キツネ」よくじつ、オオカミは、ミニカーをくれました。オオカミのいちばんだいじなたからものでした。

　配布後、金澤さんは物語をゆっくりと読みあげ、黒板に「ともだちや」と板書し、「誰が出てきた？どんな話やった？」と質問を投げかけると、こどもたちから次々と答えが返ってきた。「どんな話だった？」という質問は、物語に対する理解を共有するだけでなく、物語に対する異なる理解やとらえ方をこどもたちから引き出すのにも役にたつ。金澤さんは、こどもたちの理解や解釈にコメントは加えずに、純粋に聴き手に回っていた。その後、金澤さんはこどもたちにもういちど読む時間を与え、「読み終わったら、プリントを机のなかにしまおうか」と言った。こどもたちが「読む　理解する」という国語の授業を連想してしまうのを避けるためである。
　「みんな、いまの話を読んでみてどんなこと感じた？」と金澤さん。こどもたちはこの質問に答えながら、物語をそのまま反復するのではなく、「クマが、キツネを呼んだのは、1人で食べるのが寂しいから、べつに友だちはいなくてもよい」「オオカミは一番大事なミニカーをあげたからそれだけキツネのことを信用している」「キツネはお金も欲しかったと思うけど、本当の友だちも欲しかった」などといった物語に対する解釈を提示していく。こうした解釈については、こどもたちどうしで検討することが目的なので、教員からコメントを差し挟むのは控えてください、と授業前の打ち合わせで確認していた。次々と出されるこれらの発言から、こども一人一人がどんなところに重点をおいて物語を理解しているのかがわかっておも

第1章　兵庫県西宮市の小学校での「こどもの哲学」の試み

しろい。一つ一つの発言を注意して聴いていないと「ただ話しているだけ」という印象が持たれるかもしれないが、こどもたちは、教員からのリードなしに、みずから議論をはじめ、展開させていた。

　おとなたちがこどもたちの思考についていけない理由の一つとして、「この物語はこのように理解すべき」という先入見がおとなたちの思考をストップさせ、物語のなかに含まれている豊かな思考の可能性から目を逸らさせてしまっていることがあげられる。単純なことであるが、こどもたちの発言をよく聴き、理解しようとする姿勢こそが、わたしたちのもつ先入見をあらためて吟味するための近道だろう。不思議なことに、こどもたちはすでにお互いの声に耳を傾け、真摯に受け止める能力をもっている。わたしは、何年もこどもたちの対話を聴きながら、どうしてわたしたちのようなおとなの多くは、もともともっている聴く力、考える力を就学時のあいだに失っていくのだろうか、と考える。大学に入るころには、もうそういった繊細な感性と能力は鈍磨してしまうのだろうか。わたしたちはこどもたちのこうした真摯な姿勢に対して敬意を払い、教えを請うこともまた必要なのではないだろうか。

　もっとも、わたしたちからこどもたちに提案できることもたくさんある。例えば、素早く考えることがいつも功を奏するとは限らない。こどもたちが得意とするスピード感溢れる思考に対して、ときには「待った」をかけるときも必要だろう。教員は、もっとも速いスピードにあわせるのなく、むしろ、ついていけないこどもたちとともに、ゆっくりと歩くことを提案できる。金澤さんは、何度も「どういうこと？」「なんで？」と発言の合間に適確に質問を挟むことによって、こどもたちの歩みを緩めさせたり、「他の人はわかる？」と全体の歩調を整えるような質問を投げかけたりしていた。

　このような授業を何度も何度も重ねることで、さきに示した議論の局面や展開を、おとなによる解釈ではなく、こどもたちがじぶん

143

第3部　日本での〈こどもの哲学〉の実践

で理解し、みずからケアできるようになることが〈こどもの哲学〉の目標だろう。こどもたちが、じぶんでときには歩みを止めて、ゆっくりと考えるための時間を設けることができれば、もっと豊かな思考の可能性を手にすることもできるだろう。このように、こどもたちの能力が育まれていくための環境を整えることは教育の重要な役割だ。そして、この場におとなが参加することでおとなもともに学び続けることができるということも、忘れてはならない。

4. こどもたちと相互質問法に挑戦する

「こどもたちとともに自由に対話しながら考える授業をやってみたいが、やはりどうやっていいのかわからない。自分たちだけでは模範授業のようにやるのは難しい」という教員の声をよく耳にする。確かにこどもたちの自由な発話に対して教員がどのように関わってよいのか、そのコツのようなものを教員たちに明確に示すことは容易ではない。そこで、教員が真似てできるようなスキルやルールのはっきりしたやり方を授業で実演してみることになった。まず、2009年度秋に、十分に時間をかけて授業の進め方が提示できるように、同じクラスを対象に3回連続で授業を行う計画が練られた。これまでは単発の授業でなされる対話がほとんどだったが、今回は、対話の回数が積み重ねられるなかで、こどもたちにどんな学びや変化をもたらすことができるかを見ることに重点が置かれた。また、授業を計画した教員から、(1) 参観する他の教員にも対話の進め方がわかりやすいようにしてほしい、(2) 進行の特別な技能がなくても対話を通じて考えることを試してみたいと思えるようにしてほしい、という要望があげられた。

わたしたちが参考にしたのは、経験豊かなフランスの哲学者オス

144

第1章　兵庫県西宮市の小学校での「こどもの哲学」の試み

ブルニフィエの絵本をこどもたちに示す高橋

カル・ブルニフィエの教授法である。オスカルは未就学児から小学校、中学校まで幅広く哲学の授業を手がけており、教材も多く出版している[7]。なかでも彼がしばしば用いる「相互質問法」は原理が単純で導入しやすい[8]。また、わたしたちは、2009年7月に開かれたイタリアでの国際会議（ICPIC）[9]にて、彼のワークショップを実際に体験し、その後日本でもおとな向けや少年院での対話ワークショップでも試行してその有効性を確かめていた。オスカルは、「議論」とは明確に区別して、参加者たちが自分たちで思考を吟味するやり方を学ぶ方法として相互質問法を提示する。大勢が参加する議論の場所では、複数の人から次々といろいろな意見が出て、一つの意見についてじっくり考えることができないことが多い。この方法ではそ

---

7) Oscar Brenifier, *Philozenfants*, Nathan.（オスカル・ブルニフィエ、『こども哲学』シリーズ、西宮かおり訳、朝日出版社、2007、2008。）
8) 「相互質問法（le questionnement mutuel, mutual questioning）」については、Oscar Brenifier, *Enseigner par le débat*, CRDP de Bretagne, 2002. を参照。
9) ICPIC（International Council of Philosophical Inquiry with Children）主催、2009年イタリア、パドヴァで開催された第十四回国際会議。同会議にて、わたしたちは日本での実践に基づいた考察を発表した（ペーパープレゼンテーションのタイトルは "Thinking beyond Evaluation"）。

第3部　日本での〈こどもの哲学〉の実践

れを避けるため、問いに対するある答え（仮説）を1人の参加者が
選び、全員でその答えに質問をしながら、その答え（仮説）が意味
することやその限界などを考えていくという方式をとる。今回の5
年生のあるクラスを対象にした3回連続の授業では、オスカルの作
った『こども哲学』シリーズから『自分ってなに』『いっしょにいき
るって、なに？』を選び、そのなかの二つの問いを教材として使用
した。実施日と学習のねらい、選ばれた問いは次の通り。

実施日	ねらい	問い
11月2日（月） 4時限	質問ゲームに慣れる	「はやく大人になりたい？」
11月4日（水） 3時限	質問をよく考えてみる	「ぼくたち、みんな平等」
11月6日（金） 5時限	質問を通じて相手の 主張を理解する	「ぼくたち、みんな平等？」

　初めて試みたやり方なので、担任教員に代わり、高橋が進行を務
めることになった。また「問い」と「答え」のセットをブルニフィ
エの絵本からあらかじめ準備し、授業では生徒たちに絵本のなかか
ら自分の考えに近い「答え」を選んでもらった。相互質問法ともと
もとの主旨からすれば、「答え」（仮説）はその場で自由に考案して
もよい。しかし、時間の制約があり「質問する」ことに比重を置く
ため、各自が答えを作るプロセスは省略した。進行役は授業の最初
の導入として、「みんなで一緒に考えてみる」、それを「質問ゲーム」
という形でやってみよう、という説明をした。また、「質問をする際
には、相手の考えていることをもっと理解するための質問をするこ
と」、「疑問に思ったこと、『こんな場合はどうなるの？』ということ
も聞いてもいいけど、投げっぱなしではなく相手と一緒に考える、
ということを忘れないでね」と説明した。自分の考えていることを
言うのではなく、相手とともに考えるための質問をすることは、お

となにとっても容易ではない。こどもたちにとっても一度説明しただけでは難しいだろうと思ったが、3回のなかで徐々にそのような質問が出るようになることを目標にしていたので、1回目の授業では質問の仕方、質にはこだわらず、どんどん質問をしてもらった。

2日目　テーマ「ぼくたち、みんな平等？」
── 質問をじっくり考えよう

　2日目は「じっくり質問を考える」を課題として、生徒たちに質問を先に紙に書いてもらい、それから質問をしてみる、という形式にしてみた。テーマも1回目よりはすこし抽象的な「平等」であったので、生徒たちは1回目よりじっくり時間をとって考えているようだった。再び、黒板に以下のものが提示された。

　　問い　ぼくたちみんな平等？
　　答え　1. うん、みんなおなじ人間だもん。
　　　　　2. ううん、だってお金もちとびんぼうなひとがいるから。
　　　　　3. 平等じゃない。みんなよりあたまのいいこもいるし。
　　　　　4. ちがう。うんのいいことわるいこがいるから。
　　　　　5. みんなでたすけあって、みんなでわけあえばみんないっしょ。
　　　　　6. 平等だよ。みんな、おなじ権利をもってるんだから。

　生徒たちにきいてみたところ、1番目の答えから順に検討したい、という意見が出されたので、1の答えから取り上げることになった。進行役は「1の答えを選んで答えたい人」と質問して手をあげてもらい、1人を選び、それから全員に5分ほど時間をとって紙に質問を書いてもらった。多くの生徒がたくさんの質問を書いていて、「同

147

じ人間でも男と女は平等ですか？」「大人とこどもは平等ですか？」
「努力をした人と努力をしなかった人を同じに扱うべきか？」といっ
た質問が順になされた。答える側の生徒にはできるだけ負担にならな
いよう進行役が気遣ったこともあり、質問とそれへの応答から、平等
の意味について掘り下げて考えるまでにはなかなかならなかったが、
それぞれのこどもが、自分の考えていることを質問のかたちにするこ
と、相手の考えを理解しつつ質問をすることの意味をつかみはじめて
いるように感じられた。途中で、質問をしようとした男の子が、答え
る役の人に質問がわからない、と言われて、何度も言い換えているう
ちに、自分がなにを聞きたかったのかわからなくなって、もう少し質
問を考えてみる、と言い出す場面もあった。彼は、もともと自分が聞
きたいことがあって手をあげたのだが、それを言葉にして相手とやり
とりするなかで、自分の質問がまだ十分に練られていなかったことに
じぶんで気づいたのだろう。対話のなかで考える際には、話すこと、
聴くことを通して初めて「自分の考え」やそのあいまいだった部分が
明確になるということがしばしばある。自分があらかじめ準備してい
た言葉ではなく、相手とともに考えを作っていく作業の難しさ、面白
さに気づくのは、こうした瞬間にあるのだろう。

　平等という、やや概念的な思考が求められるテーマであったことも
あって、個々のやり取りを十分には消化できていないようにみえるこ
どもも何人かいたが、1回目の感想がいろいろな意見が聞けて楽しか
ったというものが多かったのに対し、2回目では、「よく考え
た」「頭をつかった」という感想が目立った。ほかにも「難しいけ
ど、楽しかった」とか「いつもの勉強とは違う頭を使った」という
ことばもみられ、自分の理解を超えているという意味での「難しさ」
ではない、人の言葉に耳をかたむけながら考えることの「難しさ」
と「楽しさ」を同時に発見しているこどもも多く見受けられた。

第1章　兵庫県西宮市の小学校での「こどもの哲学」の試み

　２日目の授業では、「答え1」についてしか考えることができなかったので、次回は２の「ううん、だってお金もちとびんぼうなひとがいるから」という答えについて考えていきます、と予告をし、２の答えの立場に立って、質問を受けたい人を募った。質問を受ける者は文字通り、全員から質問の集中砲火を浴びることになる。だが意外なことに、多くの生徒が答える側に立って、みんなに質問されたいと手をあげた。これまで発言がなかった女子生徒が手を挙げていたので、進行役は「じゃあ、次回はあなたが答えてくださいね」となにげなく指名して授業を終えた。ところが授業の最後に配った感想シートを見てみると、この女子生徒は、1の答えについての質問で出された「人は誰でも努力すればお金持ちになれるのでは」という質問に反応して、「それを聞いてむかついた」と書いていた。そしてその理由を「どうしてかというと、わたしの家は母子家庭で、お母さんがパートでがんばって働いているけど、お金持ちにはなれないんだもん、ご飯もいっぱい食べれないんだもん」と述べていた。担任の教員にうかがったところ、彼女は普段はお金のことや自分の家庭の暮らしのことについて話すことはないが、彼女なりに考えたり、悩んだりしていることもあるのだろう、ということだった。次回は、彼女が「ううん、だってお金もちとびんぼうなひとがいるから」という立場で質問を受けることになっていたので、担任の教員と彼女に答える側に立たせてよいかどうか、質問され答えることで傷ついてしまうことになりはしないか、と話しあった。しかし、彼女が授業のなかで積極的に発言したいと言うことも珍しいことだし、本人が大丈夫というのであれば、それを尊重して任せよう、ということになった。

149

第3部　日本での〈こどもの哲学〉の実践

3日目　テーマ「ぼくたち、みんな平等？」
—— 問答を通して相手の主張を理解する

　2の答えについて答える役が当たった女の子については、担任の教員も3回目の授業までに、いろいろ気を配られて、答えたいかどうか、言いたくないことはいわなくてもいい、とそれとなく確認がなされたが、最終的には彼女が「がんばって答えてみる」と言ったこともあり、そのまま彼女に答えてもらう運びになった。他の生徒たちからは、やはり「貧乏な人でも頑張ればお金持ちになれるのでは？」というような質問が投げかけられたが、女の子は自分の家のことは一切口に出さず、また腹を立てたようなそぶりも見せず、「個人の頑張りだけでは抜け出せない貧しさがある」という「考え」を一貫して主張し、進行役や教員を驚かせた。他のこどもたちも、彼女の家庭の事情を少しは知っている人もいたらしいが、「平等というのはお金の問題であると思うか？」や「貧しい人でも平等に扱われる権利はあるのでは？」という質問をし、彼女の事情ではなく、「考え」を理解しようとし、彼女が想定している状況について一緒に考えようと努力していた。さらに印象に残ったのは、最後の権利についての質問をしたこどもに対して、「権利」ということが自分にはわからないと、彼女が答えたことと、その後6の「平等だよ。みんな、おなじ権利をもってるんだから。」という答えについて質問を募ったときに、授業ではあまり発言することがないという彼女が「権利とはどういうものですか？」という質問をしたことである。この一連のやりとりを見たときに、彼女は、「貧しさ」を自分が置かれている個別状況として捉えるのではなく、そこから身をひきはがし、他の人たちとともに考えうる「問題」として捉え、それに対してどんな「考え」がありうるかを懸命に理解しようとしているのだな、と感じられた。このようなことはおとなにとってもそれほど容易なことで

150

第1章　兵庫県西宮市の小学校での「こどもの哲学」の試み

はないはずで、これこそが哲学的、倫理的思考の力なのではないか、と深く考えさせられた。

　他にも3の「平等じゃない。みんなよりあたまのいいこもいるし。」という答えに関して「頭のよさにもいろいろあるんじゃない?」や「あなたにもいいところがあるのに、どうしてひとのことをうらやましがるの?」という質問があったり、6の「平等だよ。みんな、おなじ権利をもってるんだから。」という答えに関しては「同じ権利を持っているはずなのに、どうして外国には学校に行けないこどもたちがいるんだろう?」(これについては「学校に行くことは権利なんやー」という驚きの声もあった)や前述の「権利ってなんだろう?」という鋭い質問がだされ、進行役をしていても、それぞれの発言に考えさせられる非常に楽しい回となった。3回というプロセスのなかで、こどもたちは、単に自分の思いついたことを相手にぶつけるのではなく、相手の考えが向いている方向を理解し、相手にも自分にも手応えがある質問のしかたを徐々に工夫していくようになっていた。全体の感想としても、「質問ゲームは、相手の考えていることを理解することだけでなく、自分の考えていることをうまく相手に伝える勉強でもあったような気がする」とか、「自分が『考えている』ことを感じた」「『みんなで考える』というのはすごく頭を使うから大変だったけど楽しかった」というような感想があり、他人の考えに耳を傾けながら、そのなかで一緒に考えることを体験してもらえたと思う。

　この対話から、貧困や格差のような社会的問題について、こどもたちと話しあうことの意味について考えさせられた。小学校の道徳教育では、貧困や差別などの問題も取り扱われているが、それらはテーマに関する物語を読み、主人公の気持ちに「共感」していくものが多い。小学校の教員によれば、昔はクラスの友人が抱える問題を一緒に話し合うような授業も同和教育のなかで取り入れられてい

151

第3部　日本での〈こどもの哲学〉の実践

たそうだが、最近は家族のことや自分のおかれている状況などについて直接こどもたちが語りあうことは、プライバシーへの配慮もあって少なくなっているようだ。しかし、今回の対話でこどもたちが実践してみせてくれたように、貧困について自分の家庭の個別的状況を話すことと、貧困についての自分の「考え」を語ることは全く別のことである。前者は自分のことしか見えていないのに対し、後者は、自分の状況を踏まえた上で、自分とは違う他人の「考え」にも目を向け、理解し、それに対して感情的になるのではなく自分の「考え」をもって応答する、という対話における、優れて「公共的なふるまい」を意味している。道徳教育において「共感」型の教材が多く取り入れられているのは、こどもが自分の事情や体験を話して傷つかないように、あるいは、貧困というような社会的問題についていきなり考えることはこどもにとっては難しいだろうという大人や教師の側からの配慮があるのだろう。しかし、今回の対話では、そうした大人の配慮や心配をよそに、こどもたちは貧困について、自分の「考え」を持ち、それを意見の異なる相手に伝え、ともに考えることを行おうとしていた。社会的問題について語ることはこどもにはまだ早いと決めつけず、こどもたちをもっと信頼し、公共的ふるまいの主体として遇すること、彼らの「考え」を話し聞く場所を作ることが重要なのだと強く感じた。

5.「どっちに入るかな？」── フラフープを利用した授業から

　5年目にあたる2010年度はさらに新たな展開を迎え、一つの学年にとどまらず、各学年に対話を重視した授業を導入することが学校全体で検討された。そこで、低学年、中学年、高学年のそれぞれの学年に応じた学習プログラム案を提案した【本章末資料1】。もちろん、

第 1 章　兵庫県西宮市の小学校での「こどもの哲学」の試み

　これを提案したわたしたちの意図は、この案をそのまま小学校で実施することではなく、これをもとに教員たちに、自分たちの手で授業改善に取り組んでもらうことにある。

　ある程度、スキル学習を意識した授業の方が小学校教員にとって導入しやすいという意見を聴き、低学年（2年生）を対象に対話を通して考えるための授業案を新たに作成することになった。2年生の担任教員によれば、2年生たちはすでに一つのテーマについて話し合い、意見を述べ合うという経験をもっている、しかし、授業中に発言するということにもまだ慣れていない、なかなか積極的に発言できないこどももいる、という。そこで今回は、積極的に発言しないこどもたちも巻き込んだ手法をやってみる、という点で合意が得られ、ビューランダ小学校で行われているフラフープを用いた対話をやってみることになった。発言できなくても、モノを手に取って動かすことができるだけで、話しあいに参加でき、全体に貢献を果たすことができるのがこの手法の利点だ。

　まったく初めての内容なので、昨年と同様、まず高橋が1時間使って模範授業を行った。このリップマン由来の対話手法、青、赤、黄色の輪をつかう「交通信号」は、ある概念に、どのような具体的ないし抽象的要素が含まれるのか、それは他のものからどのように区別されるのかを考えるためのツールだ。2年生担任教員と協議のすえ、「美しい」という概念について話しあうことになったが、結果として「美しい」という言葉は2年生ではまだあまり使わないので、「きれい」という言葉を選ぶことになった。「きれい」という言葉には、「美しい」だけでなく、「清潔な」という意味も含まれるが、このような日本語特有の多義性もあえて踏まえて対話に臨むことにした。どの教科の中で行うかについては、「きれい」という一つの言葉の広がりを知る、自分の感じることを言葉にして他人と共有する、という観点から今回は国語科の内容として行うことになった。

153

第3部　日本での〈こどもの哲学〉の実践

　授業案の作成の際にいちばん時間を割いたのは、「きれい」「きれいじゃない」に分類するモノ（素材）を選ぶことであった。教員たちは最初は「美しい」という言葉に関連するようにと、美術の教科書に出てくるような芸術作品の写真を準備していた。そこで、芸術作品ももちろんあってもかまわないが、こどもたちの身近なもので、なるべく「きれい」と「きれいじゃない」（きたない、怖い、気持ち悪い）に意見が大きく分かれる素材のほうが議論が盛り上がるだろう、ということをわたしたちから伝え、昆虫や、自然（雷、山の写真）や、誰かが使い古した道具なども入れることになった。

　まず高橋が1クラスを相手に授業を行い、担任教員たちはその様子を参観するとともに、ビデオを使って記録し、それを参考にして授業の準備を行った。ワークが行われた場所はいつもの教室ではなく、靴を脱いで床に座ることのできる活動室（ランチルーム）である。ちなみに、この小学校で長く研究授業を行っているが、初めて〈座って円になる〉という〈こどもの哲学〉の基本のやり方を実施することができた。

5.1.　高橋が進行した模範授業

　教員たちと作成した教案は次の通り。

【用意するもの】

- フラフープ
- 分類するためのいろいろな素材：造花、カミキリムシ（写真）、雪山（写真）、雷（写真）、へび（写真）、カリンの実（学校の庭で育てているもの）、ぞうきん、手提げかばん（既に何年か使っているもの）、ぶたのぬいぐるみ、ランドセル（何年も使われ、色がはげている）、鉛筆、給食の食器

第1章　兵庫県西宮市の小学校での「こどもの哲学」の試み

・これらの素材を隠しておくための大きな箱（担任教員の手作り）

【展開】

導入（5分）：授業のやり方、ルールの説明

　　　　　　　手をあげて発表すること、他の人が発表している時は最
　　　　　　　後まで聞くことを確認

展開（25分）：「どっちにはいるかな」ワーク

　　　　　　　・具体物を「きれい」「きれいじゃない」に理由を分類
　　　　　　　　しながら分けていく

　　　　　　　・一つの素材に関して、何人かを指名し、「きれい」「き
　　　　　　　　れいじゃない」「どちらでもない」のフラフープにそ
　　　　　　　　の素材を置き、そこに置いた理由を述べる

　　　　　　　・各素材について意見を聞いたあとで全員でそれをどち
　　　　　　　　らに入るか議論する

まとめ（15分）：机に着席し、ワークシートに個人の考えを書く

　　　　　　　・最後の10〜15分間、用意された机に全員が座って、
　　　　　　　　教員の作成したシートに書き込む。シートには、フラ
　　　　　　　　フープと同様、「きれいなもの」「きれいではないもの」
　　　　　　　　と記された欄が二つ用意され、自分の考えたものを自
　　　　　　　　由に書き込むよう指示される。それぞれの下に「りゆ
　　　　　　　　う」という欄が用意され、さらに感想などを述べる自
　　　　　　　　由記述欄も用意されている。

　まず、事前の準備段階で担任教員たちから、2年生は、少しのこ
とで楽しくなり、大人がびっくりするほど興奮することもあるので、
あまりこどもたちを興奮させすぎてはいけない、ということを伝え
聞く。このアドバイスがあったので、高橋は心してワークに挑んだ
つもりであったが、結果としてはこどもたちのエネルギーに「完敗」

155

第3部　日本での〈こどもの哲学〉の実践

を喫してしまった。そもそもの初めから、ふだんの担任ではなく、新しい先生が来る、しかも教室ではなく、ランチルームで授業だということだけで、こどもたちは大変興奮していた。ランチルームに集まった2年生たちに、それぞれの名前がわかるように名前を書いた名札代わりのガムテープを手渡していくのだが、その時点で彼らはかなりそわそわしている。「今日なにすんの？」「先生だれ？」と列から頭がちょこちょこ突き出して質問が飛んで来る。

　全員が円になって座ったあとで、進行役がルールについて説明する。「手を挙げて発言すること、他の人が話している時はその人の方を見て、よく聴くこと」全員がうなずいたので、内容の説明に入る。秘密の箱から、進行役がいろいろなモノを取り出すので、それを「きれいなもの」「きれいじゃないもの」「どちらでもないもの」のどれに入るか考えてください、そしてそれぞれのフラフープに分類して置いてみましょう、と説明。こどもたちの関心は、すでに箱の中から何が出てくるのかに向かっている。

　最初に箱から取り出したのは、「造花」だった。それを見るやいなや（それが何かはっきりわかっていないこどももおり、手にとってから「つくりもんや〜」というこどももいた）3分の1ほどのこどもたちが一斉に手をあげた。考える時間を取るためにも、「今からこれを、『きれい』と思うか、『きれいじゃない』と思うか考えて、フラフープのなかに置いていきます」とたくさん挙がっている手を制しながらゆっくり説明をした。しかし、こどもたちは手を一旦下げて考える気はいっこうになさそうなので、1人を指名し、造花を手渡してみる。手渡されたこどもは、初めてその時点でそれが何なのか、どっちに入れよう……と少し慎重に考えはじめたようであった。しかし、自分も意見を言いたい周囲のこどもたちは、待ちきれない目で彼のことを見つめている。

　高橋が進行をする際に気をつけようとしたことは、なるべくスロ

第1章　兵庫県西宮市の小学校での「こどもの哲学」の試み

フラフープを使っての対話「どっちにはいるかな？」

ーダウンしさせ、じっくり一人一人の意見を聴くことと、素材の場所を動かす時にその理由を全員に向かって言ってもらうことだった。そのため、1人のこどもが素材を見つめ、考えたりしているときには、その子どもの隣か後ろに立って他のこどもの注意が発表者に向くように努め、違うフラフープに素材を移した後には、座る前にもう一度全員のほうを向いて動かした理由を述べてもらうようにした。また、述べられた理由がよくわからない場合には、「どういうことを言おうとしたの？」「〜ということでいいかな？」と聞き返す、他のこどもが述べた理由と際立って違う場合には「へえ、そんな理由もあるんだね」と受け止めた後で、「さっきの〜という考えとは違うけど、どう思う？他のみんなもどう思う？」と尋ねてみることなども行った。そうした意見の違いについて議論する、というところまではいかなかったが、それぞれのこどもたちは、「きれいなもの」についての自分の考えや感じ方、その理由を述べる、ということはできていたと思われる。

　先にも触れたように、この模範授業の途中、興味深いアクシデントが生じた。一つの素材についてある程度意見が出尽くした後に、

157

第3部　日本での〈こどもの哲学〉の実践

進行役（高橋）が全員に向って、「みんなはどっちを選ぶ？」「これは結局どっちにいれたらいいと思いますか？」を尋ねたときのことだ。全員が発言を求めて円の中心にいた進行役の下に殺到したため、それまでこどもたちの熱気で内側へ内側へと崩れがちだった円が完全に崩壊してしまったのだ。これでこどもたちの集中力も拡散してしまったため、元の体勢（円になって、他の人の話を聞きながら考える）に復帰させるのに、時間がかかってしまった。参観していた教員が数人がかりで「円の中に入りすぎないように」「人が話しているときは聞きなさい」と見かねて注意をしてくれた。

　模範授業をやってみて気づいたのは、それぞれがそれについての意見を述べており、発表できなかったこどももそれを通じて考えているのだから、各素材についての多数決は採る必要はないことだった。そして、教員たちの工夫により、事前にこどもたちに「何のために円形になって話し合いをするのか」について（教員が命じた、ということではなく）自分たちで考えてもらい、どういうことに気をつけるべきかについて話しあうことになった。

5.2.　教員による授業

　模範授業を踏まえて、2年生の担任の先生が「どっちにはいるかな」の授業を行うことになった。連続2時間で1回とし、先に述べたように1時間目は、いきなりモノについて話し合うのではなく、落ち着いて話し合うためのルールをクラス全体で考えることにした。これらルールはクラスによって少しずつ異なる。あるクラスでこどもたちが考えたルールは以下のようなものである。このルールは、下のように誰でも読めるように紙に書かれて、円のなかに立てて置かれることになった。

158

第1章　兵庫県西宮市の小学校での「こどもの哲学」の試み

「あそばずにしっかり聞く」
「話すときは手をあげて一人だけ」
「口をしっかりあけて聞く人を見て」
「大きな声でゆっくりはっきり」

　この授業を行う教員は、模範授業での高橋による進行のビデオを
何度も見返し、特徴的な質問の仕方を書き留めて授業に臨んだらし
い。「そこまでしなくてもいいのでは？」と理由を聞いてみたとこ
ろ、わたしたちが何気なくしている応答の仕方は、授業で教員たち
がしている意見の聞き取り方とかなりちがうそうだ。確かに教員た
ちは、こどもの発言が足りない場合には言い足りない部分を補い、
整形してから、「こういうことかな？」と返すことが多い。わたした
ちが進行をする際には、こどもの発言をほとんど加工せず、よくわ
からない場合は「どういうこと？」「ほかの人はわかるかな？」と直
接こどもたちに聞き返すようにしている。かなり混乱した発言の場
合でもこちらから修正はせず、「それだとこういうことになるよね」
と一旦帰結だけまとめ、「本当にそれが言いたいことなの？」と本人
に確認するにとどめている。つまり、どんな発言に対しても、発言
者本人とそれを聞いているひとがまず反応することを重視している。
要するにリスペクトだ。しかし教員たちは日常的にはこどもの発言
に指導的な介入を行うことが多い。今回も進行役が介入しないほう
がよいと頭ではわかるのだが、ついつい「余計な」一言を挟みそう
になるらしい。そのため、わたしたちが進行する時に使う言い回し
をそのまま真似して使ってみることにしたのだという。
　教員たちの鍛錬の成果が発揮され、実際の授業では、見事にこど
もたちが主役の話しあいができていた。こどもたちが自分たちで決
めたルールを紙に書いて円陣の中に置き、いつでも見えるようにし
ていたので、自分勝手に話すこどもがいる場合や、円が乱れそうに

159

なった場合には、「みんなこの授業ではどんなルールを守ることにきめたっけ？」と示してみせるだけでよかった。また、こどもたちの選択や理由は大人が聞くと首を傾げたくなるものも少なくなかったが、教員は直接疑問を突き返すのではなく、「ほかの人はどう思う？」とこどもたちどうしの反応を適切に促していた。

5.3. 対話に失敗はない

　物語を用いた対話でも、相互質問法でも、こどもたちの参加への熱意、とりわけ発言への意欲に、わたしたちは毎回のように圧倒される。発言したいという気持ちは、ただ目立ちたい、何でもいいから話したい、ということから来るのではない。もちろん、そういう動機もあるだろうし、何ら否定すべきものではない。だがそれ以上に、こどもたちは、じぶんでも抑え切ることのできない、アイディアの閃きを得たことを全身で訴えている。しかも、異なる考えに出会ったときに、この熱意はいわば倍増する。対話では、このような参加への熱意を最大限に尊重する必要がある。模範授業でのアクシデントで見られたように、熱意が高まるあまり、教員の予期せぬ事態に至ったとしても、理由なくこどもたちの言動をコントロールし、参加への意欲を殺いでしまってはならないだろう。それよりもむしろ、意欲が爆発するとどうなるのかをこどもたち自身が知り、それをどのようにして乗り越えることができるのかをいっしょに考えるというように、参加の仕方を変容させていくことが大切だ。

　円陣が崩れてしまったという事実についても、こどもたちが熱意のあまり無秩序な行為に走ったと理解すべきではないだろう。こどもたちの行いにはかならず理由がある。結果として円陣はほぼ壊れてしまったものの、こどもたちは好き勝手に行動したのではなく、きちんと問いかけに応えたに過ぎないのだ。つまり、それまでは高

第1章　兵庫県西宮市の小学校での「こどもの哲学」の試み

橋はひとりひとりに対して尋ねていたのに、「みんな」に対して問いかけたので、「みんな」が一斉にそれに応えてしまったのだ。円陣が崩れてしまったのは、わたしたちにとっても予期せぬことではあったが、この経験を通して、教員が「みんな」に対して問いかけ、「みんな」が一斉に意見を述べようとするとどんな事態になるのか、教員もこどもたちも身をもって学ぶことができたといえるだろう。こうしたアクシデントはいつでも起こる可能性がある。授業案が意図通りに成功したか失敗したかよりも、授業のなかで生じたことから教師と生徒たちが何を学ぶのか、がより重要な課題となる。

5.4.　発言できなくても参加できる

「意見や理由が言えなくても、モノを動かしてみるだけでよい」と伝えることで、より多くのこどもたちがこのワークに参加することができた。今回試行した方法はみんなの見ている前で「モノを置く」という極めてシンプルな行為を繰り返すだけであるが、実際に試してみると、これが大変効果的であることがわかった。例えば、どのこどももそうだったが、挙手をして実際にモノを手にしたときに、こどもたちはすぐには輪のなかに置かず、少し考える。つまり、こどもたちは、それまで頭のなかで何となく考えていたことを、もう一度みんなの前で現実に披露する直前に、わずかな時間ではあるが「考え直す」のである。そのことが、誰にも促されることなく、ごく自然に行われる。全員の前で何かをする、しかも、誰かに指示され、「させられる」行為ではなく、自発的な行いを他者の前で示すことが、ひとりひとりにとって思考と反省を促すきっかけになるのだ。

さらに、置くという行為を「見守る」ということもまた協働の重要な要素をなしている。見守る（そして聴く）ことも、重要な参加のかたちである。あるこどもが、どうしてそこに置いたのかについ

161

第3部　日本での〈こどもの哲学〉の実践

て理由を言うことができなくても、他のこどもたちはそれを実際に見ているので、そのつどそれに賛成したり、反対したりと反応を続けることができる。単に参加できたというだけでなく、行為を通して全体の議論に貢献を果たすことができるのである。

　こうした参加と貢献を助けているのは、ことばではないモノである。モノは参加を可視化する手段として役に立つ。「こどものための哲学」では「コミュニティボール」と呼ばれるボールがしばしば用いられる。いったんこのボールを使い始めると、教員もこどもたちも、このボールを手にしたときだけに発言することが許されるとともに、発言者を選ぶというイニシアチヴもまた、こどもたちに委譲されることになる。今回の授業では、発言者をこどもたち自身が選ぶことまでは試すことができなかったが、これらのモノも「次の人を選んでこれを渡してください」とこどもたちに伝えておくことでコミュニティボールと同様の使い方をすることが可能だろう。コミュニティボールやモノによって発言者が全員の前で明示されることにより、話す者と聴く者の関係が視覚化され、すぐに発言がなされなくても双方にゆとりをもつ機会が与えられる。このことで、発言者は発言する前にボールやモノを手にしながら、考えをまとめ直す余裕をもつことができる。また、モノやボールが与えられて発言の機会を得た後、うまく言葉をまとめることができないために発言できなかったとしても、ボールを手にしたというだけで、参加を果たしたと見なされるのだ。

5.5.　あなたの発言を聴く

　模範授業を見て、教員たちはじぶんたちの普段のふだんの関わりとは随分違うと感じたそうだ。落ち着いて対話できるために不可欠なのは、「あなたの発言を聴く」という姿勢であり、特に教室におい

162

第1章　兵庫県西宮市の小学校での「こどもの哲学」の試み

ては、教員がそれを身をもって示すことが重要となる。つまり、こどもたちが行った選択や発言された意見に対して直接コメントを述べたり、修正を加えたりするのではなく、発言を〈聴く〉姿勢を全員の前でやって見せることだ。聴くとは、聴き手としてそれを受け止めたという仕草を明確に相手に示すことであり、必要に応じて、「よく聴こえなかったので、もう一度言ってみて？」とか、「○○と言ったの？」と言われたことの確認を促すだけでよい。一見不可解に思われる発言がこどもたちのなかから出された場合も、こどもたちどうしの言葉のやりとりを続けてもらうことで、さまざまな発言の対比を通して徐々に発言の意味が見えてくることがしばしば生じる。こどもたちを信頼して見守る、ということは何よりも大切だ。ときにこどもたちの思考のスピードは大人たちの予想を越えるときがある。進行役は、自分には不可解に思える言動をいきなり否定せず、あせらずに「それはどういうことか」、「どう思う？」と周りのこどもたちを巻き込みながらゆっくりと吟味する姿勢を見せなければならない。

　進行役が積極的に行うべき点は、ひとりひとりのこどもがゆっくりと落ち着いて発言するための時間を確保し、他のこどもたちがちゃんと発言に耳を傾けているかに注意すること、適度なテンポを保ちながらも、けっして急がずにゆっくり話しあいを進めるようにいろんなサインを発することだ。フラフープとモノを使ったこの授業では、モノを見せ、手渡す、という具体的な身体動作がこのテンポを作っていくための重要な要素となっている。今回の試行によってあらためて気づかされたのは、発言のスピードやタイミングを全員でケアしていくためには、こうしたモノ（物体）や身体動作を適切な仕方で利用することが不可欠だということだった。

163

第3部　日本での〈こどもの哲学〉の実践

5.6.　こどもたちの発言

　さて、こどもたちはモノについて話すなかで、どのようなことを考えているのだろうか。参観した教員の感想には、こどもたちが発言している内容がわかりにくい、こどもたちのあいだで「きれい」という言葉が正しく使われていないようで国語の授業としてどうなのか、などの声があった。この授業をどう理解するのかについては、学習目標に応じて異なってくるだろう。ここで一例として、こどもたちの発言をいくつか取り上げてみよう。

　高橋の模範授業において、最初に見せられた造花について、それを「きれい」に入れた男の子は「（造花は）ニセモノだからきれい」と理由を述べた。その次にそれを「どちらでもない（どちらかわからない）」に移動させた女の子は「花自体はきれいだが、土がつくときれいではないから」と述べ、さらにそれを「きれいでない」に移動させた男の子は「花は枯れるから」という理由をあげた。一見バラバラに思われるこの一連の発言のなかに、実はこどもたちが協働して考えている様を伺うことができるだろう。つまり、ここに示されている思考の断片を再構成すると、「生花はきれいだが、土がついたり枯れたりするときれいではなくなる。それに対し、造花は枯れず、土もついていないのできれいである。」と書くことができる。2番目、3番目のこどもは、1番目のこどもが述べた理由をそれなりの仕方で理解した上で、それぞれの強調点を加えて、モノを置く場所を決めている。この方法でもっとも重要なのは、こどもたちがどこにモノを置くのかではなく、置いた理由がどのような意味をもち、その意味をこどもたち自身がどのように理解しているかを知ることである。以上で紹介した三つの発言は、授業の最初に、あっと言う間に出されたものであるが、このわずかな間であっても、こどもたちは整合的に判断をつくり出す作業を協働で行うことができること

164

第1章　兵庫県西宮市の小学校での「こどもの哲学」の試み

を明確に示している。

　こどもたちの観察眼はおとなを上回る。「かりんの実の外側は確か
にきれいだが、中を割って見ると、種が虫みたいで気持ち悪くてき
れいではない」と発言したこどもがあった。わたしたちはその事実
を知らなかったのだが、後日、小学校でもらったかりんを実際に割
って見ると、確かにそのように見える。この発言には「外見はきれ
いでも、中身は必ずしもそうではない場合、きれいではない」とい
う判断が含まれていた。さらに時間をかけて話しあうことができれ
ば、かりんの例を離れて、一般に「外見だけでなく、中身もきれい
でなければ、きれいとは言えない」というかたちの一般前提を取り
出すこともできるだろう。

　もっとも、こうした考察はあくまでもこどもたちの発言に対する
わたしたちの事後的な解釈にすぎない。教室のなかでこどもたち自
身そして教員たちがこれらの発言から出発して「考える」というプ
ロセスがみんなのものとなっていくためには、今回の試みだけでは
なく、より継続的な取り組みが必要だ。また、「考えるためのスキ
ル」に関しても、教員の方からスキルを提示して教える必要はない
ように思われる。なぜならば、こうしたスキルは暗黙のうちにこど
もたちによって試されているのであって、教員の役割はスキルを教
えるのではなく、こどもたちが試しているスキルに名前を与え、そ
れとして区別できるように助けてやるだけでよい。スキルは、言語
の文法のように、それが実際に使用されているときは、それがスキ
ルであることが忘れられている。今回の経験からも、特に低学年に
おいては、スキルをスキルとして学ぶことよりむしろ、（想定され
る）スキルを使いたくなる状況や素材をさまざまなかたちで提供す
るだけで十分だろう。

165

第3部　日本での〈こどもの哲学〉の実践

5.7.　教員の対話こそが重要

　今回もいつものように、実際の授業を終えた後で、すべての教員が集う教員研究会が開催された。そこで出された教員の感想のなかには、「こどもたちがただ好き勝手に発言しているだけだ」と、しばしば繰り返される意見もみられたが、それに対し「いや、ちゃんと議論になっている、こどもたちはものすごいスピードで議論していた。」と反論するも教員もいた。すでに述べたように、こどもたちの発言の意味や、発言の繋がりを現場で直ちに理解することは誰にとっても容易ではない。個々の教員によって受け止め方は当然異なるだろう。そこで重要となるのは、教員どうしで異なる受け止め方を互いに出しあうなかで、直ぐには見えてこないこどもたちの発言の意味を、教員が協働して理解しようと努めることではないだろうか。

　現実の教育現場ではなかなか困難であるかもしれないが、このように対話を重視する授業を行う場合、今回の試行のように教員が複数でチームを作って交代で授業を行うことがもっとも近道であるように思われる。教員とはいえ、実際に進行役をやってみると、自分自身のさまざまな「偏り」を身をもって知ることになる。人間である限り、どのような人もそのような偏りを持っていることは当然のことであり、そのような偏りゆえに見えていなかったことが、他の人の助けを借りて見えるようになることに感謝することが、一つの学びとなる。こうした他の人は他の教員であることもあれば、こどもたちであることもある。とりわけこどもたちはおとなたちにとって欠かすことのできないパートナーであり、常におとなたちの偏りを教えてくれる存在である。おとなたちは「花＝きれいなもの」と思考と観察を介さずに思い込んでいるが、それが偏った考えであることをこどもたちはすぐに教えてくれる。あるいはすぐに気づかなくても、別のおとながその事実を教えてくれることもある。人間と

第1章　兵庫県西宮市の小学校での「こどもの哲学」の試み

して生きている限り、常に偏りのない均一な思考をもつことはとても難しい。対話こそが、偏りのある者どうしが、言葉や身振りの交換を通して均衡を模索するための唯一の手段といえるだろう。わたしたちは対話というシーソーの片方に誰かが座ってくれるのを待つだけでよいのだ。

6. p4c マジック —— コミュニティボールを使った対話

　マジック、魔法は、いつもわたしたちの望み通りの結果をみせてくれるわけではない。わたしたちがハワイで出会い、この小学校でやってみたコミュニティボールの活動もそうだった。第2部で紹介したように、2011年に p4c ハワイと Dr. J に遭遇してしまったわたしたちは、やりたかったことは、やっぱりこれだ！ これだったんだ！ と興奮して帰国し、香櫨園小学校でもぜひコミュニティボールをつくって話してみたい、と金澤さんにもちかけた。金澤さんはわたしたちの変わりぶりに驚かれたようだった。

　表面的にみれば、ボールを使うということでやり方を変えたように思われるかもしれない。しかし、そうではなくて、対話による探究の向かう先がわたしたちにもはっきりとみえた、というのが正しいだろう。以上で書いてきたように、こどもたちから学ぶというスピリットはこれまでも貫いてきたし、コミュニティボールという手段がわたしたちにとって特別に思われたわけではない。ただ、毛糸をまきながら、全員が順番に話し、そうやってできあがった一つのボールを、みんなでケアしながら探究をつづけていく、その活動のラディカルさにあらためてわたしたちは気づいたのだった。つまり、学校という制度のなかで、ともに考えるための場所をじぶんたちでつくり、探究する、ということの実質的な意味を学んだのだ。それ

第3部　日本での〈こどもの哲学〉の実践

は教員によって統制されたビューランダ小学校にはないものだった。ビューランダではやはり、やり方はどうであれ、教員がこどもたちに哲学させていたのだ。

　金澤さんや校長先生の理解と協力により、学校のなかのさまざまな活動でボールをつくって話しあうことをやらせていただいた。夏の自然学校にもわたしたちは参加し、夜の活動振り返りの時間にコミュニティボールタイムを設けた。4月にクラスみんなで自己紹介をしあうときにもボールをつくった。美術館で絵を見ながら対話するときもボールを欠かさず使った。基本的にはこどもたちはボールをつくるのも、それを回しあって話すのも大好きだ。教員のなかにも、ただ対話するだけよりも、ボールという道具がある方がやりやすいと考えるひとも少なくなかった。

　それと同時に、小学校でコミュニティボールを使い始めてから、金澤さんもわたしたちも、ありとあらゆる困難にでくわすことになった。だが、その困難はそれまでは表面化していなかっただけで、存在しなかったのではない。円になって座り、コミュニティボールを回しあう、というこの単純な活動は、学校や教室という空間がどういう場所なのかを、おとなにもこどもにも、ハッキリつきつけるのだ。

　ボールをつくる作業はいつも楽しい。「呼ばれたい名前はなにか」「さいきんあった、うれしかったこと」など、だれでも答えられる単純な質問を用意して、毛糸を芯棒に巻きつけながら答えていく。毛糸を巻く様子はひとりひとりちがう。その様子をただじっと見ているだけで、そのひとがどういうひとか、その場をどのように感じているのかがよく伝わってくる。あまりことばを発せずに、ただ毛糸を巻くだけのこどももいる。ほとんど手はとまったまま熱心に話しつづけるこどももいる。毛糸玉が尽きて、つぎの色を選ぶときに、こどもたちはきまって「次は赤色！」「暖色がいい！」「ブルー系が

168

第1章　兵庫県西宮市の小学校での「こどもの哲学」の試み

いい！」と大騒ぎする。だいたい男の子はブルー系を選べ、女の子
は暖色系を選べ、とプレッシャーをかけてくる。ジェンダーの圧力
はすでに小学校から働いている。でも選ぶ本人はそうした圧力に負
けず、じぶんの好きな色を選ぶ。こうしたちょっとしたことが、参
加しているみんなの前でなされることに、とても大きな意味がある。
みんなの前でじぶんでいる、ということが哲学にとってきわめて重
要なのだ。

　このボールをみんなでつくるという作業は、ハワイでは「コミュ
ニティをつくる」ことの一環としてなされる。呼ばれたい名前を聴
き、これからいっしょに使っていく道具づくりに加わり、その一つ
一つを経て、互いが互いを承認する。承認ということばは、やや大
げさに響くかもしれないが、承認は、肯定することでも、否定する
ことでもなく、ただ、そうであること、そうあるほかないことを認
めることだ。だから、なんにもいう必要がない。ただ毛糸が巻かれ
る様子を見守っているだけでいいのだ。逆に、承認を求めない、承
認がなされない場では、おたがいのことを見もしない。円になって
座るふりをして、だれかの陰に身をかくしたり、円の外を向いたり
する。でも、承認を押しつけることはできない。わたしたちができ
るのは、みんなの調子を少しずつ整えていくことだけだ。円になっ
て座りたくないこどもに、むりやりキレイな円になって座るように
指導しても、そのこどもとの信頼関係は生まれない。ただ、指導と
服従という関係を強調するだけだ。コミュニティボールをつくって
話しあうには覚悟が必要だ。コミュニティをつくる、というのは「ク
ラスみんなが仲よくなる」ことではない。それは学校や教育や文化
を根っこからつくりなおすこと、やりなおすことを意味している。
コミュニティボールは、対話が簡単に始められるようになるための
便利な道具ではなくて、わたしたちが見たいものも、見たくないも
のも、全部見せてくれる、ほんとうの意味で魔法の道具で、それを

169

第3部　日本での〈こどもの哲学〉の実践

どう使いこなすのかは、わたしたち次第なのだ。

　教室でボールを使いはじめる。文字通り、いろんなことが起こる。ボールをつくったのはいいが、クラスの関係がわるいと、だれもボールを手にしない。触ることすら拒むこどももいる。あるクラスでは、相手の名前を呼んでボールを渡してあげて、とわたしたちが促しても、名前も呼ばないし、乱暴にボールを投げつけたり、むしったり、円のまんなかに放置して、ほったらかしにしたりする。わたしたちはとても驚いた。「せっかくみんなでつくったボールなのに、なんでむしっちゃうの？　なくなっちゃうよ。」と問いかけても知らん顔。教員が求めることには、最低限つきあってくれるけど、なにか自発的にやってと促すと、こどもたちは全身でそれを拒否してくる。わたしたちはふと気がついた。ボールをむしるというのは、そのこどもたちの素直な気持ちなのだ。学校や教室で押しつけられる、かたちだけの結束に、こどもたちはウンザリしている。せっかくみんなでつくったボールも、そのこどもたちにとっては押しつけられたもので、それをむしってもとに戻したいのかもしれない。なにも共有できない、という気持ちがむしろその場に現れて共有されている。わたしたちは、それを肯定も否定もせず、そういうこととして承認するしかない。そこからスタートするしかないのだ。

　クラスによって、ボールへの気持ちはさまざまだった。ボールのことがみんな大好きで、名前をつけるクラスもあれば、だれも触りもせず、壁にぶら下げられただけのクラスもある。恐ろしいことに、ボールは、そのクラスのこどもたちの関係、こどもたちの教員への関係を可視化してしまう。同じように、教員の態度もあぶり出してしまう。教室を完全に統制したい教員はボールを使うのは苦手だ。ボールは教員にとってリスクを招くものに映る。じっさい、いったんこどもたちにボールを託してしまうと、そういう教員ほど、うまく参加できなくて何もできなくなるか、ボールを使わずに介入して

170

しまう。逆に、ボールを楽しく使ってこどもたちと話しあう教員も
いる。ボールは何かを変えたり、操作したりする道具ではなくて、
すでにある関係を可視化し、それをみんながどうしていきたいかを、
わたしたちに問いかける鏡なのだ。

　4年生からスタートした金澤さんのクラスでは、5年になってもボー
ルを使った対話を続け、こどもたちもそれに慣れてきた。それで
も、どうしても男子生徒がボールを独占しがちで、女子生徒になか
なかボールが回らない。終了10分前に、金澤さんが「きょうの話し
あいはどうやった？」と問いかけると、「手をあげているのにボール
が回ってこない」「特定のひとばっかりにパスがいく」「男子ばっか
りがボールをもってる」「発言回をきめたほうがいい」「ルールをつ
くったほうがいい」と、話しあいのときよりも活発な意見が出され
る。その場で見ていて、わたしたちはこっちの方が探究のはじまり
にふさわしいと思った。じぶんたちの感じた困難をいろんなひとが
口にして、どうやったら探究のコミュニティがセーフに進められる
かについて知恵を絞っているのだ。

　ただし、わたしたちは、発言したいひとにボールをパスする、と
いうルール以外に何か加える必要はないと考える。多くのこどもた
ちは学校という制度のなかで、つねにルールによってじぶんたちを
コントロールすることに慣れきっている。じぶんたちでルールを定
めることも、一つの教育のあり方かもしれない。しかし、探究のコ
ミュニティはルールによってじぶんたちを統制するのではく、ひと
りひとりのケアによってセーフな探究の場をつくることが目標とな
る。例えば発言回数を一人3回と決めたところで、なんの解決にも
ならないし、それが探究を進めるとも思えない。男子生徒がボール
を独占しないように、女男交互にパスする、というルールを決める
のもどうだろうか。要するに、探究がはじまってから、そこにこど
もたちの関係がそのまままちこまれ、親しい者どうし、男どうし、

第3部　日本での〈こどもの哲学〉の実践

女どうし、という特定の関係が他の関係に対して力をもってしまう
ということが問題なのだ。ここに教員が「介入」してこの問題を解
決するような対策を講じることもできるかもしれない。こどもたち
もそれを期待する。しかしそれではかたちはなんであれ、権威や力
に依存した解決になってしまう。こうした学校文化は、わたしたち
の社会にとって根深い問題をもたらしている。わたしたちが大学で
探究のコミュニティを学生たちとやるときも、「ルールをつくったほ
うがわたしはセーフに話しあえる」という意見が必ず出される。そ
の場合の「セーフティ」は「守られている」こと、セキュリティの
ことを意味している。その学生にとっては、セーフティは与えられ
たり、制定されるものであり、じぶんたちがその場でたがいに承認
とケアを与えあいながら育てていくものだと考えられていない。だ
が探究のコミュニティによるセーフな対話が目指すのはそれではな
い。まず教室のなかで、こどもたちも教員もその問題に直面し、こ
れはじぶんたちの問題だと自覚し、どうしてこうなるのだろうか、
と問えることがセーフコミュニティのゴールだ。ただし、それには
とても時間がかかる。金澤さんのクラスでは、残念ながら毎週の
ようにはボールを使った探究のコミュニティはなされなかった。p4c
ハワイは、学校全体で、教室のなかでも外でも、こどもたちも教員
たちも、同じスピリットで話しあう、ということを目指している。
たまに円になってボールを使っても、それまでの習慣や学校の慣習
がそのまま入り込んだり、こどもたちもいつもとは異なる開放感に
ひたって探究に集中できなくなったりする。哲学と対話の探究にと
っては、特別な機会ではなく、日々の実践と活動を通して、一貫し
た態度を養っていくことがもっとも重要となる。p4c ハワイはそう
したラディカルな実践を学校という制度のなかで実現させている稀
有な例なのだ。

172

7. さいごに

　ここで、あるエピソードを紹介したい。

　ボールを独占して話し続ける生徒がいる。その生徒は、輪になってじっと座っていられず、椅子を前後にバタバタさせたり、しきりに手をあげて発言を求めたりする。しかし、その生徒はけっして参加してないわけではない。発言の機会を待っているし、他のこどもが手をあげるとちゃんとパスをする。ただじっとしていられないのだ。そしてじぶんにボールが回ってくると、それまでの話題に関係ないような発言をする。じぶんと母親の関係を、話しあいの流れに関わりなく話すときもある。次に発言した生徒は、それはいまの話の流れに関係ないから、と言う。しかし注意深く聴いていると、母親のことを話しだすきっかけは、それまでの話しあいのどこかにあって、まったく関係のない発言をしているわけではない。1年をこえて話しあいの回数を重ねていくと、金澤さんもほかのこどもたちも少しずつ慣れてきて、いろんなツッコミがなされるようになってきた。ある機会にその生徒が「オレのかあさん、凶暴なのはなぜか」と問いかけたとき、「それは、○○くんのおかあさんは、まだ若くて元気やからとちがう？」と、おそらくその親子を知っている生徒が答えたことがあった。その生徒は無意味に発言を繰り返しているのではない。彼は彼なりに彼が日頃から思うこと、疑問に感じていることをなんとか表明したいのだ。そういうことを続けながら、最終学年になり、その生徒もほかのみんなもだんだん話しあいになれてきて、振り返りの時間に彼がボールをもって話しすぎることが話題になったときに「みんなオレのことどう思ってるんや」と問いかけ、ボールをひとりひとりに回していった。ボールを手にしたひとりひとりが「○○くんが…」と発言していく。その生徒はじっとそれに耳を傾けている。それぞれの生徒は、けっして彼を非難する口調で

第3部　日本での〈こどもの哲学〉の実践

なく、そのひとが感じたままを話した。最後にボールが彼に帰って
きたとき、「なんや、みんなちゃんと言いたいこと言えるやんけ、み
んなが話さんから、オレががんばって話してしまうんや」と言った。
それはけっしてでまかせではなかった。たしかに、話しあいの最中
にだれも手をあげないときは、彼は必ず手をあげてじぶんの考えを
話した。彼自身もその状況にいらだちを感じていたにちがいない。
この対話を終えたとき、わたしたちも金澤さんも、このこどもたち
は教室でボールを使いながら3年間を生き抜いた、ボールを使うこ
とで、その場で次々と生じるむずかしさを、なんとかみんなで乗り
越えた、と感じたのだ。

　金澤さんは、わたしが会ったときからすでに教員としてこどもた
ちと対話する態度をもっておられ、こどもたちひとりひとりの様子
をよくみていて、「きみはどう思う」と発言の機会を与えることもあ
った。ひとりひとりの発言に、「へえ」「ふーん」「それどういうこ
と？」とよい聴き手を演じていた。ボールを使っても基本は同じは
ずなのに、金澤さんはどうもやりにくそうにしていた。ボールがあ
ることで、かえってこどもたちとの関係をつくりにくそうにしてい
た。教員はボールを使っていても、何か気になること、提案したい
ことがあれば、すぐに手をあげてこどもたちからボールをパスして
もらい、そのことを言えばいい。こどもたちも、教員のことはつね
にケアしてくれるから、優先的にパスしてくれる。もちろん、提案
が聞き入れられるかどうかはわからない。こどもたちが「それはお
もしろい」と感じる問いをどんどん投げかける必要もある。コミュ
ニティボールを使うときには、コントロールという発想を捨てなけ
ればならない。コントロールを望むのなら、最初からボールを使う
必要はない。教員が探究のコミュニティで発揮すべき力は、対話す
る相手から何を考えたいかを十分に聴けるまで、じっくりと相手と
つきあい、教員や周りの者が、なるほどと思うまで、対話をスロ

174

第1章　兵庫県西宮市の小学校での「こどもの哲学」の試み

ーダウンさせることだ。Dr. J は、けっして発言を聴き流したりしない。じぶんが「わからない」と感じたときは、ほかのこどもたちがいくら熱心に手をあげていても、ちょっと待ってくれ、それはどういうことだろうか、ほかのみんなはこれを理解しているか、を丁寧に問うていく。「わからない」と感じたことを「わからない」と探究する仲間に言えて、その「わからない」ことを仲間といっしょに考えられる。それが〈セーフな探究のコミュニティ〉だ。何かがわからないまま、ただ話しあいだけが続いていったり、話しあいの手続きや進め方ばかりに注意が向いて、探究がいっこうに始まらないとすれば、それはセーフな探究の場になっているとは言い難い。探究は形式ではなく、つねにそこで感じられていることから始まる。

　もし、学校や教室という場所がわたしたちにとって生きづらく感じられるとすれば、それはそこでわたしたちが感覚や感情を生きていないかのように扱われるからだろう。そこはセーフな場ではない。表明されたある感情は何かを伝えているのではなく、ただそうあるほかない様がそこでそのように示されているのだ。その場に居合わせるわたしたちは、その、そうあるほかない姿に動かされる。知るということは、動かされ、自身が変化することと切り離すことができない。知りたいという意欲は、そうした変化を欲することでもある。そして Dr. J の言うように、身体的、感情的、知的のすべての面においてセーフティが配慮されていなければ、痛い、心地よい、悲しい、嬉しい、知りたい、知らない、などの表現を対話する場に十分に招き寄せることはできない。

　わたしたちは、話すことを通してじつにたくさんのことを表現し、聴くことによって多くを感じている。小さい声、震え、訛、言い淀みのすべては、すでにそのひとの表現の始まりだ。話すことは、じぶんのなかですでに確定したことを伝えるのみならず、じぶんでもわからない部分を他者に晒すことでもある。話すことは、わたした

175

第3部　日本での〈こどもの哲学〉の実践

ちの生がヴァルネラブルである、脆いものであることを教えてくれる。聴くことは、なによりもまず、この生のヴァルネラビリティ、脆さを対話者とともに引き受けることだ。さきの生徒の母親についての発言はそれをたしかにわたしたちに訴えていた。対話のさなかに、話し、表現する人の美しさに、なんども驚き、打たれる。それは理解や解釈に先行する体験である。Dr. J は、探究の最中にボールをもったまま考えこんでしまったこどもを見て、「考えるひとは美しい」と言った。この「美しい」は承認のことばであって、評価や判断ではない。話すことは、声を発するだけではない。何かを言おうとすることも話すことの始まりだ。わたしたちのまわりの哲学研究者は口をそろえて「セーフティだけでは哲学の対話は十分でない」と言う。それを聴いてやはりセーフティはすでに与えられるものだと理解されているのだと感じる。しかし、じぶんのことばがまだ言えない、まだ聴きとられてない、と感じるひとへのケアがないところでは決して哲学が始まることはないのだ。

第1章　兵庫県西宮市の小学校での「こどもの哲学」の試み

【資料1】こどもの哲学をベースにしたカリキュラム案

「ともに考える」こどもを育てるために

大目標（仮）：あなたとわたし　じぶんで考える、ともに考える

目標／学年	問いかける（知的関心・批判的思考）	感じる（感性、共感）	コミュニケーション（聴く、話す）	協働する（ケア、共同性／地域への関わりの広がり）
一、二年 生活科				
三年 環境学習	(2) 香櫨園浜で見つけたこと、疑問に思ったこと、感動したこと、もっと知りたいと思ったことを言葉にする ex.「どうして香櫨園浜にはいろいろなものが流れてくるのだろう?」	(1) 香櫨園浜に出かけ、自然や風景についていろいろなことを感じる	(3) 他の人が関心を持ったこと、疑問に思ったこと、発見したことを聴きあう	(4) •(3) についてみんなで協力して調べてみる、その結果分かったことをみんなに伝える •地域の人に香櫨園浜について質問したり、自分たちの考えを伝えたりする ex.「香櫨園浜がこんなになったらいいなあ…」
四年 働くこと、夢		自分の好きなこと、大人になったらしたいことについてじっくり向き合う ex.「はやく大人になりたい?」「働くってどういうこと?」「わたしのなりたいもの」	他の人の好きなことや将来したいこと、なりたいものについて聴く	親や地域の大人に「仕事」や「働くこと」についてインタビューしてみる
五年 美術鑑賞	(2) 作品を見て、疑問に思ったこと、発見したことを言葉にする	(1) 作品の前に立って、じっくり黙って見る	(3) 他の人の感じたこと、疑問に思ったこと、発見したことを聴きあう	(4) •(1)~(3) のプロセスを協働して進める（鑑賞や発言の邪魔をしない、他人の意見を聴きながら鑑賞する） •学芸員さんに作品や美術館について知りたいことを質問したり、自分たちの考えを伝えたりする
六年 異文化について学ぶ (英語)	「文化」について関心を持ち、英語文化圏と日本との文化の違いについて、想像したこと、疑問に思ったことを言葉にする	英語を学ぶことを通じて、そこから見えてくる異なる「文化」について感じたり、想像したり、発見したりする ex.「I'm sorry.」ってどんなときに使うのかな?」「英語にはどうして敬語がないの?」	他の人の感じたこと、疑問におもったこと、発見したことを聴きあう	•英語文化圏の人に実際に質問してみる、英語圏の文化について話を聴く •他の文化圏ではどうなのかについても調べてみる
道徳教育、人権教育	•他の人がどう考えたかを関心をもって理解しようとする、質問をしてみる •テーマ（他人に親切にすること）について、考えを述べ、みんなと一緒に考えたいことを問いかける ex.親切にしてもらったら"ありがとう"って言ったほうがいいのかな?	自分がどう感じているか、どうするのが正しいと思うか、また他の人はどう感じているかについて、じっくり向かい合う ex.「ぼくたち、みんな平等?」（相互応答法） 絵本「おちば」、他人に親切にすること	他の人の意見をよく聴き、質問すること、自分の考えをみんなのまえで話すこと、テーマについて意見を出し合い、問い合うことを通じて考えを深める	•意見や感じ方の違う人とも、互いの考えとその違いを認めながら、一緒に考えることを学ぶ •他の人の意見を聞いて、さらにみんなで考えたいことを一緒に見つける ex.「権利」って何だろう?

第2章　美術館で対話する

高橋　綾

はじめに

　2006年から続けて来た香櫨園小学校での「こどもの哲学」は、金澤先生の協力のおかげで、徐々に他の先生方にも理解や関心が広がっていった。「こどもの哲学」を総合学習に取り入れるとしたらどういう授業で、どのように取り入れられるか、という我々の提案を踏まえ、2010年には総合学習の自然学習や美術などの時間に対話を取り入れる試みを行うことができた。

　香櫨園小学校は、西宮市大谷記念美術館という美しい庭園をもつ美術館がすぐ隣にあるという恵まれた環境で、ふだんから美術館をこどもたちが訪れるなど交流があった。美術館の理解が得られたことにより、この美術館の展示室をお借りし、大きな作品を一点だけ設置して頂くという絶好の環境で、美術作品を見て対話するという試みができた。

　わたしたちは、これまで、「哲学カフェ」の派生形として、大人たちと美術作品を見て対話するということは行ってきたが、こどもとの美術作品を通じた対話はこの回が初めてだった。香櫨園小学校でもそれまでは言葉でテーマが決まっており、それについて考えを交換し、掘り下げるという探究が主だった。美術作品を見て対話するというこの回は、テーマを特に設けず、こどもたちが作品を見て感じたことを話し合い考えるという、これまでやったことのない即興

第3部　日本での〈こどもの哲学〉の実践

的な対話であり、結果として、議論ベースの活動ではなく、身体まるごとを働かせる表現の場所という哲学対話の新たな側面に気づく機会となった。

1. からだ全体で見る

　美術館の方の配慮と尽力のおかげで、大きな展示室の奥の壁に作品が一つ設置してあるだけ、という絶好の鑑賞の場が設けられた。この贅沢な空間にこどもたちは1クラス、35人くらいずつ、先生に引率されてやってくる。そこから45分間は、こどもたちと1枚の絵の対話の時間。全部で4クラスある5年生の学級のうち、三つのクラスでわたしたちが鑑賞対話の進行をすることになった。

　やってきたこどもたちには、まず、この広い部屋を利用して、好きなところから好きなふうに絵を見て、と時間を与え自由に絵を見てもらった。「この絵だけー？」「広いなー、この部屋全部使っていいのん？」と普段とは違う美術館のしつらえに戸惑いながらも、こどもたちは徐々に絵と自分の関係をいろいろに作り出していく。近くで見る子、部屋の端まで遠くに行ってみる子、右から左に歩き回ってみる女の子たち、部屋の後ろからほふく前進しながら絵に向かって進んでみる男の子たち。

　見ている顔もいろいろで、絵の近くでじっと大きく目をあけて絵を見つめている子もいれば、目を細めたり、ぱちぱちまばたきして見え方の変化を確かめている子、友達と話しながら、友達の顔と交互に絵をみている子たちもいる。手を動かしたり、指差したりしながら見ているグループもある。

　こどもたちは5分という時間で、思い思いに身体を動かして自分なりの見方を作り出していた。美術館の絵の前でこんなにからだを

180

第2章 美術館で対話する

動かせる機会はめったにないが、いろいろにからだを使い、動き回るこどもたちと見ていると、見るということは目だけでなく、からだ全体で行われるものなのだとあらためて気づかされる。さらにからだはそれをとりまく空間につながって

「ほふく前進だあ〜！」

いる。何かが「見える」ためには、近すぎても、遠すぎてもだめ、ちょうどこの距離、この場所でないと見えない、ということがある。何かを見るということは、まず見るものと自分との間をはかる、その間に適切な空間を作る、という作業から始まるのだ。

1.1. 「身体性」を感じる

「十分見られたと思ったら、絵の近くに戻ってー」とこどもたちに声をかける。そして集まったこどもたちに絵の周りに半円になって座ってもらう。「今日はみんなと絵を一緒に見ていきたいので、この絵を見て、感じたことをなんでも話してください」とわたし。わたしたちが進行をしたクラスでは、ボールを持っている人だけが話し、他の人はその人の意見を聞くというルールだけを設け、こどもたち自身がボールを回して次に発言する人を決めるというハワイのコミュニティボール方式を使うことにした。

絵や場所の魅力か、緩やかな場の設定がよかったのか、どのクラスでもどんどん意見が出てくる。こどもたちの発言の多くは「〜みたい」「〜に見える」というものが多かったが、それらの意見は判じ物のように知っている記号をなんでも当てはめているのではなく、

ボールを使った対話

絵のなかに描かれているなにか、自分が本当に「見た」ものを表現しようとして、よく知っている物の特徴に結びつけた発言が多かった。

　こどもたちがみている絵についてもすこし説明をしておこう。美術館の学芸員の方と小学校の先生とで相談して、事前にこの鑑賞に向いている絵を選んでもらった。抽象画のほうがいろいろな意見が出やすいだろうということと、シンプルでかつ45分の鑑賞にたえる絵、ということで選び出してもらったのが、今回の作品「赤いQ001」である。(こどもたちには作品だけを見てもらい、作品のタイトルや作者の情報については一切伝えていない。) 作者の元永定正さんは谷川俊太郎さんの絵本「もこもこもこ」の挿絵でも有名な画家で、学芸員の方曰く「こどもたちにもすごく人気のある絵なんですよ」とのこと。最初見たときは、単純だけど力強さを感じさせる絵だな、と思ったくらいだったが、こどもたちの意見を聞いているうちに、この作家の絵がこどもたちを引きつける理由がよくわかってきた。

　こどもたちがこの作品に惹きつけられる一つの理由は、この作品

第2章　美術館で対話する

の持つ不思議な「身体性」にある。黒と暖色のグラデーションで構成されており、描かれている形も単純なので、一見グラフィカルなデザインにも見える作品だが、こどもたちの発言には、不思議と、この絵を食べ物や動物、人間の身体にむすびつけて語ったものが多かった。

1.2.　食べ物や動物、からだを感じる

　リンゴや桃に見える、という意見や、たらこみたい、おもちに見える、という意見があったり、「丸くて落ちそうなとこは、リンゴに例えると熟してて美味しそう！」という意見もあった。白鳥の顔、犬の顔やしっぽに見える、というような動物の連想もたくさん聞かれた。

　真ん中の球体部分に多くのこどもが注目し、「ぐるんってなってるとこが天狗の鼻で、天狗の顔」「アンパンマンの顔で、ほっぺたが落ちてきてる」と人間のからだの部分そのものに見える、という意見も多くあった。皆、他の人の見方が提示されるたびに興味津々で、「どこ、どこ？」「どうやったら見えるん？」などと言い交わしあっては、新たな見方を楽しんでいた。

　「女の子の髪の毛が揺れてるように見える。細いとこで結んでて、でかい丸みたいなんが、髪の毛や。」という意見が出たときには、女の子たちは自分の髪を揺すって、からだで言葉を一緒に味わっていたし、ひょうきんなＩ君がボールが来るやいなや「おしりにみえる！」と声を上げた後では、笑いやどよめき、そのあとのこそこそ、くすくす、「ほんとや、おしりや」という小さなつぶやきがしばらく続いた。

　別のクラスでは、「逆さまから見ると、下の赤いはっきりしているところがリボンで、おかっぱの女の子に見える」という意見と「黒

183

第 3 部　日本での〈こどもの哲学〉の実践

いところが目に見えて、蝶ネクタイをしてる老人に見える」という
反転図形のような二つの見方が対になって出て、こどもたちが顔を
逆さにむけようとしたり、まっすぐ直したり、それを繰り返したり
して奮闘している姿も面白かった。

　このように、こどもたちが食べ物や、動物、人間に言及したのは、
それらがこどもにとってなじみのふかいものであるとか、こどもは
なんでも「擬人化」してしまうというような説明では不十分である
ように思われる。彼らの言葉は、この作品が呼び起こす生命感や身
体性に向かって発せられている。リンゴのおいしさ、桃のぼやけて
いく淡い色や手触り、天狗の大きな鼻や揺れる髪の毛の重さ、ぷり
んと突き出されたおしりや、黒目だけの瞳の引き込まれる感じとい
ったものは、作品とは別のところから持ってこられた記号や連想で
はなく、この作品の備えた生々しさであり、この作品の「からだ」
そのものであると言えるだろう。こどもたちのように、絵のなかに
ある、そしてわたしたちのからだの感覚に素直に身をまかせさえす
れば、それらは誰にでも感じることのできるものなのである。

1.3.　運動、奥行きを感じる

　また、全体の形の面白さを捉えた意見のなかでは、暖色で塗られ
た部分に何らかの「動き」を感じるという意見が多かった。「『にゅ
うん〜』ってなってる感じがおもちみたい」「びっくり箱に見える！
下の赤いとこが箱で、そっから『ぽよよ〜ん』って出てきてるの！」
と絶妙の擬態語でその感じを表現したこどももいれば、「火の玉がわ
いてくるところに見える」という意見や「ボクシングのパンチング
グローブみたい」という意見も出た。最後の意見については、進行
役が「グローブやとしたらどんなシーンかな？　飾ってあるの？　試
合中？」と尋ねたところ、多くのこどもが自分の手をグローブのよ

184

第2章　美術館で対話する

うに握って下から上に持ち上げながら「左アッパーや！」と嬉しそうに答えていた。

　それ以外にも、「真ん中の丸いところが心臓で、そこから細い血管にいって、それからまたおっきい血管に行って、ってしてる感じがする」といった意見もあった。この言葉がよく表しているように、この作品は、生き物のからだの一部のように有機的に躍動する一方で、いったん引き込まれるともう出てこられそうにないエッシャーのだまし絵のような、静けさに佇む謎めいたトポロジーの世界に見るものを誘う。

　一つのクラスでは、「トンネルに見える」と言ったこどもがおり、最初はこどもたちも進行役もどうやってみたらトンネルに見えるんだろう？と思い、顔を横にしたり、色々考えてみたが、「奥の黒い小さな丸が出口で、赤い大きな円が入り口」と聞いて、みんな一挙にそのトンネルに迷いこんだ気になってしまった。

　もう一つのクラスでは、「夕日の色が映っている滝が流れているところ」という意見が出て、こどもたちが一斉に「お～すごい」と声をあげた。発言をした子が、続けて、滝が上から下に流れてる、白いところがしぶきだと言い、進行役が「その通り想像しながら見てみようか？」と促すと、こどもたちは皆、前のめりになったり、どう見るとそう見えるのか隣の人と話し合いながら「たしかに」「みえる」など口々に繰り返していた。進行役が「じゃあ、真ん中の明るい赤いところは何？」と尋ねると「夕日が下の水に映ってるとこ」と答えていた。この時も、晴れた静かな夕方に、ざあざあと遠くに聞こえる音だけをたよりにみんなで道を歩いていったら、ぽっかり滝がある風景に出くわした、そんな瞬間がこどもたちに訪れたようだった。

　その次に発言する番が回ってきたこどもが、「自分には、白いところが境目で、落ちてる感じで、滝が向こうに落ちているところに見

185

第３部　日本での〈こどもの哲学〉の実践

えた」と言った瞬間、水面から水が向こう側に落ちていくという、同じ滝でもさきほどとは全く逆の風景が、まるで切り返しのショットのように現れたのも面白かった。これらの言葉は、この作品がもつ、奥行きとそこで生じている運動、そしてわたしたちの眼差しが、下から上、上から下、むこうからこちら、こちらから向こうへと反転するような不思議な世界をよく「見える」ようにしてくれた。

1.4.　情動を感じる

　絵のなかに表現されているものだけでなく、絵と呼応する情動を表現したこどももいた。ある男の子は「これ作った人には悪いんだけど、ちょっと暗いとか、さみしい感じがする、全体的に」とつぶやいたし、別の女の子は「赤があって、黒は外だけやねんけど、赤のなかにぽつんとまた黒があって、不思議な感じ」とこの作品を表現した。

　自分の小学校時代を思い出してみれば、どのクラスにも１人や２人、クラスメイトよりも格段に大人びた同級生がいたものだが、時代は変わってもこの法則は変わらないらしい。あるクラスでは、Ｈさんという女の子が「光みたいな形の整ってないものが、暗いところを向こうの方に行って、またこっちに帰ってくるような感じがする」と発言をし、その後に、「でもその動きは、理性がないっていうか、ただ本能のままにしたがっている感じがする」と続けたため、美術館の学芸員さんや周りでそれを聞いていた大人たちに大受けだった。当然、周りのこどもたちは、彼女が話すのをぽかーん見つめたり、驚いて、思わず「発想がすごい」ともらす子もいた。Ｈさんの言葉遣いは他のこどもとはかなり異なっていたが、決して大人の真似をした頭でっかちだけの発言ではなく、先に見たようなほかの見方とも根底で通じるところがあったため、多くのこどもには「半

分わかる、半分わからない」というような感じで聞こえていたのではないかと思う。他のこどもたちの意見が続いていく中で、Hさんの感じたものはさらに深化したようで、しばらく後では「自分の居場所みたいなのを探してがむしゃらに走り続ける感じ、真っ暗な世界を己の色で塗り尽くさんとしている」という意見を自分の見方に付け足して発表してくれた。

　最初の2人の発言もそうだが、Hさんの発言は、何か具体的なモノに見えるという発言とは違って、この作品によって呼び起こされた情動を表現しようとしたものであると言えるだろう。発言者が感じた情動、それを聞いた者が絵を通じて共有可能なものとなったこうした情動は、発言者の内面の「投影」や配色が生み出す「心理的効果」としてのみ解釈されるべきではないだろう。すぐれた作品はそれ自体で一つの情動である、ということがありうるのであって、その情動は見るわたしたちのからだを通じて解放されるのだ、というべきではないだろうか。

　熟れておいしそうな味、したたるような重さ、吸い込まれそうな黒い穴、本能のままの力強いうねり、夕方に迷子になったような寂しさ、といった、この作品のなかに描かれている、世界という「身体」の秘密が、こどもたちの言葉によって見いだされ、引き出され、からだ全体で受け止められていく場に立会いながら、わたしは、ある画家の言葉に寄せた哲学者の言葉を思い出していた。

　　物とわたしの身体は同じ生地で仕立てられているのだから、身体の視覚機能はとにかく物の間で起こるに違いないし、また物のもつ顕然たる可視性は、身体のなかの秘かな可視性によって裏打ちされているにちがいない。だからこそ、セザンヌも『自

第3部　日本での〈こどもの哲学〉の実践

然は内にある』と言うのだ。[1]

2.　見ることについて考える

　見ることの不思議は、何かを見ていたはずなのに、いつのまにか、見ることを見ている、見ることについて思う、考えるということになってしまうことにもある。確かに見ている、見えている、けれど、なぜこんなふうに見えるのだろう、という疑問につかまることがある、ということだ。わたしたちは、いつのまにか、こうした問いの扉の前にたどり着いた。

2.1.　どうしてこう見えるの？

　「目をすばやくぱちぱちさせてると、目を開ける一瞬、絵の黄色いとこが白く見える！」といった男の子は、みんなが瞬きをして「ほんまや、ほんまや」といっている様子を満足そうに眺めていたし、「僕の座っているところからやと、丸い赤いところ、内側からライトがピカーって光っているような感じがする。目の錯覚？」というS君のような意見を聞くと、みんな見ることを少し離れて「ほんとに見える、でもどうしてだろう？」と考えたくなる。わたしたちが進行をする時には、共に作品を感じ、見るだけではなく、自分や他人がそう見える理由を「考える」ポイントを作るよう心がけた。

　後者のほうの意見では、進行役は他の人にも光って見えるという意見が理解できることを確認した後で、「他のところにもライトがあたってるのに、どうしてここだけ光って見えるのかな？」と尋ねて

---

1)　モーリス・メルロ＝ポンティ、滝浦静雄・木田元訳『眼と精神』、みすず書房、1966年、260頁。

みた。発言したS君は、「真ん中は他のとこより濃く塗られてるからかな？」と考えを述べたが、それにクラスメートのB君が「真ん中が光って見えるのは、色だけじゃなくて、上下の（色の）配置も関係してると思う」と補ってくれた。

2.2. ガラスに映り込んだ像

また、いくつかのクラスで、こどもたちが共通して作品の右手にあった展示ケースのガラスに映り込んだ作品のもう一つの像について感想を述べたのも興味深かった。進行役や大人たちは、「この絵（実物）を見てもそうは思わないけど、向こう側の（ガラスに映り込んだ作品）を見ると、ほんものの桃にみえる」といった発言があってはじめて、この部屋では二つの作品が見えるのだ、ということに気づかされた。

他のクラスでも、「実際の絵を見ていると何かわからないんだけど、あっち（ガラスに映ったもの）を見ると、百人一首とかにある、お姫様が口を隠しているところに見える」という意見が出た。桃もそうだが、この奥ゆかしいお姫様という表現は、ガラスに映った像の儚さや幻想的な感じをよく捉えた表現である。確かに、ガラスの奥の像は、実物とは違って、一枚ベールをかぶったような神秘的な存在に見え、もう一つ別の絵のようにも見えた。

さらにこのクラスでは「こっちっかわ（実物）はまるっこくて、むこうのほう（ガラスに映った方）は細長く見える」というように、左右の像を比較する発言もあった。「向こうの絵（ガラスの像）のほうがくっきりしてる」という発言があったときに、進行役が「実物とガラスに映った像とどちらがくっきりしている？」と聞いてみると、意見が二つに分かれた。さらに「どうして人によってこっちがくっきり見えたり、あっちのほうがくっきり見えたりするのかな？

第3部　日本での〈こどもの哲学〉の実践

「ほんとだ、もう一枚、別の絵が見えるね。」

その理由考えつく人？」と聞いたところ、色々な意見が出された。「あっち（映った方）のほうは人がいないから、なんか寂しく、暗く感じる」（展示ケースは腰高以上の高さにしかないので、座っているこどもたちは映らない）という意見もあれば、「最初にこっちの絵をみたから、こっちは明るいっていう『せんにゅうかん』に負けて、向こうが暗く見えてしまう。人間の『せんにゅうかん』で勝手に暗いって思い込んでるだけ。」という意見もあった。二つの像を見比べたこどもは、注意深く「こっち（実物）は光が明るいから、そんなに白とか明るい色が目立たないけど、あっちは全体が暗いから、白いとか薄い色が目立つから、くっきり見えると思う」と指摘し、先に述べたHさんは、「鏡に映っているものは、自分が見ているものと真逆のものがみえるんだと思う。こっちが明るかったら向こうは暗いし、こっちが暗かったらむこうが明るいし、鏡に映った自分も

190

そう。」と鏡像の不思議さを表現した。

2.3. 「それにしか見えなくなった」のはどうして？

　あるクラスでは、一通り発言を聞いた最後のほうに、「みんなの意見を聞いて、印象に残ったこと、面白かった意見がありますか」と聞いてみた。すると何人かのこどもが、「他の人の意見を聞いて、ほんとうや、そうや、って思ったら、他の人の意見を聞いても、もうそれにしか見えなくなって、びっくりした」と言い出した。そこで、進行役が、「他の人の意見聞いて、それにしか見えなくなるのはどうしてやろ？」とそれについて考えることを促した。

　すると、あるこどもは、「一回なんかに見えるって言われたら、『のう』が勝手に、そう見えるように、なんかなってる、仕向けてる、命令してる」と言い、見ることが時として自分の自由にはならない場合もある理由を、「脳」という言葉を使って表現してみせた。

　他にも「自分の意見があっても、他人の意見を聞くと、それが頭から離れなくなって、その意見ばっかりを意識して、それ以上自分の想像が広げられなくなってしまう、自分の想像力がじゃまされる感じ。」と言ったこどももいたが、Hさんは逆に、「そうなってしまうのは、自分もどこかでそれかな？　あれかな？って『にんしき』してるからじゃないかな。」と意見を述べた。進行役が「『にんしき』してるってどういうことかな？」という多少意地悪な質問をしてみたところ、Hさんは、しばらく考えたあとで、「これ何かな、もやもやする、何だろう、って思っているときに、人の意見を聞くと、あ、確かにそれだって思って、もやもやがくっきり晴れてすっきりした感じがすること」ときっぱりと答えてみせた。

　わたしたちがここではじめている、見ることについての探究は、「そこにないはずの色や光、形が見えるように感じるのはなぜ？」「鏡

第3部　日本での〈こどもの哲学〉の実践

の世界ではどうしてものが逆さまにみえるの？」「見ることには、目や見えるものだけじゃなくて、「のう」や「にんしき」も必要？」「見ているはずのものなのに、そこに何を見るべきなのかわからなくて、あれにも見える、これにも見えると見方を広げることができるのに、あるものが見えてしまうと他のものは見えなくなってしまうのはどうして？」といった多くの画家や哲学者たちを悩ませ、魅了した問いへとつながっている。わたしたちは今回、これらの扉を開けて足を踏み入れることはしなかった。しかし、扉の向こうには、なんでも見ることはできるが、どうしてそのように見えるかだけは見ることができない、という人間の身体の謎が作り出す思考の迷路があることを確実に予感していた。見ることについて考えることとは、この迷路のなかに迷い込むことでもあるのだ。

3.　他人とともに見る

　話し合いの最後に、こどもたちに、「こんなに長く一つの絵をじっと見ることってやったことある？」と聞いてみた。口々に「やったことない！」と叫ぶこどもたちに「一つの絵しかなくて退屈やった？」と聞いてみると、多くのこどもが「そんなことない！」と首をぶんぶん横に振って答えてくれた。「他の人たちの見方が、いろいろあって、すごかった！」のだそうだ。1人で絵をだまって見るのとは、ずいぶん違った経験をしたらしい。他人とともに、他人の言葉を聞きながら絵を見るという経験ができる機会はあまり多くないが、やってみると、かなり後をひく経験である。一度経験すると、1人で美術館に行っていても、自分1人で見るのでは何かもの足りない感じがして、「あのこどもたちがいたら、この作品についてどんな話をするだろうなあ」と他人を呼び出し、彼らの言葉を聞きたくな

192

第2章　美術館で対話する

ってしまうほどである。

3.1. 「同じ」なのに「ちがう」ことの面白さ

「みんな考え方がちがうから、どうやってしたらそんなふうに見え
るかわからないときもあったけど、そういう時があったほうが面白
かった」というこどもの感想にもあるように、他人とともに見るこ
との面白さは、「同じ」ものを見ているのに、こんなにも「ちがう」
表現、見方がたくさん出てくるのか、という驚きにある。しかも他
人の言葉や見方は、全く理解できないものなのではなく、ほとんど
の発言が説明された瞬間にまるで自分のもののように共有されてし
まうのである。つまり、その人だけの独特な見方であったり、絵か
ら発言がそれているということではなく、作品という一つの共通の
地盤の上でそのような多様性が生まれているということである。こ
どもたちの反応を見ていても、薄暗いトンネル、突き上げる左フッ
ク、鏡のなかのお姫様、というような一つの世界観を表す表現は、
最初「どこが？　どうやって？」というざわめきで受け入れられる
が、いったんすとん、とその世界に入ってしまうと、みんなが「ほ
んとや」「見える！」と口々に言い出す。

　わたしが進行役をした回では、あまりにいろいろな意見が飛び出
すので、思わず「みんな同じものを見てるのに、なんでこんなに見
方が違うんやと思う？」とこどもたちに、その時感じた疑問をその
まま投げかけてしまった。大人の言葉遣いを引用したように「見方
は人それぞれやから」「想像力の問題」という言葉で片付けてしまお
うとするこどももいたが、もうすこし待っていると「見ている場所
や角度が違うからかな？」という意見が出てきた。

　それでももの足りないと思ったので、「でも同じものを見てるんや
から、みんなの見方のヒントはこの絵のなかにあるやろ？　みんなの

193

第3部　日本での〈こどもの哲学〉の実践

見方は、絵のどこをヒントにしてると思う？」としつこく食い下がってみると、これまた大人びたB君が、「『じょうほう』が少なすぎるからじゃないかな。普通の絵やったら、リンゴとかが立体的に描かれてたりするけど、この絵は……」と解説してくれた。B君は、話し合いの最初のほうでも「（絵が）単純すぎて意味がよくわからない」という感想を述べ、その後の話し合いでも自分の感じたことを発言するというより、他の人が考えるのを必要な言葉を足して助けるといった役割をしていた。情報や知識として経験を処理することが得意なのであろうB君にも活躍の場が必要であろうと思い、「なるほど、何かこれやとすぐに解るものが描かれている絵ではないということね。そういう絵をなんて言うかわかる人いるかな？　B君知ってる？」と聞いてみると、むろんBくんは「ちゅうしょうが」とすぐに答えてくれた。

　意外なことに、この進行役の問いかけに対しては、「おしりに見える！」と言って、みんなの笑いを誘ったひょうきんなI君が、「Sくんが言った『目の錯覚』ってこともあると思うし、でも、色が赤になってるとか、だんだん薄くなってるとか、そういうことと、あと、見えるもの！　黒い丸はみんな出口とか、目とか言ってたし、下の丸い赤いとこは、リンゴとか夕日とか……」と畳み掛けるようにして答えてくれた。I君が言ったように、確かにどの言葉も、絵の中に誰でもが見えるものに結びつけられているのだ。どの発言も、一つとして、絵の中には存在しないものを付け足しているものはない。

　色彩に関しては、I君の発言を引き取って、別の女の子が「色が赤だけに限られていることもあると思う。例えばこの絵を全部真っ白にして、青とか、赤以外の色に塗ってみたら、またぜんぜん違ったように見えると思う。」というふうに非常に論理的に、わかりやすく教えてくれた。

194

第2章　美術館で対話する

3.2. 「見えるもの」から離れない

　複数人での対話を通じて芸術作品を鑑賞するということを、主に
大人相手に何回か行ったことがあるが[2]、その際に重要なのは作品選
びであって、優れて力強い作品だけが、今回のように、絵のなかに
見えるものを語るだけで、幾通りもの語りや表現を呼び起こすこと
ができる。今回の対話が実りあるものになったとしたら、それは一
つには、作品のそれ自身の表現の強度のおかげであると言える。

　ところで、大人と鑑賞する場合、絵画や映画などの芸術作品につ
いて語りましょう、と言うと、自分の経験や内面に過度に引きつけ
すぎてしまったり、作品のなかに見えるもの以外のもの、例えば絵
画や画家についての知識を導入し、その言葉が他の参加者に共有さ
れない、ということが少なからず起こる。そういう場合は、進行の
テクニックとして、「みなさんの発言が、実際にわたしたちが見たも
の、見えるもののどこに位置づけられるのか、もう一度見たもの（作
品）に戻ってみましょう」と促すことにしている。しかし、今回の
対話では、こうした進行のテクニックなどに進行役が思いおよばせ
る機会は、幸いながら一度もなかった。こどもたちは、楽しそうに、
真剣に、あるときはちょっと悪ふざけをしながら言葉を交わし合っ
ていたが、決して「見えるもの」から離れることはなかったのであ
る。わたしたち進行役がしていたことと言えば、道案内や交通整理
ではなく、こどもたちに手を引かれるように、彼らの後をただつい
ていき、彼らがつぎつぎ見せてくれる景色を、「すごいねえ、面白い
ねえ」といって見ていたことがほとんどだろう。大人が少なからず
芸術作品について自分の言葉で語ることに抵抗や難しさを感じるの
は、作品のなかにないものを自分で持ち込まなければならない、と

2)　このような試みについては、高橋綾、「一枚の絵から」、『臨床哲学のメチエ　臨
　床の知のネットワークのために』vol.9、大阪大学臨床哲学研究室、2001 等を参照。

第3部　日本での〈こどもの哲学〉の実践

思ってしまうからであって、わたしたち大人はむしろ、こどもたちから「見えるもの」という他人と共通の地盤から決して離れない、ということを「ともに見たものについて考える」時の作法として学ぶべきである。

3.3. 「意味あるもの」として見えるという経験

　今回の話し合いの最後には、こどもたちに三つの質問をして、この話し合いで感じたこと、得られたものを聞いてみた。一つ目の質問は「話し合いによく参加できたと思う人？」。これについては、発言できなくても、他の人の意見をよく聞いたし、一緒に考えた、ということも「参加した」に入れていいよ、と言ったところ、ほとんどの子どもが「よく参加できた」に手を挙げた。

　二つ目の質問は「今日の話し合いが面白かったと思う人？」。これも、クラスによってばらつきはあったが、過半数のこどもが「面白かった」のほうに手を挙げた。三つ目の質問は「今日の話し合いで、何か発見があった人？」という質問で、これについては、「発見」という言葉が難しかったのか、10人くらいしか手を挙げている人がいなかった。しかし、「どんな発見があった？」と聞いてみると、こちらがびっくりするような意見が出てきた。

　あるクラスでは、「こんなに長い時間、一つの絵をじっと見てて、自分が絵のなかに入ってしまったように感じた」という意見が飛び出し、別のクラスでは先に紹介したように、「他の人の意見を聞いたら、それにしか見えなくなって、びっくりした」という意見が出て、そこからさらに対話が広がった。

　もう一つのクラスでは、「最初この部屋に入ったとき（絵を見て）なんやこれ？って思ったけど、だんだん『意味のあるもの』に見えてきた」という意見が出された。進行役であるわたしはてっきり、

第2章　美術館で対話する

『意味あるもの』というのは、何か一つの具体的な物を指していると思い、「どんなものに見えてきたの？」と尋ねたのだが、発言したこどもは、すこし間を置いて「いろんなもの」と答えた。この発言に続けて、Ｉ君が「はじめは意味のわからへん丸やったけど、みんなの意見を聞いてきて普通の絵みたいに見えてきた」と述べたので、『普通の絵に見える』という言い方が面白く、「へえ、普通の絵、ってどういうことやろ？」と思わずつぶやいてしまった。その後にも、一人の男の子が、ゆっくり言葉を選びながら、「最初は何の絵かわからへんかったけど、途中から、何の絵でも……とにかく……なんでも……なんか思ったらいい！ってわかった」という感想をくれ、なぜだかわからなかったのだが、彼のこの言葉が聞けただけで今回の対話をやった意味があったな、と思い、「ありがとう」と思わず口に出してしまった。他のクラスでも、「最初は一つの普通のかたまり、にしか見えなかったけど、みんなの意見とか自分で想像していくうちに、いろんな『かたち』が見えてきた」という発言があった。

　後からこのこどもたちがくれた言葉を振り返る時、彼らが使った『意味あるもの』『普通の絵』『かたち』という表現の正確さにあらためて驚いてしまう。これらの発言はおそらく同じことを指しているのであって、それはわたしたちが何か見えるものの「意味」がわかる、「意味あるもの」として捉えるという経験の本質にかなり近いと思われる。彼らが言わんとしているのは、何か特定の物に見えた、ということではなく、これにも、あれにも見えた、ということであり、他の人の表現は、どれも、どれでも、驚くほどぴったり作品に当てはまったということであろう。つまり、最初のこどもが言おうとしているのは、作品の「意味」は複数ありえる、ということ、もっと言えば、複数の「意味」が見えてはじめて、わたしたちはそのものを「意味あるもの」として捉えることができるのだ、ということなのではないだろうか。

197

第3部　日本での〈こどもの哲学〉の実践

　「意味」についての哲学や現象学を引くまでもなく、こどもたちにとっても、この作品の「意味」とは、絵の上にある具体的な単一の対象ではなく、そこに向かいあう他人や自分の志向性によって現れるなにものかであり、作品の「意味」は多様でありえた。そして、これらの「意味」は、一つの作品に向かう、またそこから引き出された運動として、ある統一性や共同性を保っている。わたしたちが、何かを『意味あるもの』と捉えるのは、それが誰にとってもたった一つの現れしか持たない時ではなく、統一されているが、しかし多様な現れを持つと理解する、まさにその時である。それはまた、——視覚的な現れという意味でも、比喩的な意味でも——世界が奥行きを伴い、立体的に見える、世界が「かたち」をとる、その瞬間でもある。

　わたし1人で見ていたのでは、世界はそれこそ平板な紙の上に描かれた薄っぺらな図でしかない。しかし、私は、この世界を横からも、そして向こうからもいろいろな仕方で見ることができると知る。そのときわたしたちは、世界の側面や奥行きを知り、この平板な二次元の図に陰影やもう一つの次元を付け加え、「絵」にすることができる。今回の対話がまさにそうであったように、それを教えてくれるのは、わたしと同じように身体を持つ他人の存在なのである。世界が奥行きを持つことができるのは、わたしが自分のからだと眼差しを、他人の感じているもう一つの「意味」の場所にも置くことができるということを感じること、からだの偏在性を感じることができるからである。『普通の絵に見えてきた』というI君の発言や、「見えるものが『かたまり』から『かたち』に変わった」という発言は、平面にグラフィカルな操作を施して描かれたように見えるこの作品が、まるでセザンヌの描いた果物の静物画のように、奥行きや量感、厚みを持って立ち現れてきた、ということを指し示しているのであろうし、そのことはおそらく複数の他人のからだの構えや視線、志

198

第2章　美術館で対話する

向性が、この作品において立体的に交差したということと決して無
関係ではないはずである。

4.「見ること」は「表現すること」である

わたし　　　「他の人、意見ないですか？」
女の子　　　「朝、昼、晩みたい。」「え？……あ〜、そうか、色
　　　　　　ね？」
他のこども「わかる、わかる！」
女の子　　　「うん、白いところが朝で、赤いところが昼で、周
　　　　　　りの黒いところが晩。」
他のこども「ほんまや〜」
わたし　　　「（真ん中の黒い丸を指して）そしたらこれ、なんや
　　　　　　と思う？」
誰かが　　　「夜の入り口！」

　わたしたちは、絵のタイトルについては何も知らず、ただ、対話
をしていた。しかし振り返ってみると、こどもたちのいろいろな言
葉は、そのままこの作品のタイトルにすることができるような、卓
抜な「表現」ばかりである。決して単なる「感想」や「解釈」では
ない。というよりも、わたしが彼らと出会ったのは、本当に、夜の
入り口、夕方の滝、大きなおしり、居場所を探してうねる本能の真
ん前だったのだ、そんな気がさえする。こどもたちの言葉は、それ
ほど、いくつもの場所をわたしたちに見せてくれ、そこに連れて行
ってくれた。ただそれを見ることで、あるいはそれと共に、それに
従って見ることで、別のところへと連れて行かれる、そうしたもの
を「表現」と言わずしてなんと言えばよいのだろう。

199

第3部　日本での〈こどもの哲学〉の実践

　画家にとっては、見ることがすでに表現することである。画家は世界の赤さや、重さ、迷路のような奥行きや寂しさを見いだす——あるいは世界からそれを見せてもらう——のであって、そして自分が見たことをキャンバスのなかでもう一度見えるようにする。この人にとって、最初の見るという作業は、キャンバスを凝視して手を自分の見たものに追いつかせていく瞬間行っている、二番目の見ることと同様に、自分の人生を賭けた仕事となっている。

　こどもたちは、絵を見ること、言葉にすることによって、この画家の仕事を引きついだ。彼らは、「画像によって心を打たれ、不思議にもその絵を創造した所作の意味をわがこととして捉え直し」、また、「さまざまの中間物を飛び越えて、発明された線のある運動やほとんど素材を離れてしまった筆の動きだけに導かれながら、……画家の沈黙した世界に追いついた」[3]。そして、追いつきながら、言葉によってそれを超え出た。「絵画的表現は、知覚のなかで開始されている世界の形態化を捉え直し、そして超える」[4] という哲学者のそれ自体美しい言葉の、さらに後を続けることが許されるとするならば、絵画についてのこどもたちの知覚的表現は、絵画のなかの世界の形態化を捉え直し、また超えていった、と言えるであろう。彼らが他のこどもとの対話のなかで創った言葉は、それぞれが彼らの「作品」なのだ。この場にもう一人の画家がいれば、絵筆をとり、もう一つの作品を作ってみせただろうが、こどもたちは、絵を見るという最初の見ることを、もう一つの見える表現に変身させたのではなく、他の人の見ることを導くような言葉へと創りなおしたのである。

　この哲学者も述べているように、画家やこどもたちだけでなく、どんな人にとっても、「見ること」は「表現すること」である。見る

---

3)　モーリス・メルロ＝ポンティ、滝浦静雄・木田元訳『世界の散文』、みすず書房、1979年、80-81頁。
4)　メルロ＝ポンティ、前掲書、88頁。

第2章　美術館で対話する

ことによってわたしたちのからだは、静まり、あるいはざわめき、動き出し、あるいは固まる、つまり、表現しはじめる。大人はこの表現の蠢きをやりすごすことを覚えるが、画家やこどもたちは、それがいったんはじまると、自分がどこかに連れて行かれたような気になり、また、もっと先まで行きたい、という、いてもたってもいられない焦燥にかられてしまう。見ること＝表現することの衝動に。美術館で1人で作品を見ているときに感じるもの足りなさ、不満は、わたしが1人で背負いきれないようなからだのざわめきを受け取りすぎた、こんなに表現すべきことがあるのに、どこにもその行き場がない、という苛立ちか、他の言葉があれば、もっと見ることの先までいけるのに、という渇望か、いずれにせよ「表現」への飢え、とでもいうべきものであろう。

　こどもたちと共に絵画を見て話すということは、「鑑賞教育」の実践というような言葉で片付けられてはならないと思う。近年、美術館ではこどもが参加して行われるギャラリートークが盛んに行われつつある[5]。しかし、わたしは、これらの試みは、難解な芸術作品に親しみ、また適切にそれらを見るための手ほどきといった鑑賞教育、「芸術の正しい見かたを教える」試みの枠を出ていないのではないかと感じている。この文章でわたしが問題にしているのは、一個の美術作品をどう見るか、どう見るのが適切かというような美術の「見かたの学び／教育」についてではない。むしろ、この文章は、それらに欠けているように思われる「見ることを学ぶ」「見ることについててつがくする（あるいは先の哲学者はさらに進んで、見ることがすでにてつがくすることだと考えているようである）」ということがどのようなことであり、それが他者の身体や言葉との間でどのように生成するのかを記述するという試みとしてある。

5)　例えば、アメリア・アレナス、福のりこ訳『なぜ、これがアートなの？』、淡交社、1998年等を参照。

201

第3部　日本での〈こどもの哲学〉の実践

　優れた芸術作品は、その作品がいつ、どのように描かれたか、誰が、何を描いたのかといった、個別の作品の枠のなかにはおさまらない、根源的な問いかけ、「世界を見るとはどういうことであるのか」という問いかけを含んでいる。「見ることを学ぶ」とは、そうした問いかけに反応し、自らの経験や身体、そして言葉を総動員してそれに応えようとすることのなかで、あるいは他の人の応答に耳を澄ませることのなかで初めて生じるものである。また、その問いかけに応えよう、追いつこうとして発せられた応答や言葉のなかにこそ、真に「表現」の名に値する跳躍が宿るのだと思われる。わたしにとっては、今回の経験は、こどもたちの「表現」が生まれる場所に立ち会わせてもらう、という貴重な経験となった。たくさんの「表現」を受け取り、その中で、自分のからだと表現や思考を思う存分解放することができるという、非常に自由で楽しい時間だった。それだけでなく、こどもたちと作品から「世界を見る」ことがどういうことであるのか、を ── 手取り足取り、からだごと ── 教えてもらった、そんなふうに感じている。

　「表現」がもう一つの、そしていくつもの「表現」を呼ぶ、それが反響する場所に立会うということが、「見ることを学ぶ」ということであり「表現することを学ぶ」ことなのかもしれない。だとしたら、そのような学びは、芸術作品のカタログを見て知識を仕入れることや、教室でたんに絵を描く道具を渡されることでは起こるはずがない。「表現することを教える／学ぶ」という不可能にも思われることがもし少しでも起こりうるとするなら、それは、他人とともにからだを動かして世界を感じ、楽しみ、表現することのできる場所、世界と見ることの秘密に魅了された先達がその入り口で待っていてくれる場所、お互いの言葉を聞き合い、その表現に引き込まれながら、「でもそれってどうしてなんだろう？」とちょっと立ち止まって考えてみることができる場所、そうした場所においてではないだろうか。

5. 哲学対話と表現

　今、振り返ってみて、この美術館での対話は、わたしの中での〈こどもの哲学〉についての考え方を更新する一つの機会であったと改めて考えている。先にも書いたように、それまでのわたしたちの〈こどもの哲学〉の活動は、教室の中での、テーマや問いから始まる議論ベースのものであった。しかし、この美術館での対話はこれまでわたしたちが小学校で行ってきた対話とは、設定からして大きく異なっていた。こどもたちは教室を離れ、広い美術館の展示室で1枚の絵に対して自由に向き合うことができたし、話し合いも、決まったテーマについての発言を募るのではなく、絵について思ったことをなんでも言っていいよ、という声かけから始まった。そして上に見たように、そこから始まった四つの対話では、大人たちは、こどもたちの身体性や運動感覚豊かな発言や、作品や見るという経験の本質をついたような言葉に何度も驚かされることになった。

　この対話で、わたしが一番印象に残ったことは、こどもたちの表現や発想の豊かさだけでなく、絵について発した短い、一言の言葉のなかにもそれぞれのこどもの「洞察」「思考」が含まれているということ、言いかえれば、長々と言葉を展開しなくても、たった一言、短い言葉を発する、それを聞くだけでも、そこに思考は働きだし、「てつがくする」ことができるのだ、ということであった。そして、それらの「洞察」「思考」は、どれも見事なまでに、身体性に裏付けられたリアリティを伴っていた。大人たちが芸術作品を前にして緊張し、しかつめらしく、見たものとは乖離した言葉を話しだすのとは対照的に、こどもたちの「思考」は、決して見えるものから離れなかった。

　先の文章でも引用した哲学者、メルロ゠ポンティは、「てつがくする」とは、いたずらに抽象的、上空飛翔的な問いを立てることでは

第3部　日本での〈こどもの哲学〉の実践

なく、世界のなかにとどまり身をひたしながら、世界が自分へと現れてくる経験を捉え直すことだとしている。その意味で、画家の「見ること」の努力は、哲学者が世界を捉え直し、言葉にすることと同じように、たえざる「思考」の歩みなのであり、また、そうした画家や哲学者の「思考」の歩みは、同時に「表現」の更新の連続でもある。絵を描くことと同様、「てつがくする」ことが創造的な営みであるとしたら、それは、オリジナルな新しい考えを世界に付け加えることによってではなく、すでに与えられ、わたしたちが生き、生かされている世界を捉え直し、再創造、再表現するという意味においてなのである。こどもたちのそれぞれの言葉は、見えているものを自分なりに捉え直しながら、他人の見る経験に問いかけ、もっと見たい、見える世界を探究したいという気持ちを触発したという意味で、十分に「思考」＝「表現」の名に値するものであった。

　わたしが上の文章で試みたように、その「表現」のなかに折り畳まれている「思考」を広げて言葉で展開し説明することもできるだろうが、こどもたち同士――だけでなく、そこに立ち会っている大人も――はいちいち一言に含まれているものを展開して説明せずとも、その意味を理解しあっていたように思う。哲学では通常、言葉で考えを展開する、言葉になった考えを論理的に積み重ねていくことに重点が置かれる。そうしたことを期待してこどもたちの対話を聞いていると、「それぞれが言いたいことを言っているだけで、何が共有されているのかわからない、ばらばらなことを言い合っているように見える」という感想を持つことがある。わたしも、この美術館での対話を経験するまで、そのように感じていた部分があったように思う。しかし、この対話の後では、そのように感じるとしたら、それは「思考」や「対話」を狭く考えすぎているのかもしれないと思うようになった。こどもたちの発言がばらばらに見えるとすれば、それは、対話のなかでの発言を発言録のように外から眺めているか

らであって、わたしがここでしてみたように、こどもたちと一緒に
作品と対話に身を投じ、それを自分の身体を持って内側から体験す
るなら、こどもたちの発言がつながりあい、響き合い、触発しあっ
ていることを感じることができるはずだ。こう考える時、対話やコ
ミュニケーションの新たな可能性もまたそこに見えてくる。

　言葉を積み重ね、合意や結論に至る話し合いではなく、芸術作品
を介して、それぞれの「表現」を共鳴、反響させていく解放系とし
ての哲学対話というアイディアは、この後、財団法人たんぽぽの家
と、アーティストたちの協力を得て、「こどものてつがく美術館」【第
3部コラム】へとつながっていった。

第3章　少年院における対話ワークショップ
―― 対話のなかで「倫理的主体になる」ということ

高橋　綾

　学校以外の場所でのこども、若者たちとの対話として、もう一つ紹介しておきたいのは、2009年から行った兵庫県の少年院（播磨学園）での対話ワークショップである。わたしがこの少年院での対話を行うようになったのは、当時、臨床哲学研究室の卒業生の武田朋士さんが播磨学園で法務教官をしており、彼から少年たちと対話する機会が持てないかという相談を受けたのがきっかけである。はじめは、武田さんも、少年たちの言語能力やコミュニケーション能力の乏しさから話し合いをするのは難しいかもしれないと心配していたのだが、試行的に対話を行ってみると、少年たちの反応は良く、発言もたくさんなされたため、2009年からは、同学園のカリキュラム「社会適応訓練」のなかに対話ワークショップの時間が組み込まれるようになった。話し合いのテーマは、「大切な人を守るためなら暴力は許される？」「友達には合わせないといけない？」などの少年たちに身近な倫理的、道徳的なジレンマ、コンフリクトが想定された問いが多い。そこで、ここでは、少年院での対話ワークショップの内容を紹介しつつ、犯罪を犯した少年たちが道徳的、倫理的に正しい振る舞いができるようになるには何が必要か、道徳、倫理教育に関する対話の有効性について、この対話ワークショップをもとに考えてみたい。

第 3 部　日本での〈こどもの哲学〉の実践

1.　少年院での対話ワークショップ

1.1.　少年院での矯正教育

　対話ワークショップが行われている播磨学園は、犯罪を犯した少年たちの再教育、矯正を行う施設（少年院）である。入所している少年たちの年齢は 16 ～ 20 歳、暴走、窃盗、性犯罪、薬物など、犯罪傾向の進度が比較的軽く、心身に著しい故障がない者が入所している。少年たちが入所している期間は約 5 ヶ月で、それ以後は社会復帰を目指す。少年たちは 15 ～ 20 人単位で寮生活を送り、入所して期間が来た者から順に卒院していく。

　少年院での矯正教育では、薬物乱用、交通違反等の非行行動の直接的な防止、あるいは、非行行動の背景となっている不良交友、家族間の葛藤等の改善をねらいとして行う問題群別指導や出院後の適切な生活設計を具体化させるための進路、生活指導、他には集団活動の訓練などが行われており、これら矯正教育の多くが、教官から少年への一方向的講義や、それをもとに少年が反省や考えを文章にするという形で自己反省を促すことによってなされている。しかし、少年院でも、近頃の学校教育の例にもれず、新しい参加型の教育が導入されつつある。その一つが、社会適応訓練と呼ばれる時間である。播磨学園では、ソーシャルスキルトレーニング（SST）と呼ばれる、ロールプレイを用いて少年たちの対人関係能力の向上を図り、出院後の職場や学校で直面するさまざまな問題への対応の仕方を学ばせる手法が取り入れられていた。

　しかし、法務教官である武田さんは、少年たちに対応し彼らを観察するなかで、一方向的なルールの教え込みや自己反省というモノローグの形式、ロールプレイのような仮想空間での模擬演技がどれだけ効果があるのか、その限界もまた存在するのではないかと考え

208

はじめていた。そのため、こうした従来の手法だけではなく、対話の中で少年たちが自分の考えを述べ合うことによって、何らかの気づきや変化が彼らに生じることがあるのではないかと予想し、わたしと一緒に対話ワークショップを行うことになった。

1.2. 対話ワークショップの導入の経緯とワークショップの方法論

　冒頭に述べたような経緯があり、播磨学園で、初めて少年たちとの対話を行ったのは、2008年である。その時には、オスカル・ブルニフィエの教材（絵本）を用いてわたしが進行役をして話し合った。この時の対話は、フリーディスカッションに近く、少年たちは発言するものの、発言を関係づけたり、質問をするのは主に進行役が行っていたため、少年たち同士の相互的な関わりは少なかったと記憶している。この試行で、少年たちは言語表現としては拙い点はあるものの、自発的に発言をし、他の少年の考えていることにも関心を持っているということは確認された。そのため、2009年になってから、おなじ教材を用いて、さらにこの本の著者オスカルが考案した「相互質問法」という方法論を使っての対話セッションを3回行った。その結果、少年たち同士の相互の問答だけである程度対話ができるという手応えが得られたため、2010年度からは、「社会適応訓練」のなかの対話ワークショップという形で学園のプログラムに位置づけられ、播磨学園の教官が進行をしてほぼ月に1回のペースで相互質問法を用いた対話ワークショップが行われるようになった。この対話ワークショップは2015年をもってカリキュラム改正を理由に終了している。
　オスカルの相互質問法を用いている理由としては、まず初発の段階では、少年たちに何でも好きに話してよいというよりも、すでに用意された答えのなかから自分の考えに近いものを選んで話すとい

第3部　日本での〈こどもの哲学〉の実践

うほうが話しやすいのではないか、と思われたからである。また、少年たちは議論や対話をする、ということに慣れていないため、質問をするという決まった形式を通じて相手に関わるほうが、関わり方や発言の仕方がわかりやすく、他人とコミュニケーションをする練習にもなるということもあった。

　もう一つの理由としては、哲学対話の経験をある程度積んだ者ではなく、法務教官が進行をする際に、進行役の振る舞いが一番単純で習得しやすいということもあった。相互質問法では、基本的には進行役はほとんど話の内容に介入することをしない。ある人の考えに対する質問を募り、質問をさせ、質問された人に質問の意味がわかったかどうか、答えられるかを確認し、答えてもらう。答える人が答えた場合には、質問者に、「これはあなたの質問の答えになっているか」を確認し、さらに質問があればしてもらう、ということを繰り返すだけである。この質問 —— 答えの形式を遂行するにもコツはいるし、考えを深めていくにはもう少し手助けがあったほうがよいのだが、この問答を参加者のなかで単純に繰り返すだけでも、十分にテーマについてそれぞれが気づいたり、考えたりすることはできる。2010年からは、教官たちも進行をし、月1回定期的に行うということになったため、哲学的訓練や対話の訓練を受けていない教官にも負担が少なく、行いやすい方法として相互質問法を導入することになった。

　2009年から2015年の間に、教官たちによって、少年たちの置かれている状況や今後心配される危機的場面などに近いような問いと答え（次頁）が作られ、それを用いて教官の進行でワークショップが行われており、高橋が年に数回、ワークショップ運営に対する助言を行った[1]。

---

1)　2011年には性犯罪の少年を対象にした対話ワークショップのための問いと答えも制作した。

第3章　少年院における対話ワークショップ

少年院の教官が作成したワークショップのための問いと答え

問い：大切な人を守るためなら、暴力は許される？

答え：1　いいえ。どんなことでも、人を傷つけるようなことは許されない。

　　　2　いいえ。話せばわかるのだから、話して解決すべき

　　　3　はい。それしか方法がなければ、仕方ないと思う。

　　　4　はい。大事な人を守ることのほうが大切だから。

　　　5　いいえ。暴力は何も解決しないから。

問い：職場の上司から理不尽なことで叱られた場合、言い返しても良い？

答え：1　いいえ。上司の言うことには従うべきだから。

　　　2　はい。相手が間違っているということをわかってもらうために。

　　　3　いいえ。職場の雰囲気が悪くなるから。

　　　4　はい。言われっぱなしでは腹が立つから。

　　　5　いいえ。自分にも悪いところがあるか考えるべき。

問い：家族に反対されても、自分のしたいことをしても良い？

答え：1　はい。自分の人生だからしたいことをするべき。

　　　2　いいえ。家族と話し合ってわかってもらわないと。

　　　3　はい。自分で責任をとれるなら、しても良い。

　　　4　いいえ。家族に迷惑をかけるようなことはしてはだめ。

　　　5　はい。本当にしたいことなら、しても良い。

　またその時のワークショップを元に、異性、パートナーに対する対応や、男女の関係のあり方、公平性等を考えてもらおうという意図によって、新たにテーマ（「女性にはいつも男性がおごるべき？」）が追加された。

第3部　日本での〈こどもの哲学〉の実践

問い：友達には合わせないといけない？

答え：1　はい。合わせないと仲間はずれにされるから。

　　　2　いいえ。友達でも違うものは違うと言わないといけない。

　　　3　はい。そのほうが楽しいから。

　　　4　いいえ。合わせなければいけない友達は、友達ではない。

　　　5　はい。相手も合わせてくれるなら、こちらも合わせないと
　　　　　いけない。

---

2. 少年たちの反応や対話の内容

2.1.　ある対話ワークショップの風景から

　少年院で行われている対話の雰囲気や内容を伝えるために、ここでは、対話ワークショップの内容を進行役の視点から再現する形で紹介をしてみよう[2]。

　いつものように、少年たちが生活している棟に、担当の法務教官に連れられて入る。運動場や花壇、菜園の横に2階建ての寮棟が並行にいくつか立ち並ぶ施設内は、見たところ、普通の教育施設と大きく違いはない。違うのは、施設の周りを高い柵がぐるりと囲っており、少年たちの生活空間には、鍵のあるドアを何度も通らなければ入れないということ、少年たちの個室の窓には柵が据えつけられている、ということである。ワークショップが行われる集会室までの渡り廊下からは、これから行く寮とは別の寮生たちが運動場を大きなかけ声とともにランニングをしているのが見える。

---

2)　以下の対話は、筆者がこれまでのワークショップでの経験や参加者の発言を元に創作したものであり、ニックネーム、発言も特定の個人のものではない。

第3章　少年院における対話ワークショップ

　集会室に入ると、ホワイトボードを前に、少年たちが半円形に椅子を並べて座り待っていた。全員坊主頭で、同じ作業服を着ている。わたしがホワイトボードの前に立つと、教官の促しで号令がかかる。今時の学校では聞かないような大きな声の号令だ。「全員起立！　教えてくださる先生に礼！」というかけ声で、少年たちは椅子から飛び上がるようにして立ち上がり、きっちり体を曲げた礼をしてくれる。わたしは5ヶ月おきくらいにこの対話ワークショップの助言と模範指導のために彼らを訪れている。少年たちは5ヶ月程度で卒院していくため、今回一緒に対話する少年たちはわたしとはおそらく全員初対面だろう。坊主頭で、ほとんど同い年ということもあり、この時点では、少年たちの個性はほとんどくみとれない。初めて会ったわたしには、体格の違いやメガネをかけている、いない以外で差がある以外はほとんど同じ人に見えてしまう。

　進行役のわたしは、自分について簡単に自己紹介して、「今日はみんながいつも先生（法務教官）としている対話ワークショップをしに来ました。みんなの考えを聞かせてもらうのを楽しみにしています。」とワークショップを始める。「このワークショップに初めて参加する人いますか？」と聞くと、最近入寮して来た少年たちが2、3人ちらほら手を挙げる。「初めての人でも難しくありません。今日は『大切な人を守るためなら、暴力は許される？』というテーマで、皆で質問をし合いながら考えて行きます。」と簡単に説明する。ワークショップに入る前に、少年院では、この対話の中だけで使うニックネームをそれぞれにつけてもらうことになっている。このことを告げると、すでに経験したことのある少年たちのなかにはにやっと笑う者もいる。なぜかというと、少年たちはこのニックネームの時間を結構楽しみにしているからだ。少年院では規律、教育上の理由で、私語や談笑が禁じられている。テレビを見る等の娯楽以外では、少年たちの間に笑い声を出すことが許される瞬間はほとんどない。こ

213

第3部　日本での〈こどもの哲学〉の実践

のワークショップでは他の時間と違って、「この時間だけは、自分が本当に言いたいこと、考えたいことならなんでも言ってかまいません。こんなこと言ったら、他の人に笑われるからとか、先生に怒られるからとかは、この時間だけは気にしないでいいからね」という声かけがなされる。もちろんこの声かけには「ただし、自分の発言で他の人が嫌な思いをしたり、傷つくこと場合もある、ということは考えて発言してね」「あと、ここで話されたことは、ここだけで忘れて、終わりにすること！　このワークショップが終わったあとでは、話されたことを引きずって『あいつムカつく』とか喧嘩したりしたらダメだよ！」という続きがある。今からつけてもらうニックネームは、ここで話されたことは、このニックネームで呼ばれる間の発言であり、普通の本名に戻ったら、ワークショップのなかの発言のことは忘れる、というふうにしてもらうための工夫なのだ。このニックネームについては、多くの少年が、好きな人物、憧れのミュージシャンやアスリート、好きな食べ物やクルマの車種などを名札に書き、ちょっと自分の個性を出そうと試みる。中には、ウケを狙って、わざととぼけた名前にする少年もいる。そんなわけで、このニックネームをつけて、それぞれ自己紹介する頃には、少年たちの緊張がほぐれ、青い作業服、坊主頭のかたまりのなかにすこし表情や個性が見えてくる。

　全員の自己紹介が終わると、今日のテーマ「大切な人を守るためなら、暴力は許される？」を紹介し、考える手がかりとして五つの答えを示す。少年たちには、この答えの中から、自分の考えに一番近いものを選んでもらう。今回の答えは

　1　いいえ。どんなことでも、人を傷つけるようなことは許されない。

　2　いいえ。話せばわかるのだから、話して解決すべき

　3　はい。それしか方法がなければ、仕方ないと思う。

4　はい。大事な人を守ることのほうが大切だから。

5　いいえ。暴力は何も解決しないから。

の五つ。そして、その答えを選んだ人それぞれに他の人が質問をしながら一緒に考えていく。少年たちには、「質問する人は、自分の意見を言うのではなくて、相手の考えを知りたいな、理解したいなという気持ちで質問をしてみてください。どうしてそう思うの？とか〇〇ってどういうこと？とかですね。でもどうしても自分の考えと違うな、これは納得できないなあという場合は、『こんな場合はどう思うの？　こういうこともあるのでは？』という質問もしてもいいです」と質問のコツを伝える。少年たちに自分の考えに近い答えに投票してもらい、それぞれの答えについて質問を受ける者を確定させる。それから「この答えを選んだ人の考えがしたい、質問したいという答えありますか？」と彼らの希望を聞く。だいたい慣れた少年が、1人か2人、希望を出してくれる。今回は少年たちの希望により3の答えから質問をしていくことになった。

　3の答えに手を挙げた人は2人、好きな数字を選んだという「セブン」君と、いつか社長と呼ばれるようになりたい「社長」君というニックネームの少年だ。少年院では、暴力防止の講座等もあり、暴力はいけない＝いいえというのがここでは一応の「正しい」答えのはずなので、これを選んだ少年たちはもしかしたら入院まもない少年で、少年院で求められる答えを理解していないのかもしれないな、と進行役としては予想する。とはいえ、こういう人がいたほうが対話は盛り上がり、少年たちの本当に考えていることがわかるのだが。この2人に「今から他の人が質問をしてくれるけど、答えられそう？」と聞くと、2人ともやってみる、と言うので、他の少年たちから質問を募る。

　最初に質問した少年は、すこし体が大きく年長そうな「レクサス」君。憧れの車だそうだ。「それしか方法がなければ、ということです

第3部　日本での〈こどもの哲学〉の実践

が、それしか方法がないって、具体的にはどういう場合ですか？」
とはっきりした声で訊く。この相互質問法、本来の考案者の意図は、
ある答えの理由や前提を質問によって「吟味」する、というものな
のだが、元の問いと答えが具体的すぎるせいか、少年たちの質問は、
相手が思い描いている「状況」を尋ねる、というものになりがちだ。
しかしよく観察していると、状況を限定していくだけでもその人の
考えにある程度は迫ることができる、ということがわかったことと、
質問の仕方を教えるというのはこのワークショップの直接の目的で
はないため、そこには介入しないことにしている。

　この質問を理解したかどうか、セブン君と社長君に尋ね、2人と
も質問の意味が理解できたというので、それぞれに答えてもらう。
セブン君はあっけらかんと「えっと、例えば、喧嘩相手のグループ
に自分の友達や彼女とかが連れて行かれそうになった時とか、殴る
ぞって言われたときとか」と答える。社長君は、うつむきながらぼ
そぼそと「セブン君と似てるけど、自分と大切な人がいるときに、
いちゃもんをつけられて大人数で囲まれたりしたときです」という
答え。進行役であるわたしにはあまり縁がない状況だが、非行グル
ープに属して喧嘩をくりかえしてきた少年たちにはリアルに想定で
きる状況のようだ。

　レクサス君のほうを向き、「今の2人の答えは、レクサス君の質問
の答えにはなっていますか？」と尋ねる。レクサスくんは納得いか
なさそうな顔をしているので、「レクサス君が思ったのと全く同じ答
えでなくていいので、質問の答えにはなっていますか？」ともう1
回尋ねる。少年たちにとっては、質問の答え、というのは、自分の
思ったことが相手の口から聞けるという意味と受け取られがちだ。
自分が想定したものではないが、答えとしては成立しているという
区別をつけてもらうのは大事な作業である。

　レクサス君はやっぱり納得いかなさそうに「答えにはなっている

216

と思います……」。「じゃあ、レクサス君、何か続けて質問したいことがあったら続きの質問をしていいですよ」と促すと「今、2人が答えてくれた例は、本当に力でなんとかする以外に方法がないんですかね、自分だったら周りの人に助けを求めるとか、警察に助けを求めるとか、いろいろ方法があると思うんですが……」とレクサス君。「最後のほうはレクサス君の考えになってるから、質問の形にしてくれますか？」ともう一度聞きたいことを質問の形にするように促してみる。すこし考えて「じゃあ、自分の力でなんとかするんじゃなくて、他の人に助けを求めることはできないんか、って言うことを聞きたいです。」と質問の形にしてくれた。

　この質問に対してセブン君は「周りに誰かいたら助けを求めることをするかもしれんけど、誰もいなかったら自分でなんとかするしかしょうがないかもしれない」という答え。社長君に聞いてみると、伏し目がちに「周りの人がなんとかしてくれるとは思えんし、警察なんか当てにならん……」という答えが返ってきた。他にもこの答えにうん、うんと頷いている少年もちらほらいる。少年たちにとっては、自分の仲間以外の第三者や警察は「敵」、あるいはすくなくとも「味方ではない」存在であったのかもしれないなとも思うが、「敵／味方」の二分法だけではこれから苦労するだろうなと思いながら、このやりとりを聞く。こうしたふとしたやり取りのなかで、少年たちの考え方の固さや脆い点が見えてくることはよくあるので、わたしだけでなく、ワークショップを参観、観察している教官たちも後の個人指導に活かすために観察をしているのだ。

　レクサス君が続けて質問はない、というので、他の少年に質問がないか聞いてみる。今度は今週のお茶当番だという「やかん」君が手を挙げている。「2人に聞きたいんですが、逃げるためとか彼女を連れて行かれないようにするためにどこまで（力を行使）しますか？」という質問が出る。社長君は「まあ、相手から逃げるために、

第3部　日本での〈こどもの哲学〉の実践

相手の手を振り払うとか大切な人を逃がすまで相手をはがいじめにするとか、とりあえずそれくらいを考えてたんやけど……」という答えだが、「セブン君は?」と聞くと、「相手から先にやってきたんやったら、こっちは『せえとーぼーえー』やないですか、やりかえしてもええんちゃうの?」という答えが返って来た。セブン君は「正当防衛」という言葉は知っているものの、その意味を誤解しているようだ。こちらを眼差すセブン君の表情にはあまり悪意は感じられないが、その分思考や行動の未熟さや力への指向が予想されて、心が少しぞわぞわし、何か介入したほうがいいかな、と迷う。

　やかん君も、このセブン君の答えが気になったらしく、彼だけに質問ということで、「相手が『殴るぞ』とか『彼女連れて行くぞ』とか言葉で言ってるだけやのに、自分から殴りかかっていいと思いますか?」という質問をした。セブン君はちょっと戸惑いながらも「でも、そんなこと言って来るほうが悪いし、言葉の暴力っていうこともあるしなあ……」という答え。やかん君もどうやら、「正当防衛」の認められる範囲が気になっているようである。「正当防衛」とは何を言うのか、どこから「暴力」になるのか、もう少しつっこんで話し合えればよいのだが、少年たち同士の問答だけでは、時間内にこうした議論にまで踏み込むのはなかなか難しい。進行役として、このやりとりの最後に、「たとえ、最初に暴力をふるったのが相手だとしても、こちらは何でもしていいってことではないよね?　どうなんだろう?」と重要な問いをマーキングしておく。

　もう1人、このワークショップ初参加でニックネームが思い浮かばず、本名の変形にしたという「みっちー」君が遠慮がちに手を挙げている。質問を聞いてみると、「さっきの、社長君の答えに質問なんですが……、相手の手を振り払うだけと思ってても、その後で相手が殴りかかってきたら、結局喧嘩になってしまうやないですか。僕自身、そこでがまんして止められるとは思えへん。社長君はどう

218

思いますか？」ということだった。おそらくリアルに彼が悩んでいることなのだろう。初参加ということだったので、進行役がちょっと手助けして「手を振り払うとか、最低限のことで（力の行使を）止めておけるか、ということが聞きたいんやね？」と聞き返す。みっちー君がそれでいい、というので、社長君に聞いてみると、社長君はやや困った顔をしながら「そういわれたら自分も、相手が手を出してきて、かーっとなって喧嘩になったということはあった気がするなあ……そこだけでは終わられへんかもしれません」と答えた。この暴力という問題、一部の少年たちにとっては、体がそう動いてしまう、それしか反応できないという意味でアディクションに近いもののようなので、話し合いや「暴力はいけない」という言葉だけでそれを無くするのは難しい面もありそうだ。

　「どこまでが正当防衛で、どこからが暴力か」という限界づけについては、1の答え「いいえ。どんなことでも、人を傷つけるようなことは許されない」について問答している時にも問題になった。この答えを選んだのは、先に質問をしたレクサス君とやかん君、そして「みそ汁」君の3人。みそ汁君はいままで発言が少なかった少年。少年院の朝ご飯に出てくるみそ汁がおいしいと最近感じているそうだ。質問をしたのはセブン君。「人を傷つけることはだめ、ということですが、例えば相手が殴りかかってきた、という場合でも、3人はぜったい自分からはなにもしないんですか？」という質問だった。レクサス君の答えは「殴りかかってこられても、かわしたり、逃げたりできるならそっちを選ぶ」というもの。やかん君の答えは「相手に大きな怪我させない範囲やったら、その場を逃れるためにはなにかはするかもしれない」。みそ汁君の答えは「暴力はだめなので、たとえ相手から殴られても自分からはなにもしない」だった。

　セブン君は、最後のみそ汁君の答えが気になったようで、「みそ汁君に質問ですが、相手が殴りかかってきて、その手を押さえる、と

第3部　日本での〈こどもの哲学〉の実践

か、突き飛ばすとかもあかんと思いますか？」と訊いた。みそ汁君は困ったような、渋い表情を浮かべながら「暴力はあかんから、そういうのもあかんと思います。」周りの少年たちは、少し極端な答えに思えたのか、首をかしげたり、眉をひそめたりしている人もいる。質問をしたセブン君も納得がいかないようで「もう1回だけ、質問していいですか？　じゃあみそ汁君はたとえ相手に殴られても、自分はなにもしないで殴られてるってことですか？」とさらに聞き足した。みそ汁君はさらに困惑した表情で、「そういうことになると思います」。セブン君や他の少年は納得いかない顔をしているし、みそ汁君はなんでこうなったのかというような困惑した表情をしているが、そろそろワークショップが終わる時間だ。そのことを告げ、最後に今日のまとめとして「何をしたら暴力になると思うか？」を簡潔に答えてもらう。

　この1時間半くらいのワークショップのまとめとして何をするのが相応しいかについては、教官とも議論を続けていた。教官たちのなかには少年たちに「意見が変わったか、初めに選んだ答えと別の答えになった場合、それはなぜか」ということを聞く教官もいる。また、少年院で教えていることをあまりに外れることが出てきた場合や、セブン君のような誤解 —— 相手から先に暴力をふるった場合には、何をやっても許される —— があった場合には最後に正しておいたほうがいいのではないか、という意見もあった。これに対するわたしの考えは、考えが変わったかをこの時点で聞くことにはあまり意味がないし、後者の問題にはもちろん対処が必要だが、それは後の個人指導や、暴力防止教育でしっかり行ってもらうことにして、このワークショップのまとめとしては、もう一度「暴力とはなにか？」を自分なりに考え、線引きをしてもらうことでよいのではないか、というものである。このワークショップの目的は、全員が一つの答えに到達することではなく、さまざまな状況、異なる考えが

あるなかで、少年ひとりひとりが、「どこからが暴力になるのか、力に訴えてはいけない場合はどんな場合か」を線引きすること、もしくは自分で考えてこの線引きができているかどうかを顕在化させることであると考えるからだ。そのような理由により、わたしが進行をする際には、上のような問いかけに答えてもらうことでまとめとしている。

　質問に対する少年たちの答え（線引き）は色々である。やかん君は「相手に病院に行くほどの怪我をさせたり、犯罪になるようなことはだめ」という結果論的なもの。セブン君は、相変わらず正当防衛をちょっと誤解したままのようで、「自分からはしかけないこと。相手から暴力をふるってきた場合はしかたがない、かな」という答え。みっちー君は「経験上、自分では止められなくなるから、とにかく手は出さない」と自分を戒めるように答えた。最後にみそ汁君が、自信なさげに「相手の体に触ったらもうそれでだめと思います」と言ってワークショップは終わりになった。「この答えのどれが正しいという訳ではありません。これからも今日みたいに、暴力って何をすることかな、正当防衛ってどこまで許されるのだろう、ということをいろいろな状況で考えながら行動してみてください」というシメのコメントをする。「教えてくださった先生に礼！」という号令と少年たちの深い礼を背に、集会室を後にする。

2.2.　少年たちとの対話を通じて考えたこと

2.2.1.　ワークショップの目的
　まず、このワークショップの目的としては、コミュニケーションの訓練ということが大きい。基本的に少年たちは言葉だけを媒介に他人と協働するということが苦手である。また、意見や考え方の異なる他人と言葉を交わした経験も少ない。そのため、まずは、考え

第3部　日本での〈こどもの哲学〉の実践

方や感じ方が異なる人とでも、質問という形を通じてなら関わることができ、一緒に考えることができる、ということを体感してもらうことが重要である。大人でもよくあることだが、少年たちの中には、しつこく質問をして、相手を言い負かしたい、相手の口から自分の思い通りの答えをもぎ取りたい、という者もいる。そうした人に対しては、進行役はその態度自体を責めるよりも、「今の答えはあなたの質問の答えになっていましたか?」「さらに質問はありますか?」(答える人に対して)「今の質問は理解できましたか?　答えられますか?」という相互問答法の手順を丁寧に遂行させることのなかで、そうした説得や攻撃モードを落ち着かせ、手順の範囲内で問答を行わせることが必要である。先にも述べたように、特に、少年たちにとっては「質問の答えになっていたか」という確認は重要な意味を持っている。なぜなら、少年の中には自分の思った通りのことを相手が言わないと答えとは認めない、と思っている者も多くいるからだ。そうした戸惑いや不満が感じられた場合には、「○○君の思った通りの答えじゃなくても、質問に対する答えにはなっていましたか?」と言葉を足して確認してやることが大切だ。

　また、この相互問答法においては、本来適切な質問は「なぜそう考えるのか」「○○とはどういう意味か」「例えばどんな例があるか」など、その答えの背景にある考えや仮説の「吟味」に向かうものである。

　しかし、少年たちを見ていると、一見吟味に向かう質問をすることは少なく、「こういう場合はどうするのか」「どんな状況を考えているのか」という「状況」を問う質問になってしまうことが多い。これについて、最初わたしと教官たちはもっと質問の練習が必要だというネガティブな評価をしていた。しかし、少年たちの対話を観察していると、彼らの場合、いたずらに状況をほじくりかえしている訳ではなく、そうした仕方で相手(の想定している状況や互いの

222

前提、生活背景の違い）をなんとか知ろうとしているのだ、ということがわかってきた。そのため、互いの違いを知る、相手を知るという基本から外れていなければ、質問の形は問わないことにしている。

　教官たちからは、それぞれ想定している状況が違い、その擦り合わせに時間がかかってしまうため、具体的に一つに状況を固定して話をしたらどうか、という提案がなされたこともあった。これに対しては、わたしは、もちろんそうした回もあってもよいとは思うが、この相互問答法のよい点は、むしろ想定される状況や場面がそれぞれで異なるため、質問をする中で「自分と他人では考えている状況が違う」「同じテーマでもいろいろな状況がある」ということを理解することができるという点にあるのではないか、と答えてきた。想定する状況が違うということは、それぞれの生活環境や、思考や行動のための前提条件が大きく異なるということでもある。警察や第三者を敵視する人、家族や友達にはまったく頼らず生きるという者が少数ながらおり、他の少年たちがそうした発言に対して驚きや違和感をもって応えることもある。しかし、そうした少年たちは、――もちろんその前提や生活環境を選び直す余地はあるものの――やむを得ず、そうした生活環境で生きざるを得なかったのかもしれない。このように、互いが想定している状況を理解することは、互いの生活環境や思考や行動の前提条件の理解、広い意味での相互理解にもつながる。

　また、状況を限定していくなかで、対話相手が大切にしていることや、こだわっていることが見えてくる場合もある。あるいは、上の対話のように、本来意図されているように、答えに含まれる仮説や原則の限界が見えてくるのではなく、それぞれの少年の思考や認知のパターンやその頑さが顕在化する場合も多い。先にも述べたように、このワークショップの最終的な目的は、さまざまな状況、異

第3部　日本での〈こどもの哲学〉の実践

なる考えがあるなかで、少年ひとりひとりが、「どういう場合なら〜
してよいか、〜とは何か」を考え、線引きできるようになる。こう
したことがすぐにできる少年もいるが、多くの少年にとっては、こ
のワークショップだけではこの線引きができるようになるのは難し
い。その場合、発言が自分自身の思考に基盤を持っているのか、た
だ教えられたことを繰り返しているだけなのか、あるいは状況に応
じた適切な反応を考えることを阻む少年たちの思考や認知のパター
ンを「顕在化」「自覚化」させることが、少年にとっても、教官にと
ってもまず第一歩となる。道徳や倫理の教育とは一朝一夕に成立す
るものではないため、長期的な視野での対話や、それぞれの少年に
合わせた介入や指導等の関わりが必要である。このワークショップ
はここで完結しているのではなく、そうした長期的な関わりの一部
と考えられるべきである。

2.2.2.　少年たちの認知の特徴とそれに対する対話の効果

　5年以上少年院の少年たちを見てきて、彼らの思考や認知にはい
くつかの特徴があるように思われる。この少年院では、犯罪傾向の
進度が比較的軽く、介入や対応にかなりの工夫が必要なほどの、病
的な心理的問題を抱える者は少ないように見受けられる。むしろ彼
らの思考や認知のパターンは、彼らの思考や行動の未熟さを表して
いると言える。教官たちも、少年たちが持っている「認知の歪み」
を指摘し、気を配って指導していた。この対話ワークショップにお
いては、教官からの訓育や指導という形ではなく、同世代の少年た
ちと話をすることによって、少年たちが自分の思考法の未熟さや認
知の偏りや歪みについて気づくという可能性があると思われる。少
年たちの思考や認知にどのような特徴があるか、それに対する対話
の効果とはどのようなものがあるか、対話のなかで観察されたこと
から述べてみる。

第3章　少年院における対話ワークショップ

(a)　両極端、二者択一の考え方

　少年たちの発言を見ていると、多くの少年が善悪や敵味方などについて両極端、オールオアナッシングの思考法をしていることに気づく。例えば、先の対話の場面でもあったように、暴力については、少しでも手を出したら暴力だ、暴力を振るう相手を押さえつけることも暴力だ、というような答えを繰り返しする少年がいる。こうした少年は、無難な答えをするものの、その後に続く他の少年たちの質問に臨機応変に考えることができていない場合が多い。

　また、少年たちの多くはグループで非行行為を行っており、反抗的で、ルールを守らないということよりも、むしろ自分の属するグループの中でのルールや権威に弱い、従属的な性格を持っている。それは、善悪だけでなく、彼らの人間関係の両極端な見方にも現れている。第三者や警察に対する過剰な敵視、「友だち」や家族にも、従う、合わせるかまったく考慮しないという両極端に振れることが多く、敵か味方か、服従か不服従あるいは孤立というような二者択一で相手や自他の関係を規定しがちである。

　こうした態度は、フロイトの理論によれば、権威主義的な環境下によって起こる「反動形成」に関係しているとされる。つまり、権威への服従が日常となり、それに背けば処罰されるような状況では、ある人の人格は、善と悪、権威への従属か反抗かという両極端に分裂せざるを得ない。それが続けば、こうした環境に置かれた人物は、この両極端を統合できないままの状態になってしまう。こうした傾向を持つ人は、時として頑なまでに自己の属する集団のルールや権威に従順であろうとする。しかし、それはあくまで「仮面」でしかなく、その仮面の下には、分裂した不安定なパーソナリティと、権威からの処罰への恐れと、その裏返しとしての攻撃性を隠し持っている。その攻撃性は多くの場合、彼らが「自分の集団には属さない者（敵）」と見なした者に向けられる。

225

第3部　日本での〈こどもの哲学〉の実践

　ほかの少年の質問に柔軟に答えられず、固まってしまったり、極端な答えを示す少年の中には、上で述べたような従順さと攻撃性を併せ持つ性格の者が多いと考えられる。彼らは少年院の中では、教官という権威に従い、教えられる規範を鵜呑みにし、そのまま繰り返すため、訓育や指導を行う分には問題の少ない者たちである。しかし、こうした少年たちの欠点は、「暴力とは何か、どこからが暴力なのか、防衛は暴力に含まれるか、どこまでの防衛は正当とみなされるか」ということを自分で考えることをしていないことである。彼らは自分の攻撃性を自覚し、自分でコントロールできているわけではなく、権威の元に与えられた標語、ルールに表面上従うことで、それを隠しているだけにすぎない。おそらく、実際に敵対するグループに襲われるなど危機的な状況になった場合に、彼らの極端な考え方では対処しきれないはずである。そのような状況では、まったく力に訴えないという選択肢はかえって非現実的であり、むしろどこまでの力の行使が認められるかということを考え、行動を制御できなければならないからだ。自律的な思考ができず、権威に従う自分とそれに押さえつけられている自分とに分裂してしまっている少年ほど、危機的な状況のなかで暴発してしまう可能性が高いのではないかと思われる。

　この対話ワークショップでは、進行役の介入を最小限にしているため十分に行えない場合もあるが、やり取りをしているうちに、「暴力とは何を言うのか？」「理不尽とは何なのか、上司の命令や指示が不当だと言えるのはどういう場合か？」「友だちと非行仲間の違いは？」「家族の意見を聞く必要があるのはどんな場合？　どんな場合なら自分だけで判断してよいか？」などの線引きの問題が浮かんでくることがある。そこにフォーカスして、これらの線引きについて対話を重ねることができれば、少年たちは、自らの両極端なものの見方に気づき、またそれを修正して、「手を出すか、出さないか」「上

司、友達、家族には従うか従わないか」の二分法ではなく、場合によって判断すること、その線引きを自分なりに考えることができるようになるはずである。

(b) 相互的な視点の欠落

　もう一つの課題として、少年たちの物事の捉え方が基本的に自己中心的であるということが挙げられる。多くの少年は、成育過程で他人との十分なコミュニケーションを経験しておらず、他者が、対象としてではなく、もう一つの主体として自分の目の前に現れるという経験に乏しいのだと考えられる。そのため、対話ワークショップでも、自分からの視点でしか考えられないことが多い。つまり、自分は他人に対して行為し、現れるだけの存在ではなく、他人から見られ、他人の行為の対象ともなりうる存在であるというように、視点を反転させて考えることができない者が多いと言える。

　この対話ワークショップでは、自分の答えに対して他人から質問をされるという相互的なやり取りが繰り返されるため、少年たちのなかには、自己中心的な見方を離れ、相互的な視点を取れるようになる者やそれに気づかされる者も多い。例えば、「友達には合わせないといけないか」という問いについてのワークでは、多くの少年が、自分は合わせるか、合わせないかしか考えていなかった。しかし、1人の少年が「でも、他の人もみんな自分みたいに、合わせる人だったらどうなるのか」「他の人が嫌々自分に合わせてくれたとしたら、自分はそれを喜ぶだろうか」という質問をしはじめ、他の少年たちにはそれが新鮮な視点の転換と受け取られたようであった。

　また、異性に対してはこの傾向はより顕著になり、女性を自分の行為の「対象」としてしか見ていない少年が多く存在する。「男性が女性におごるべきか」というテーマでは、どんなことがあっても、自分（男性）がおごらないとプライドが許さない、という者が多か

第3部　日本での〈こどもの哲学〉の実践

った。この時、ある少年が「それでも、女の子のほうで、いっつも
おごられんのいややわ、って思う子もいるんちゃうかなあ、自分が
おごられる側やったらどうですか？」という質問をし、それが反対
の視点から考えるよい機会になったこともあった。性犯罪の少年対
象のワークショップでは、性犯罪を犯した少年と、それ以外の理由
で入所した少年が混ざって対話をしていたが、性犯罪を犯した少年
は「女性は触られたり、性的対象として見られることを喜んでいる
はずだ」と思い込んでいるようであった。他の少年から「じゃあ、
自分が好きではない女の人から触られたりしたら嬉しいのか？」と
いう質問を受け、その少年はこの質問に即座に答えることができず、
考え込んでしまった。彼はこうした質問があることそれ自体や、そ
れに自分が答えられないこと、さらにそうした自分に対する他の人
の反応（「なぜそこで黙ってしまうのか？」というような驚き）に何
重にも驚いているようだったが、それによって自分のそのような見
方が、他の人や女性にとってのそれとはかなり異なっているらしい
ということに気づきかけたようでもあった。

　対話の場所とはまさに話す–聞く、質問する–答える、見る–見ら
れるという相互的な行為が繰り返される場所である。この相互性
の空間をうまく利用することによって、少年たちが自分1人ではな
かなか気づくことが難しい、相互的な見方を獲得することが起こり
やすいのではないかと思われる。

3. 対話を通じた道徳、倫理教育の可能性

　最後に、こうした少年院での対話についての紹介、考察から、道
徳、倫理教育がどのように行われるべきか、道徳、倫理教育に対話
という形が有効であるとしたら、対話の中で「道徳的、倫理的にな

る」とはどういうことかについて少し考えてみたい。

　道徳、倫理教育については、少年院だけではなく学校教育でも、社会的な規範の一方向的な教え込み、規範の「内面化」をいかになすか、という観点で考えられることが多い。また、そうした教え込みの倫理教育では不十分であり、こどもたちの意見を聞いて、対話のなかで道徳や倫理について考えるべきだ、と提案すると、教員や大人たちからは、それは理解できるが、それでは、社会規範に反するような意見が出て来た時にどう対処するのか、それを放っておいてよいのか、という不安や戸惑いをもって答えられることも多い。こどもたちと、道徳や倫理について対話し、共に考えるという実践は、教え込みか放任かという両極端のどちらにもよらないものであり、それゆえ一層長い関わりを要するが、こどもたちが対話のなかで考え、「倫理的主体になる」ということを目指すものである。

　よく言われるように、道徳的になる、倫理的になるということは、既存の規範に単に従うということを意味するわけではない。与えられた規範にただ従うだけというのは倫理的主体としては未熟な態度である。成熟した倫理的主体は、道徳や倫理について「自分で考える」ことができる。「自分で考える」とは、なぜその規範が重要か、その理由が自分の言葉で答えられることであるだろうし、それに基づいて、規範に対して、いつ、どんな仕方で従うかを考え、行動することができるということである。

　このことを、フーコーは、道徳的、倫理的である、ということは、規範に従うか、従わないかの次元にあるのではなく、「規範との関係」を結べるか否か、それも「規範との『批判的な』関係」を結べるか否かにあるのだ、と述べている。ここで言う、「批判的」ということは、規範に「従わない」ということをただちに意味しない。それは規範の「限界を定める」ということであり、規範との間に吟味された関係を持つということである。「暴力はいけない、他人を傷つ

第3部　日本での〈こどもの哲学〉の実践

けてはいけない」という規範に対して関係を持つとは、いついかなる時にも力の行使を行わない、という意味ではない。熟考の結果として完全な非暴力という立場も取りうるにしても、「暴力」とは何か、力の行使はどのような場合に「暴力」となるのか、他人に対して力を行使することが認められるとしたらどのような場合か、それはどこまでか、ということを自分で考えられるということであり、それを行為によって示すことができることを意味する。だとすれば、こどもが「最初に暴力をふるったのが相手なら、こちらが暴力をもって応じることも許されるのではないか」というような発言をする時、それは間違っていると却下することは、それを放っておくことと同様適切なことではない。重要なのは「なぜそう思うのか、それは本当か？どこまで認められると思うか？」ということを吟味し、共に考えることを行うことである。

　さらに、興味深いのは、フーコーが、倫理的主体を巡る考察において、こうした「規範に対する批判的関係」を結ぶことは、同時に「自己に対する関係」を結ぶことでもある、と述べているという点である。つまり、道徳や倫理について「自分で考える」ということは「自分について考える」ということでもあるということだ。具体的な状況において、ある規範に従うとはどういうとか、どこまで従うのかを考える、ということは、その状況で自分が感じること、自分の情動や衝動の向かう先について、そしてそれをどう処するかについてリアルに考えるということでもある。その時、人は、「自分自身に働きかけ、自分を知ろうと企て、自分を抑制し、試練にかけ、自分を完璧なものとし、自分を変革する」[3] ことを行う。規範に対する関係を結びなおし、さまざまな状況で、具体的にどのように規範と関係を持つのかを考えるということは、自己の状態や多様な感情、欲

---

3)　ミシェル・フーコー『性の歴史Ⅱ　快楽の活用』、新潮社、1986年、38頁。

望を分節化し、注意深く「自己への配慮（ケア）」をなすことによって、倫理的主体としての「自己との関係」を作り出して行くプロセスでもある。

　こどもたちや少年院の少年たちと道徳や倫理について対話をする時、特に重要なのは、彼らが、自分に対して注意深くなり、自分をケアすること、そのなかでも特に、自分の不確かな部分、制御できない部分や、負の部分や弱さについて向き合い、率直に語ることなのではないかとわたしは考えている。学校の教室では、そうしたこどもたちの不確かな、制御できない部分、負の部分については、あってはならないことだとされ、正当に遇される発言としては出てこないことが多い。そしてこのことは、規範に従う自分と、そこで押さえこまれ、隠しておくべき自分（他人に対する憎しみや攻撃性）というふうに、こどもたちの自我のなかに「分裂」を作り出す。少年院の少年たちのように犯罪を犯すまでではなくとも、「暴力はいけない、他人を傷つけない」という標語の元で、押さえられた攻撃性や憎しみが、大人や教師という権威的存在の目の届かないところで、暴発したケースをわたしたちはすでに多く知っている。だとすれば、世の中には、攻撃性、暴力、憎しみがすでに存在し、我々は常にそれに晒されているという前提で、また相手に対する攻撃性、憎しみをもってしまう自分、コントロールしきれない自分がいることを認めた上で、それとどうつきあっていくかを考えるしかないのではないか。

　わたしは、道徳や倫理の教育にとって一番重要なのは、規範の一方向的な教え込みではなく、また、規範についていたずらに批判的に考えることでもなく[4]、この自らや他人の、時として暴力や過ちを

---

4)　例えば「なぜ人を殺してはいけないのか」というような問いを立て、議論することについて。私自身はこうした問いを中高生（男子生徒に多い）が立てる場合、ほとんどは単なる思考実験や規範を疑う身振りをして楽しんでいるだけであり、

第3部　日本での〈こどもの哲学〉の実践

犯してしまう脆さに真剣に向き合い、自己と他者を注意深く観察し、ケアすることを学んでいくことではないかと考えている。道徳の授業でなくても、こどもたちと対話していると、攻撃性を含み込む発言や他人を中傷するような発言が不用意になされることがある。ハワイの教室では「ハワイ原住民は怠惰だ」というある種の人種的偏見を含む発言が出てきたことがあると聞いたし、日本の小学校でも「〇〇人は〜だ」というこどもの発言を聞いたことがある。またある高校で自殺やいじめについて対話した同僚は、生徒から「自殺で死ぬ奴は自業自得や、心が弱いんや」という発言があって悲しかったと感想を述べた。多くの教師は、これらの発言が出てきた時、場や参加者が脅かされたと考え、「そんなことを言ってはだめだ」と発言を封じるだろう。しかし、哲学対話では、こうした攻撃性やその背後にある弱さ、脆さを含み込んだ発言を即座に否定したり、封じることなく、発言者やそれを聞いた周囲への配慮をしつつ、「どうしてそう考えるのか？」「それは本当か？」を問い、その発言がどういう意味を持ち、どこから出て来ているのか注意深くこどもたちと一緒に検討していくことを行うことが重要である。もちろんわたしは上のような発言を良いとみなしているわけではないが、それを教師や大人が拒絶し、封じることでは、こどもたちの学びや変化にはつながらないため、むしろ「なぜそう思うようになったのか」こどもに寄り添いつつ、こどもが自分の弱さや攻撃性に気づくまで話を聞き、ともに考えることが重要だと思うのだ。

———————————

　　自分にとってのっぴきならない問題として考えようとしているわけではないという印象を持っている。あるいは彼らなりに倫理的な関心を示しているのだとは言えるかもしれないが、少なくとも「自分がそれをしてしまうかも」という切迫感は多くの場合感じられない。少年院の若者たちは「暴力はなぜ悪いのか」と問うことはあっても、この問いにはあまり関心を持つことはなかった。この問いを自分ののっぴきならない問いとして立てる若者もいるかもしれないが、その場合、実践的な判断としては、哲学対話も行ってもよいが、別の心理的ケア等の対応が必要なのではないか。

第3章　少年院における対話ワークショップ

　教室で上のような発言がなされる時、他のこどもだけでなく、大人（教師）もまた、傷つき、自分の何かが脅かされたと感じるだろう。だから、こどもたちのこうした発言に丁寧に付き合うことは大人にとっても決して簡単なことではない。しかし、もともと倫理や道徳について学ぶとはそうした容易ではない道行きであり、対話のなかで他者とともにそれを行うということは、他人の弱さ、不確かな部分、攻撃性や葛藤を認め、それに自分が脅かされるというリスクを冒すことを恐れないこと、なぜ他者の弱さや負の感情に脅かされるのか、わたしの中の何が脅かされているのかと自問し、それでも相手を排除することなく、対話や探究という形で関係を持つためにはどうすればよいかを考えていくという配慮を自分や他人に向け続けていくということでもある。繰り返すが、こどもたちと道徳や倫理について対話する、というのは、どんな意見や考え方でも許されるという意味での相対主義や放任に陥ることではない。むしろ、それをサポートする大人たち、対話に参加するこどもたちには、長期的な視野をもって丁寧に、寛容さをもって他者と関わること、時に相手に踏み込み、吟味をする厳しさを持つこと、大人自身も自分とは異なる存在に自分を曝すリスクを冒すことを恐れず、こどもと真摯に探究を行うという、これまでとは別種の、他者に対する「倫理」や「責任」が求められる営みであると言える。

第4章 中高生と考える、
3.11からの対話リレー

高橋　綾

はじめに

　東日本大震災から2ヶ月後の2011年5月、地震と津波の被害にあった東北のある中学校で、運動会が開催された。その様子を伝える写真には、整地されたグラウンドに見慣れた白線が引かれ、人数は少ないものの、競技を行う生徒たちとそれを見守る大人たちの姿が映っている。唯一、普通の運動会と違うのは、その背景に見えるものがこの日のために自衛隊が片付けた一面の瓦礫の山であるということ。この写真を目にし、7月にこの学校を自ら訪れた教育学者の苅屋剛彦は、その訪問時にも運動会の写真と同様、整地されたグラウンドで野球に励む少年たちの「日常」と、その背景に広がる荒れ地で、警察や消防が遺体を捜索しているという「非日常」とのコントラストを目にし、なんとも言えない「違和感」を感じたと述べている[1]。

　苅屋は、被災地の学校で、こどもたちの「日常」を取り戻す努力がなされたことを否定しているわけではない。いつもの運動会、クラブ活動、授業形態にこどもたちが戻れることは、学校の周りに見たくなくても広がっている悲惨な光景をつかのま忘れて、「平常心」を取り戻す機会になりうるだろう。また、大人にとっても、こども

---

1) 苅谷剛彦、「海猫と学校」、『3.11に問われて　ひとびとの経験をめぐる考察』、岩波書店、2012年、69頁。

第3部　日本での〈こどもの哲学〉の実践

たちに自然な笑顔が戻って来ることが何よりの喜びであり、被災地の学校やこどもたちが「日常」を取り戻したというニュースは、前進する地域の象徴として報道されてきた。このような学校における日常の「復旧」に一定の意味を認める一方で、苅屋は、学校制度特有の形式性、画一性をもって回復される日常の秩序がこどもたちの生活を覆うことで、「見えにくくなるもの」「忘れられていくもの」や言葉にされないもの、「学ばれないもの」があるのではないかということを指摘している[2]。

　震災とそれに続く原発事故は、日本に住む人々の生活やそれを成り立たせている制度や仕組みを揺るがし、問いに付した。学校制度もその例外ではないはずだ。しかし、学校という制度は、そうした問いなどなかったように、いち早くもとの状態へと「復旧」を遂げたように見える。未曾有の大災害、大事故を経験したこどもたちに、大人や学校ができることは何なのか、どのような学びの場が作られるべきなのか、震災から／を学ぶとはどのようなことなのか、この問いに答えることはもちろん容易ではない。以下に紹介するのは、学校制度における復旧にむけての急ぎ足の歩みがほとんど無視して通過したかのように見える上の問いについて考えながら行われた、小さな対話のリレーの報告と考察である。

1.　震災について、被災地の中高生と対話する

　東日本大震災が発生して、すこし経ったころ、翌年の春から、東京の大学から大阪大学の大学院に進学してくる予定の辻明典さんが、福島の実家が原発近くにあり、被災したため、進学できるかどうか

---

2)　苅谷、前掲書、74頁。

第 4 章　中高生と考える、3.11 からの対話リレー

わからないという知らせが入ってきた。辻さんにわたしたちができることは大してなく、気をもむだけだったが、最終的に翌年 4 月から、辻さんは大学院に入学することができた。もともと教育や対話に関心を持っていた辻さんは、大学院でこどもの哲学について学び、実践をしはじめたが、その傍らで、故郷に起こったこの出来事のことを他地域の人々がどう感じているのか、また、東北の人々やこどもたちが震災の後何を感じ、何を考えて生きているのかを知りたいという思いを日々募らせていた。関西を中心にこどもとの哲学対話の実践に取り組んで来たわたしたちも、これまでの経験から、こどもたちであっても、社会の中のいろいろな出来事などを見つめ、彼らなりの意見を持っていることを確信していた。そこで、辻さんと相談して、こどもや中高生たちがこの震災という未曾有の出来事のなかで、どのようなことを感じ、考えているのかについて、話を聞くことができる場所を探し始めた。辻さんの交渉もあり、2011 年 9 月に福島の彼の母校の高校の生徒たちと話をさせてもらえることになった。

　その時わたしたちは被災地のこども、中高生たちが震災を通じて考えたことを、記録として映像に残すだけでなく、その映像を媒介に、彼らの考えや問いかけを被災地以外の同世代の人たちにも伝え、対話を行うことができないかと考えていた。これまでわたしたちが取り組んできた「こどもの哲学」の実践では、ある学校の 1 つのクラスにおいて、こどもたちのなかから出て来た考えやテーマ、問いについて考えを交わし、共に考えるということを行ってきた。しかし、それだけでなく、この対話や協働の思考、〈探究のコミュニティ〉が、1 つのクラス、集団から別のクラス、集団へ、ある地域のこどもたちから別の地域の同世代の人たちへと引き継がれ、拡張されることが可能なのではないか、ということを考えていたのである。2011 年には、この福島の高校生たちが話している映像を学校や生徒の許

237

第 3 部　日本での〈こどもの哲学〉の実践

(1)〜(7)までの対話での発言をまとめた冊子、「Pass the ball　中高生と考える、3.11 からの対話リレー」

可を得て撮影、編集し、著者たちが通っていた関西のいくつかの高校の生徒と鑑賞した後、それについて話すということを試験的に行った。その結果を踏まえ、2012 年からは、助成金[3]を得て「震災後の生活についてこどもたちと対話するプロジェクト／中高生と考える、3.11 からの対話リレー」を立ち上げ、仙台や福島で中高生向けに震災を語り合う場を設ける一方で、そこで許可を得て撮影した映像を、関西や長野、ハワイなど哲学対話が行われている他地域のこどもたちに見てもらい、その映像から対話をすることを行った。以下に挙げたのは、この「震災後の生活についてこどもたちと対話するプロジェクト」において行われた映像を媒介した対話の開催日、場所である。

(1)　2011 年 9 月 7 日、福島県、H 高校サテライト、1〜3 年生との対話
(2)　2012 年 8 月 11 日、せんだいメディアテーク　U-18 てつがくカフェ
(3)　2012 年 10 月 21 日、てつがくカフェ＠南相馬に参加した中高生

---

3)　2012 年 4 月から 2013 年 3 月までの対話およびそれについての冊子の発行は、公益財団法人博報児童教育振興会の第七回児童教育実践についての研究助成事業からの助成を受けて行われた。(1)〜(7)までの対話の記録は、「Pass the ball　中高生と考える、3.11 からの対話リレー」、震災後の生活についてこどもたちと対話するプロジェクト、2013 年にまとめられている（本書巻末付録参照）。

第 4 章　中高生と考える、3.11 からの対話リレー

との対話

(4) 2012 年 11 月 16、30 日 I 高校（大阪府）の 3 年生倫理のクラス
　※ 1：(1)～(3)の映像を鑑賞しての対話

(5) 2012 年 12 月 8 日、せんだいメディアテーク　U-18 てつがくカフェ (2)[1]

(6) 2013 年 2 月 21、26 日、ハワイの中学校での対話[1]

(7) 2013 年 3 月 16 日、せんだいメディアテーク　U-18 てつがくカフェ (3)
　※ 2：(1)～(3)に加えて(4)の映像を鑑賞しての対話

(8) 2013 年 3 月 30 日　U-18 てつがくカフェ（東京大学)[2]
　その後、このプロジェクトの沖縄編として、沖縄の高校で以下のような対話が行われた[4]。
　2013 年 8 月 30 日　向陽高校　3 年生との対話「日本は本当に一つなのか」
　2014 年 3 月 17 日　那覇高校　2 年 4 組での対話「沖縄の基地問題について」
　2014 年 3 月 19 日　豊見城南高校　生徒会での対話「自分の周りにいる人たちのこと」
　2015 年 9 月 16 日　宮古高校　3 年生との対話「どこからが差別なのか？」

　被災地の中高生との対話で、わたしたちが行いたいと考えたのは、被災経験そのものの語りを聞き取ることではなく、被災地の中高生たちが被災経験から、あるいは震災後彼らの生活に生じた変化から

4）「p4c in Okinawa 中高生と考える 3.11 からの対話リレー　沖縄編」、震災後の生活についてこどもたちと対話するプロジェクト、2016 年。この冊子は科学研究費助成事業・基盤研究 (C)「対話による〈探究のコミュニティ〉形成を通した場のセーフティに関する研究」の研究成果の一部として発行された。

第3部　日本での〈こどもの哲学〉の実践

「考えたこと」「考えたいと思ったこと」を聞き、その場で共に考えること、及び、それを他地域の同世代の人々にも伝え、共に考えるということであった。そのためには、中高生たちが震災の被害やその後の生活の大きな変化に翻弄されるだけでなく、自分たちの経験についてある程度言葉にし、振り返ることができていなければならない。これについては、「まだ早いのではないか、こどもたちが震災で受けた心の傷を深くすることになりはしないか」という懸念はわたしたちの中にもあったし、周りからもそうした意見もあった。ただ、先にも述べたように、わたし自身は、むしろ柔らかい心を持つこどもたちだからこそ、大きな困難の中にあっても、単にそれを被るだけではなく、冷静に事態を見つめていたり、大人が思いもよらないことを考えていることもあるだろうと考えていた。また、これまでの経験から、どんな状況に置かれた人との対話であっても、場の雰囲気や進行役の促し方によって、参加者の発言の方向や考えが向く方向はある程度変化するだろう、語ることがさらに傷を深めることになるのではなく、前に向けて進む力になる場所を作ることができないか、という予想や期待もあった。

　2011年度の試行段階での学校関係者への聞き取りや、この対話プロジェクトに参加してくれた中高生たちの話から、被災地の学校現場においては、震災について、あるいは、震災によって生じた自分たちの生活の変化についてこどもたちが自分の考えを述べ、それを互いに聴き合うような場所はあまり持たれていないということがわかった。もちろん、被災地の教育現場では、新たな地震や津波に備える防災教育や、教室以外の場所での専門家によるカウンセリングが導入され、震災後露わになった原子力発電のリスクについての調べ学習やディベートを行っている教育者も存在した。防災教育も、カウンセリングも、目指すものは違うが、いずれも大人や専門家が防災に関する知識や知恵を教え、こどもたちの心に生じた「心理的

問題」を解消するよう助けるという点では、大人（教師、専門家）からこどもへ、という一方向的な働きかけが前提となっている。ディベートにおいては、形式の上ではこども同士のやりとりはあるものの、実際にはその問いはこどもたちが考えたいものというより、教師によって与えられたものであり、その課題や問題を解き、解決する方途としての議論や合意の仕方が問題になっている。意見を述べることに関しても、ディベートにおいては、自分が本当に思っていることを話すというよりは、仮に賛成、反対という立場に立ったとしたらどう言えるかを考えて述べる訓練をしているにすぎない。わたしたちはこうした震災に関する教育実践とは異なる形で、こども、中高生たちと彼らの経験や考えたいこと、感じたことに即した形で震災について話し合い、考えることができるのではないかと考えていた。

　そのため、今回の対話、特に被災地での対話においては、ハワイのp4cでの対話にならい、リラックスし、安心して自分を出すことができるようセーフな対話の雰囲気づくりを心がけた。また、対話の進行をする際には、こどもたちが、被災地外の人が期待する典型的な被災者の語りや、社会的な討論やディベートを模倣した身の丈に合わない大きな言説を無理して演じようとすることのないように、震災や被災経験について聞くのではなく、「震災の後あなたに起こった変化、震災後の生活のなかで考えたことをどんな小さなことでもいいのでみんなで話し合ってみましょう」と声をかけ、参加者がそれぞれの生活に一度向かい合い、言葉や問いを紡ぐことを促した。

1.1.　2011年9月7日、福島県、H高校サテライト、1〜3年生との対話

　まず、訪れることができたのは、もとは福島第一原発近くにあっ

第3部　日本での〈こどもの哲学〉の実践

た辻さんの母校である。当時、この高校は、家族とともに非難を余儀なくされた生徒が多く、生徒数が減っており、学校自体も被災や放射能の影響があって校舎が使えない状況で、福島市内の別の高校の校舎を間借りして、各学年 15 人くらいの生徒が学校生活を送っていた。震災発生から 6 ヶ月という日が浅い段階で、高校生たちはなにか話をしてくれるだろうか、家や親族、友人知人を失い、避難先での生活を強いられている彼らが、混乱せず、落ち着いて「考え」を話す余裕があるだろうか、という心配は当然あった。しかし、こちらの心配をよそに、多くの高校生たちは、しっかりした口調で、自分の今の生活や今後、自分の生活に起こった変化やそれについて思うことを話をしてくれた。また、対話の最初に、「今日の映像やみんなが話してくれたことは、大阪や他の地域の同世代の人たちにも見てもらって、考えてもらおうと思うので、同世代の人に伝えたいことや一緒に考えたいことがあれば教えてください」という声かけをしたせいか、震災後感じたこと、辛かったことをクラスの人とシェアするということだけではなく、語りにもすこし外向きの姿勢、自分が感じていることを他の地域の人へのメッセージや問いかけとして伝えていこうという姿勢が見えたようにも思われた。

　わたしが話の聞き手として加わった 1 年生のクラスでは、「地元のまとめ役の偉いさんが、原発が危ないというのを知って、いち早く逃げ出したという話を聞いて、言葉を失った」[5] という話や「友達が他県に避難して転校して『福島県は原発が爆発して全員が被爆してる』みたいに言われた、他県の人はわたしたちのこと、どう見てるんだろう」というような思わずどきっとするような鋭い発言もあったし、大人しそうな女の子がぽつっと、「大人って、あんがい頼りないんだなって思いました」ともらした発言も、その少ない言葉とは

───────────
5)　以下の発言は、先に挙げた「Pass the ball 中高生と考える 3.11 からの対話リレー」、震災後の生活についてこどもたちと対話するプロジェクトに基づく。

242

第4章　中高生と考える、3.11からの対話リレー

裏腹に彼女の鋭い観察眼が感じられて印象的だった。

　このクラスでは、今時の高校生というような背のすらっと高い女の子が、「県外の人に伝えたいのは、普通が一番、だなっていうこと。地震がある前は、わたしには、つまらないとも思ったけど、平凡な普通の生活があった。でも、地震があって、避難所暮らしして、食卓にソーセージ1本のってることでも嬉しかった」という話をしてくれた。話を聞いていたわたしは、すこしだけつっこんで聞いてみようと思い、「普通って、なんでしょうね」という質問をクラス全員にしてみた。すると、他の生徒からは「普通って、人それぞれでもあるよね。貧乏な人はちょっとご飯が食べられるだけで幸せ、普通と思うかもしれないし、金持ちはステーキを食べることが普通の幸せかもしれない。そう考えると普通がなんなのかわからなくなる。」という意見が出た。また、普通について、最初に発言してくれた女の子も、最後にボールが回って来た時に、もう一度、「地元で暮らして、ご飯があって、電気水道とかあって、それだけで幸せだと思う」ともう一度自分の考えを述べてくれた。

　辻さんが進行をした2年生のクラスでも、今この時の大切さや家族、友人の大切さが、彼らなりの言葉で語られた。ある男の子が、うつむいて、ときどき言葉につまりながらも「震災が起こるまえは、毎日が退屈に思えたし、したいことがあってもやらなかったりしたけど、これからは、未来のことでもなく、過去のことでもなく、今できることをちゃんとやっていきたい」と話した時には、周りの同級生からの拍手が自然に起こった。女の子の参加者からは、「他人に『死ね』って、自分たちの年代の人で言う人たちがいる。自分もノリで言っていたけど、震災が起きてから全然言えなくなった。友達が相談してきて『死にたい』って言う言葉を聞くこともあったけど……。」ということから、同世代の人には「実際死んじゃった人もいるのにな、って思って……そういう言葉はあんまり言わないでほし

243

第3部　日本での〈こどもの哲学〉の実践

いな、後悔しないように」ということを伝えたいという意見も聞かれた。

　また、このクラスでは「一時帰宅の時に帰って来たら、かわいがってた飼い犬が小屋のなかでぬいぐるみみたいに死んでいた。その日は、晴れた日で、蝉の声とか鳥の鳴き声しかしなかった、すごく辛かった……。」という話や「自分は山のほうに住んでいて、何も被害はなかったので、何も言えない……」と言いながら涙ぐむ生徒もいた。対話が終わってから、担任の先生と対話の感想や泣き出した子がいたことについて少し話したが、「クラス全員で震災については話す機会がなかったので、やや心配だけれど、同じ経験をしたクラスの仲間の前だから話せたのだろう」ということをおっしゃっておられ、ややほっとした。

　2011年は、このH高校の対話の映像を、彼らが考えていることを、他地域の同世代の人にも一緒に考えてもらうことを目的に、前半の対話は「普通って何だろう？」後半は「人に死ねと言うことについて」という「問い」になりかけている部分を中心に編集し、その編集した映像に基づいた試験的な対話を行ってみた。映像を媒介にしても対話ができそうだと感じたわたしたちは、2012年から、さらに東北やそれ以外の地域でも中高生との対話を行うことを企画した。

1.2.　2012年8月11日、せんだいメディアテーク　U-18 てつがくカフェ⑴

　2012年には、仙台や福島県の南相馬市で、中高生向けの対話の場、U-18 てつがくカフェや中高生から大人までが参加できるてつがくカフェを数回開催し、それに来てくれた中高生にインタビューした。2011年に対話を行ったH高校など、被災地の学校の理解や協力を得てクラス単位での対話が行えればよかったのだが、この時期になると、震災で遅れていた学習進度を取り戻し、元の学校生活を生徒た

第4章　中高生と考える、3.11からの対話リレー

第1回 U-18 てつがくカフェの様子、手前が大人テーブル、奥が U-18 テーブル

ちに取り戻させることで忙しいということや、他地域からの支援、講演なども入ってきていて対応しきれない、心理カウンセラーなど専門職のいないところで生徒たちが震災について話すことには教員が対応できない、というような理由で、交渉した学校には対話を断られてしまった。

　わたしたちは、このような未曾有の災害の後にも、元の学習進度を取り戻すことが最優先、学校にできることはそれしかない、と言わんばかりの学校の考え方、学校制度のあり方に半ば呆れつつも、先生たちも被災して厳しい状況にいるという学校の状況を考えると、学校の外で自発的に集まって来たこどもたちを対象に、震災についての哲学カフェ（U-18 てつがくカフェ）をしたほうがいいのかもしれない、というふうに方向転換をした。その企画第一弾として実現したのが、仙台の公共文化施設、せんだいメディアテークでの U-18（中高生向け）てつがくカフェ、である。

　しかし、この中高生向けの哲学カフェの実施も簡単ではなかった。この当時、せんだいメディアテークでは、臨床哲学研究室出身の西

245

第3部　日本での〈こどもの哲学〉の実践

村高宏さんが震災について考える哲学カフェをすでに回数を重ねて実施していた。それには仙台だけでなく、東北各地からいろいろな人が参加していたが、18歳以下の参加は少なかった。震災がテーマではない通常のこども向けイベントの場合でも、概してこどもたちは忙しく、学校外でこどもたちを集めることはそう簡単ではない。せんだいメディアテークや、てつがくカフェ@せんだいの関係者にも協力いただき、仙台市内の学校や、市の広報にも情報を載せ、なんとか開催にこぎつけた。残念ながら、せんだいメディアテークでのU–18てつがくカフェは、どの回も中高生の参加者が5名を超えることはなかったが、少人数でゆっくり、じっくり対話できたことがかえってよかった面もあると思っている。

　記念すべき、U–18てつがくカフェ、最初の参加者は高校生の男の子1名と中学生の女の子2名の3名。それにてつがくカフェ@せんだいの大学生スタッフが加わって、全員で5名の対話となった。（対照的に参加者の保護者の方など、U–18てつがくカフェに関心を持って集まった大人の方のほうが多く、急遽U–18テーブルとは別に、大人が話し合うオーバー18テーブルを設置した。）

　進行役として加わったわたしが、「震災後、こんなことを思ったとか、考えたということがあればなんでもよいので教えてください」と問いかけると、震災後1年以上が経っていたこともあり、また仙台の内陸部は比較的被害が大きくなかったという事情もあるのか、福島での対話とはまったく違う話が展開した。

　初めは、高校生の男の子が「ぼく、けっこうビビリで……」という告白から、「余震もいちいち怖かったけど、半年とか一年とか経つと、ああ、揺れたな、くらいで平気になって、でも慣れって怖いなという気もする」ということを話してくれ、そこから「地震に慣れるのはよくないこと？」というテーマで話をした。これに対しては、震災当時小学6年生だったという女の子は、「地震があったときは怖

第4章　中高生と考える、3.11からの対話リレー

くて泣いてばかりいたけど、それがあって、慣れたというか、心が強くなった気はする」ということを教えてくれた。わたしが「心が強くなったってどういうこと？」と促して続きを聞くと、「いままでは、みんなに合わせて生きていくというか、人の考えで生きてきたけど、今は次これが起きたらどうするか、というのを自分で考える力がついた気がする。こういう話しあいの場所にも、今までの自分だったら来なかったんじゃないかな。」と答えてくれ、話しながらもややたくましくなった自分がいるのを確認しているようだった。

　後半は、やはり中学生の女の子が、「学校の先生から、地震についてクラスの皆に伝えようと、休みの日に（被害が大きかった）沿岸部を見に行ったところ、『野次馬は帰れ』という看板があって、帰って来てしまったという話を聞いて驚いた」というエピソードから、みんなでその『野次馬は帰れ』という看板についてどう思うか、野次馬って誰のことなのかを考えることにした。「そこの人の気持ちも知らないで、ただ見たいだけで行くのは野次馬だ。」という発言もあったが、わたしは「みなさん仙台に住んでいて、震災を経験したでしょ、それでも沿岸部に行ったら、自分のこと『野次馬』だと思う？」と尋ねてみた。すると「自分も震災で怖い思いはしたけど、もっと大きな被害にあった人もいると思うから、中途半端な気持ちで行くなら自分も野次馬に入ってしまうかも」という返事がかえってきた。

　先にも述べた通り、この時のカフェでは、大人が語り合うテーブルを別に設けていたので、話し合いの最後に、U-18テーブルで話し合われたことと、大人テーブルで話し合われたことを互いに紹介しあった。すると、大人テーブルからは、「『野次馬』の話は、自分たちが話し合っていた『震災の当事者は誰か？』という話に似ているね」という意見が出て、そこから、「仙台に住んでいたら沿岸部を見に行くのは『義務』だという意見もある」「見に行っていいかどうか

247

第3部　日本での〈こどもの哲学〉の実践

は時期にもよる」「被害が大きかった、その時東北にいたかじゃなく
て、震災についてずっと考えつづけている人はみんな同じじゃない
かな」となど、さらに大人と中高生の間に話が広がった。

1.3.　2012年10月21日、てつがくカフェ＠南相馬に参加した中高生
　　との対話

　2012年の10月には、辻さんの故郷である、福島県の南相馬にて、
年齢問わず誰でも参加できる「てつがくカフェ＠南相馬」を開催し、
それに参加してくれた高校生の女の子1名と中学生の女の子2名に
カフェのあとのインタビューという形で話を聞くことができた。

　福島第一原発に近い土地ということもあり、中高生たちの話は自
然と原発についての話になっていった。高校生の女の子は、思春期
特有の大人への反感も入りまじってか、原発をめぐる大人たちの対
応にややいらだちを感じているようだった。保証金をめぐってのい
ざこざ、電力会社の文句ばかりを言って、こどもだからと言って自
分の意見を聞いてくれない家族に対しては、「こんな難しいことばか
りあるなら、もうリセットして、どっか（違う地域に）行ってしま
いたい、という人の気持ちもわかる」と苦しい胸の内を明かしてく
れたし、反原発という人たちに対しては、「自分だって原発は無くな
ってほしいと思うけど、代替手段がないなら、それはただ『言って
るだけ』に見える」という複雑な気持ちを持っているようだった。

　もう一人の中学生の女の子は、また違った経験をしていた。彼女
はテレビで同じ福島県在住の自分より少し年上の女の人が、被爆し
てしまったからもう子どもは産めないので中絶する、と言っている
のを見て驚いた、と言い、「自分もこどもは産めないの？と思ってし
まった」と言う。ここから彼女の関心は、原発で男女が負うリスク
の違いやに感じ方の違いに向いたようだった。「お母さんはわたしに

248

は『(放射性物質が含まれているかもしれない) 水道水を飲んではだめよ』というけど、お兄ちゃんにはあまり言わない」ことからも、「原発で女の人が負うリスクって高いんだなあ」と意識したと教えてくれた。さらに原発の影響が少ない地域へ避難するかどうかを巡って、意見が分かれる家族も多いという報道を見て、「女の人は、こども産むし、痛みも辛さもわかっているけど…男の人はそういうのないから(原発に対して)『大丈夫だろ』って言えたりするんじゃないかなあ。」と思ったと言い、原発をめぐる考え方の違いの原因に男女の感じ方の差があるのではないかということを考えているようだった。

　南相馬で中高生の話を聞いて印象に残ったことは、彼女たちが話してくれたことは、原発という大きな問題に関連することでもあるが、大人や故郷である町への複雑な思い、男女の感じ方、考え方の違いなど、どこの地域の中高生でも経験するような事柄でもあったということである。原発や原発の事故という「大きな」社会問題を、中高生たちは身近なコンフリクトや対立を通して実感し、自分なりに考えようとしていた。原発について、マクロな社会問題として捉えることも重要であるが、南相馬の中高生たちが語ってくれたような、ミクロな「原発」経験にも耳を傾け、それについて共に考えてみるのも必要なことかもしれないと思わされた。

2. 対話の映像をみて、対話と思考をリレーする

　この後、わたしたちは、1で紹介した三つの対話の映像を編集し、15分くらいの対話の場面だけの映像を作成した。編集した映像記録で取り上げたのは、「普通ってなんだろう?」「どうして人に死ねっていうんだろう?」「野次馬とは?」というような、他地域でも引き

第3部　日本での〈こどもの哲学〉の実践

Ｉ高校での対話、これまでの対話の映像を見てから話す

続き考えられることができそうな問いができかけている部分と、南相馬の女の子たちの原発についての語りの部分である。この映像を、それまでわたしたちが対話型の授業を行っていた京都や大阪の高校、こどもの哲学を取り入れた授業を行っている長野の高校に持っていき、一緒に映像を見た後で、話し合った。そのなかでも特に大阪のＩ高校の3年生の倫理のクラスでは、2012年の11月に2回授業時間を取ってこの映像について話し合うことができた。

2.1.　2012年11月16、30日Ｉ高校（大阪府）の3年生倫理のクラス

大阪府のＩ高校では、この年の秋以降、3年生の倫理のクラスで大阪大学の大学院生たちが対話型の授業を担当していた。参加した生徒たちは、ボールを回して、問いをつくって話すということにすこし慣れていたので、映像を見て思ったことを話して、問いを立てて考えるという作業が比較的スムーズにできた。

250

第4章　中高生と考える、3.11からの対話リレー

　生徒たちは東北の同世代の人たちが話している映像を見ると、や
はり、自分と同世代の人のリアルな被災経験や語りに触れて、かな
り心が動いているようだった。特に「どうして死ねっていうんだろ
う」という意見については、「死ねという言葉は言わないようにして
いるけど、模試の結果が悪い時に『死にたい』と言っちゃってたな、
これからはそういうのちょっと考えたい」という感想や「自分も、
簡単に死ねと言ってしまっていた。（言葉の）重みがわかってなかっ
たんだな……去年おじいちゃんを亡くして、わかりました、すごく
悲しくて……。」と、自分の喪失体験から気づいたことを涙ぐみなが
ら話してくれた人もいた。「野次馬とは？」というテーマについても
関心が集まり、「被災した子たちは自分もつらい思いしているのに、
他に被害のひどかった人がいる、と他の子のことまで考えられてす
ごいな」という感想から、「自分は野次馬じゃない、って思っても、
他の人からみたらそうじゃないふうに見えることもあるのかもしれ
ないな」ということや、「今被災地に行く人は、自分の身の危険も覚
悟で行っている人もいるので、わたしは野次馬とは思えない。本当
の野次馬はテレビやパソコンを見てあれやこれや言ってるだけの
人。」、「野次馬と無関心なら、わたしは野次馬のほうが興味があって
知ることをしようとしているだけまだいいと思う」というような意
見が出て、「野次馬と無関心とどっちが悪い？」というテーマで話し
合いがなされた。

　2回目の11月30日は、「普通って何？」という問いで話をするこ
とになった。「普通と特別って、真逆のことに見えて、一枚の紙の表
と裏みたいな関係に思える。わたしには両親がいて、家に帰ったら
ご飯があって、ていうのが普通だけど、それはずっと続くものでも
なくて、実は特別なんかな……。」という発言から、「普通が特別に
なる」ということについて話がなされた。「今日も教室に行ったら友
達がいて、話ができるのが普通やけど、『でも卒業までやな……』っ

251

第3部　日本での〈こどもの哲学〉の実践

て思ったら、特別になる」という意見や、その逆で、「最初担任の先
生が優しいなって思ったけど、おなじことが続くと、『先生優しい』
という感動もなくなって普通に受け入れてしまっている」という意
見、「授業でこうやって発言するのは何回やっても緊張するし、ずっ
と特別なこともあるのかもしれない」というような意見も出てきた。
2回とも、震災という出来事そのものや映像のなかで語られている
被災経験とは少し離れた、自分たちの日常生活にもあるような経験
について話し合いがなされたのだが、進行役としては、大阪の高校
生たちが震災に関するディスカッションだからと肩肘はらず、被災
地の高校生たちが考えたことを、自分たちの生にも関係する問いと
して考えはじめてくれたことはよかったと感じた。

2.2.　2012年12月8日、せんだいメディアテーク U-18 てつがくカフェ⑵

12月に開催したせんだいメディアテークでも、「震災とわたし」と
いうテーマで2回目のU-18てつがくカフェを開催し、大阪のI高
校と同じように、三つの対話を編集した映像を見てから、話しても
らった。この日は、いろいろなことを話し合うなかで「震災の経験
（怖かったこと、辛かったこと）は伝えられる？　忘れるべき？　乗り
越えるべき？」テーマが最終的に浮かび上がって来た。

参加をしたのは、1回目にも参加してくれた中学生の女の子、今
回が初参加の中学生の女の子Yさんと高校生の女の子だった。Y
さんは対話のはじめの雑談でも「学校で、原発をテーマにしたディ
ベートとかあったけど、話す気がしなかった」と話していて、「それは
どうして？」と聞くと「辛かったことや悲しかったことがなかった
ようにして、そんな話し合いなんかできない」という答えが返って
来た。それ以降の発言でも、Yさんは震災について話すことにあま
り積極的ではない印象を受けたため、進行役をしていたわたしは、

Ｙさんが震災について話すことについてのひっかかりやためらいがあるのかなと薄々感じてはいた。それでもこの場に来ることをＹさんが自分で選んだということを信頼して、話を続けることにした。

映像を見てから最初に話し合ったことは、「震災のこと、他の地域の人に伝えられる？　伝えるのだとしたら、何を伝えるか？」ということだった。高校生の女の子は、映像にもあるように、「『ご飯毎日食べられること、電気普通に使えることは大事だよ』って（他地域の人に）伝えることはできると思う。」と話したが、Ｙさんはすこし口ごもりながら、再び「わたしは……うれしいことなら伝えられるけど、悲しいことを伝えるのは難しい。」と漏らしただけだった。この辺りから、わたしは、Ｙさんが、自分自身の被災体験や、直接の被害としてではなくても、被災した光景、報道を見たり、友人や大人の話を聞いたりする中で、なにか忘れられない、辛い、悲しい思いを持っていること、その経験について安易に言葉にすることにためらいがあり、それにどう向き合ったらよいのか考えているのではないかと感じはじめた。ここから、他の参加者にも「悲しいこと、辛かったことを伝えるのは難しい？　忘れてしまった方がいい？」ということや「何のために辛い記憶を伝えるのだろう？」というようなことを聞いてみた。もう１人の中学生の参加者は、Ｙさんに反論するような形ではなかったが、「テレビで、宮城の人が『母と山に逃げたら、年老いた母だけ体温が冷えて、そこで死んでしまった』と泣きながら言ってて。ただ、泣けばいいわけじゃないけど……『寂しい』とか『大変だった』とかだけじゃない、すごい複雑な、その人が思ったことが伝わることはあると思う。」という考えを述べてくれた。この女の子は、他にも「戦争についてとか、今まで何で勉強するのか、何を伝えようとしているのかよくわからなかったけど、今はその意味が少しわかった気がする」ということも述べていた。この意見や次の高校生の意見をＹさんは黙って聞いていたが、自分

第3部　日本での〈こどもの哲学〉の実践

とは違う感じ方、考え方をしている意見もきちんと受け止めていたのではないかと思う。最初は対話をやや遠巻きに見ていて聞かれたら答える、という感じだったが、話が進むにつれて、能動的に話し合いの輪に入って来ているように感じた。

　次に、高校生の女の子は、「わたしは悲しいことを思い出しても『こんなことがあったな』くらいに自分が変わっていくほうがいい。そもそもわたしには、沿岸部の人と比べれば悲しい経験もそんなにしてない。沿岸部の友達と話す時は、自分が大変だった話はせずに、向こうの話を聴くようにしています。」と言い、自分はもっと辛い思いをしている友達の話を聞き、支えることで震災を乗り越えようとしているという話をしてくれた。これに対して、Ｙさんはすこし考えているようだったが、それまでにはなかったはっきりした口調で、「わたしも変われたらいいな、とか、沿岸部の人を励ましたいと思うけど、そうするのを避ける自分を治せない……自分も本当に恐怖とか悲しい思いを経験したから」と言い、「わたしは、『沿岸部の人よりかは悲しくないから』とかじゃなくて、『悲しかった』とか『恐怖』っていうフォルダにただしまっておきたい」ときっぱり話を結んだ。

　この最後の発言を聞いて、わたしはＹさんが、短い時間のなかで、「恐怖や悲しい思い」の記憶にすくんでしまう自分を直視し、自分なりの向き合い方を見いだしたのだと理解した。対話の最初でＹさんは、「恐怖や悲しい思い」をないことにもできないし、かといってそれを言葉にして伝えることも難しい、と感じていた。この時点では、おそらく彼女は「恐怖や悲しい思い」にうまく向き合えない自分がいることをうすうす感じていたのだろう。それが、対話の終わりでは、Ｙさんはなかなか変われない、変化を避けてしまう自分がいることをはっきり意識し、言語化するとともに、それだけではなく、自分は「他の人より被害が少ない」とその経験を低く見積もるとか、

忘れてなかったことにするのではなく、ただそうした経験や感情を
まぎれもなく自分が感じたものとして「フォルダにしまっておきた
い」と述べている。このYさんの一連の発言に、自分が負った傷に
対してすこしずつ向き合おうとする歩みを見いだすのはわたしだけ
ではないだろう。この、Yさんの小さな変化がどのようにして起こ
ったのかは定かではない。ただ言えるのは、他の同世代の参加者た
ちも、被害の大小に関わらず震災の傷を負っており、それぞれの仕
方でそれに向き合おうとしていることを対話のなかでYさんが知っ
たことが、彼女に少なからぬ影響を与えたのでないかということで
ある。Yさんに必要だったのは、復興についてのディベートでも、
またトラウマに向き合うためのカウンセリングでもなく、それぞれ
の形で被災を経験した同世代の人との小さな、おびやかされない語
らいの場所だったのではないか、とわたしは今でも思っている。

2.3. 2013年3月16日、せんだいメディアテーク U-18 てつがくカフェ⑶ ／2013年3月30日 U-18 てつがくカフェ（東京大学）

　震災発生から2年が経過しようとしていた2013年3月にも、仙台
と東京の二つの場所で、映像を見て話し合うU-18てつがくカフェ
を開催することができた。2年という節目を通過したこともあって
か、両方の話し合いで、参加者たちの関心は「いま、わたしたちに
できることって何だろう？」という問いに向かっていった。

　仙台のカフェでは、高校生の男の子が、「震災が終わって2年たっ
て、最初の頃はボランティアとかしてたけど、今は自分のなかで迷
いが出てきて、なにかできる、しなければという気持ちが薄れてい
っている気がする。自分に何ができるかわからなくなってきた。」[6]

───────────────
6)　これ以降の発言は都合上冊子には収録されていない。当日の記録と進行役の記
　　憶によるものである。

第3部　日本での〈こどもの哲学〉の実践

と話してくれたことをきっかけに、「いま、わたしたちができること」について話し合った。印象的だったのは、ボランティアをする、節電、節水をするなどの例が挙がるなか、2回目に引き続き参加してくれたYさんが「今のわたしにできることは『一生懸命生きること』だと思う」と発言したことだ。この発言を受けて、進行役が「ボランティアとか困っている人を助けるとかではなく、ただ『一生懸命生きること』が何かをしたことになるのだとすればそれはなぜだろう？」という問いかけをしてみた。すると他の参加者たちも「他の人のために何かしたいとあせっても、自分のことをちゃんとできてなかったら、それは何にもならないからじゃないか」とか、「震災で大きな被害にあった人や亡くなった人も、自分たちのことを思っていつまでもみんなが沈んだ気持ちでいることはたぶん喜ばない。その人たちのためにも今生きていることを大切にするべきなのではないか。」という考えを述べ、Yさんの意見をそれぞれの仕方で展開してくれた。震災の残した傷もやや癒えると同時に、「なにかしたい」という熱い思いもやや冷めはじめていた震災後2年という時期に、もう一度震災と自分の生との関係をゆっくり見つめる機会が持てたことがよかったのか、話し合いの最後には、最初に話をした男の子が、「自分は、何ができるかわからないとか言って、ちょっと甘えていたのかもしれないな。今日はみんなで話してみて、なんか元気が出た。」と語ってくれた。

　東京のカフェでも、来年から海外の大学に留学するという利発そうな高校生の男の子が、今わたしたちに何ができるだろうという問いをめぐって、それは「悲しみを共有すること」じゃないか、という考えを述べてくれたことが印象に残っている。彼は親しくしていた親戚が亡くなった時に、すごく悲しかったが、お通夜の夜に親族が夜通し故人についての思い出を話し合ったことで支えられたという経験から、「何かしてくれなくても、悲しみを共有できるだけで十

第4章　中高生と考える、3.11からの対話リレー

分力になる。だから規模は違っても、震災の被害を経験した人に対
してその悲しみや辛さをみんなが共有することには意味があると思
う。」「こういう話し合える場所というか居場所があることはいいと
思う」という意見を述べてくれた。

　わたしたち自身、この震災についての対話リレーを、何かしたい、
こどもたちの声や考えを聞きたいという思いに駆り立てられて始め
たものの、それが何のためになるかと聞かれるとうまく答えられな
いでいた。しかし、対話リレーのプロジェクトも一区切りを迎えよ
うとしている時に、中高生が挙げてくれた「一生懸命生きること」
と「悲しみを共有すること」はまさにこの対話リレーのキーワード
であるように思われた。

　対話のなかで、中高生たちは、被害やその傷をただ被るだけでな
く、それに少しずつ向かい合い、自分なりの言葉や考え、問いの形
にそれをしようとしていた。取り返しのつかない過去の悲しみ、辛
さをないことにするのではなく、またいたずらにそれに耽溺するの
でもなく、過去や過去の傷と今の自分との関係を結び合わせ、語り
ながら今を「一生懸命生きよう」としていたと言ってよい。話し合
いのなかでは、具体的に辛かったこと、悲しかったことについて話
がされたわけではほとんどないものの、喪失や悲しみをさけること
のできないわたしたちの生の根本的な脆さについては、被災地の参
加者はもちろん、他の地域の対話でも共有されていったように思う。
この対話リレーに参加してくれた中高生は、被災地、それ以外の地
域合わせても100人を超えるか超えないかの小さなつながりであり、
震災や原発事故の被害の大きさに比べたら、「一生懸命生きること」
や「悲しみを共有すること」という発見はなんと小さな、無力なこ
となのだろうと思う人もいるかもしれない。教育学の専門家からは、
こんな特異な、小さなグループでなされた話し合い、評価基準もメ
ソッドも明確でない話し合いが、学校教育にどう活かされるという

257

第3部　日本での〈こどもの哲学〉の実践

のかという批判を受けたこともあった。

　今振り返って思うことは、このプロジェクトで見えてきたのは、既存の学校制度、復旧の歩みが目指していた「日常」の授業の枠内で、震災について「何が学べるか」「何ができるか」ではなく、むしろ、そこで学べないもの、語られず、忘れられていくもののほうだったのではないかということだ。対話リレーの最後で中高生たちが語ってくれたことは、むしろそれこそが学校教育のなかで欠けているものなのではないかという思いをわたしに起こさせる。なぜ、被災した経験、こどもたちの現実からひたすら目をそらし、授業やクラブ活動という「日常」にばかりこどもをひき戻そうとするのか、今生徒たちが感じている思い、考えていることに耳を傾けず、原発事故の重大さを一方的に大人が語り、形式的なディベートをさせようとするのか。なぜ、専門家でなければ生徒の傷や問題に対応できないと、教室からこどもたちの小さな苦しみや悲しみを語り、共有する機会を排除するのか。学校における「今」や「日常」とは、将来のために勉強する、というような先送りされた今であり、大人が応答に困るようなことが出てこないように囲い込まれた範囲のものでしかないのではないか。そこでは、こどもたちが悲しみを共有し、今に向かい合い、今を生きる機会はほとんど奪われてしまっている。それは被災地の学校に限ったことではなく、学校制度自体が抱える問題であり、限界なのだろう。組織化され、統一された学校制度というものが必要である以上、何かを学べるようにするということで、同時に学ばれないものが作り出されるのは仕方ないことなのかもしれない。しかし、それでは、被災地に限らず、こどもたちが日々体験している現実や、彼らの小さな傷や悲しみはどこに行ってしまうのだろう。それらを忘れること、ないものとすることと引きかえにしても、学校は今の形を維持しなければならないものなのだろうか。たくさんの人々、こどもたちが喪失と傷を経験したあのような出来

第 4 章　中高生と考える、3.11 からの対話リレー

事の後でも、上の問いに対する答えが変わらないのだとすれば、わたしたちはあの出来事からいったい何を学んだのだろうかという思いを禁じえない。

　ちなみに 2012 年度以降も、この対話のリレーは細々と続いており、2012 年度の最後ではハワイの中学校で、2013 年には、縁あって沖縄の高校生とこの映像を見て対話することができた。ハワイの中学生たちは、日本の被災の状況をよく知っているわけではなく、しかも翻訳の字幕を通じてだったが、日本の中高生たちが話していることを理解してくれ、「大きな悲劇はわたしたちに何かを後悔させるために起こるの？」「人の人生が一瞬で変わることがあるとしたら、それは何が変わったのだろう？」「辛かった出来事は忘れるほうがいい？　忘れないでおくべき？」[7] 等の本質的な問いを立てて、自分や周りの人に起こった人生を変えるような出来事についてのエピソードも交えて話をしてくれた。沖縄の若者たちは、東北の被災地、特に都市の暮らしに必要なエネルギーを賄うために原発が設置され、事故によって甚大な犠牲を背負わされた福島の中高生の立場に共感する部分があったのだろう、「がんばろう、日本」というようなスローガンが喧伝されるなか、本当に「日本は一つなのか？」[8] というテーマで話ができたことが強く印象に残っている。原発や基地問題といった地方の犠牲と格差、「内地」に遊びに行った時、中国に留学した時に何気なく体験した沖縄に対する差別や無理解のこと、「本土の人は基地問題にも関心なさそうだし、沖縄もおなじ日本だと思ってくれているのだろうか」という思い、アイデンティティの揺らぎ、アイデンティティが揺らぐからこそ人一倍自分は日本人だと言いたいという気持ち。このテーマでの話し合いに参加してくれた沖縄の

---

7)　「Pass the ball 中高生と考える 3.11 からの対話リレー」（震災後の生活についてこどもたちと対話するプロジェクト）に収録。
8)　「p4c in Okinawa 中高生と考える 3.11 からの対話リレー　沖縄編」、3 頁。

259

第3部　日本での〈こどもの哲学〉の実践

高校生は、誰よりも真剣に、この対話の映像から、自分たちの問題や自分の考えを語ってくれた。映像があり、それに関心をもつ人たちがいる限り、このプロジェクトには終わりということはないため、いつかきっとどこかでこの対話リレーの続きができるのではないかと楽しみにしている。

3.　哲学対話のもう一つの可能性
――「ケアリング」の場としての対話

　今回の対話リレーでは、少人数の集まりが多かったことや、プロジェクトの性質から話し合いの映像を何度も見返し、映像を色々な人と共有したことから、こどもの哲学の基本理念である「対話」や〈探究のコミュニティ〉とは何なのか、対話のなかで何が起こっているのかについてより深く考察する機会になった。また、未曾有の大災害、大事故を経験したこどもたちに、大人や学校ができることは何なのか、どのような学びの場が作られるべきなのか、震災から／を学ぶとはどのようなことなのか、という問いについてもわずかながら可能性や方向性は見えて来たように感じている。以下ではそのことについて考察をしてみたい。

3.1.　対話のなかで何が起こっているのか

3.1.1.　「コミュニティができる」
####　　　―― 対話の場への能動的な関わりが産まれる
　「対話のなかで何が起こっているか」という場合には、そもそも「対話」をどのようなものとして捉えるか、ということが問題になる。ある研究会でこの対話リレーの映像を見た人から、「映像の中で

260

起こっていることは、最初『対話』や『探究』という言葉でイメージしていた、言葉のやりとりが活発にあるということとは違っていた。参加者同士の発言が関連性はそれほど見てとれず、それぞれが自分の考えを述べているシーンがばらばらにあるだけという印象を受けた」という感想をもらったことがあった。そう言われてみればなるほどそうだと改めて映像を見返し、わたしたちは何をもって対話と言っているのかを考える機会になった。

　たしかに、今回の震災についての話し合いの映像の多くの場面では、形式的に見れば、進行役の促しについてそれぞれの参加者が答え、自分の考えを述べているだけで、あるテーマについて発言がかみ合って議論が進んでいるとか、対立であれ、同意であれ、こどもたちが意見をやりとりしているようには見えないかもしれない。しかし、わたしたちはそこに「対話」は始まっている、あるいは、Dr. Jの言葉を借りれば「コミュニティができはじめている emerging community」と言ってよいと考えている。

　そもそも、セーフなコミュニティにおける対話や探究においては、対話への貢献やプレゼンスは言語的な発言のみに限定されない。したがって、ある発言に対する身体的、感情的な応答も対話や探究へのその人の寄与、関わりと考えられる。例えば、ある発言に対して参加者のなかから自発的に拍手が起きるといった場面や、被災地の同世代の人が語ったことと自分の経験を重ね、涙を流して自分の喪失体験について語るという場面では、その拍手や涙もまた、対話に対する何らかの積極的応答と見なすことができる。そうした身体的、感情的な応答があるということは、対話の参加者たちのうちに、対話に対して「関わりたい、話したい」「今話されていることは、自分に関係があることなんだ」という内発的、能動的な動機づけが生まれはじめていることを意味する。

　わたしたちが考える対話においては、まずはこの能動的な応答の

第3部　日本での〈こどもの哲学〉の実践

　手応えがそれぞれの参加者から得られるかどうかが重要である。授業のように、教師が質問をしても生徒から答えは返ってくるだろうし、ディベートのように形式さえ整えれば、異なる立場からの意見をやりとりしているようには見える。しかし、そこでは、それが本人の「話したい」ことであるかどうか、本人の生や現実とつながっているという手応えがあるのかどうかはわからないし、あまり重要ではない。これに対して、わたしの知る限りこどもの哲学の実践者の多くは、発言の量や形式よりも、それぞれの人の表情や身体の反応、声色、姿勢などから、それぞれの参加者の能動的な関わりや参加があるかどうかに気を配っているように思う。それはほとんどの場合対話の中での実践感覚として感じるしかないものであり、Dr. J の言う「コミュニティができはじめている emerging community」という言葉は、参加者の内発的な動機づけやそれぞれの生と発言との関連性の高まりに心を砕く進行役の実践知から産まれた言葉だと言える。リップマンは、こどもの哲学で大事な点は、「教室が〈探究のコミュニティ〉に変容する」[9] ことだと述べている。ここで言われている「〈探究のコミュニティ〉への変容」というもまた、単に同じクラスの人だから、授業だから相手と言葉を交わしている、同じ場、同じ行為に参与しているという普通の意味での協働性、コミュニティを越えて、対話者同士の関係性が変化し、「関わりたい、話したい」という内発的な動機のもとに「ともに考える」という新しいレベルの協働性が生まれ、発展していくプロセスを指しているのではないかと思われる。

　また、このような能動的な動機に導かれて対話の場ができあがり、発言がなされる際には、それぞれの参加者の複数の発言や、参加者同士の発言の間につながりや関連が生まれてくる。2回目のU-18て

---

9)　Lipman, Philosophy in the Classroom, p.45.

つがくカフェ@せんだいでの例のように、一つの発言とその後時間
を置いて現れたYさんの複数の発言は、対話の記録だけ見ればばら
ばらの発言に見えるかもしれないが、本人の内的な経験のなかでは
連続し、関連しあっている。しかも、Yさんの内的な変化や思考の
進展は、彼女がそれほど積極的に言及しなかった「悲しかったこと、
以上の複雑な思いが伝わることはある」「もっと被害が大きかった同
級生を支えて、悲しかったことを乗り越えたい」という自分とは異
なる参加者の意見を、心を開いて受け入れることによって起こって
いるはずである。Yさんにとってだけでなく、それぞれの参加者の
発言は、〈探究のコミュニティ〉のなかでは、明示的な形ではなくて
も、相互につながり、影響を与えあっている。つまり、ここで対話
や探究と呼んでいるものは、外的に観察されうる発言の連続性や形
式的に発言者や質問者が相互に入れ替わっているかどうかではなく、
対話の参加者たちが、内発的な「関わりたい、話したい」という動
機から場に対して、さまざまなレベルの応答を能動的に行っていく
こと、その応答が言語的、論理的に連続して理解されるような形で
はなくとも、参加者同士の間や、自分の中で響き合って、参加者た
ちに何らかの気づきや変化が起こる過程全体のことなのである。進
行役にとって重要なことは、対話を外的に観察し、操作しようとす
るのではなく、参加者たちとともに「関わりたい、話したい」とい
う動機に支えられる場をつくりだすことであり、進行役自身も、こ
の応答のつらなりや響き合いを内的に経験し、その向こうに何が見
えてくるのかを参加者たちと探っていくことにある。

3.1.2. 「探究とは議論ではなく、理解に包まれることである」

　では、こうした応答の連続性のなかで参加者たちは何を得るのだ
ろうか。Dr.Jは、わたしに、「探究とは議論、論証 argumentation で
はなく、理解に包まれること embraced by understanding なんだ」と

第3部　日本での〈こどもの哲学〉の実践

述べたことがある。この言葉は、またしても実践感覚にあふれたものであるが、議論や論争が勝ち負けや解決、合意といったものを目指すのに対して、探究や対話が目指すものはそれと決定的に異なっているということが述べられている。

　この言葉通り、対話や探究の場合「理解した」「理解された」という感覚が起こるかどうかが重要であることであるとするなら、そこで起こっている「理解」とは、どのようなものなのだろうか。参加者たちが理解し、理解されたと感じることは多種多様である。自分や他人のさまざまなレベルでの応答の意味を理解する／自分の応答が理解されたと感じる、話されている事柄のうち、何が自分にとって、他人にとって重要なのかを理解する／自分にとって重要なことが理解されたと感じる／互いの違いを理解した、されたと感じる…いずれにせよ、対話における相互作用とは、議論や論争のような相異なる意見の応酬などではない。対話はどちらの意見が正しいとか、優れているとかという方向に向かうのではなく、互いの応答とその差異や多様性を理解することに向かうものである。この対話リレーでは、問いやテーマに対して異なる考え方が出てきたときにも、それらを対立させたり、どちらが正しいか考えるというような話の運びかたはしていない。まずは、身体的、感情的な表現を含めて、それぞれの発言を受けとめ、理解することを重視しているからだ。もう少し話し合いができるのであれば、相手の考え方について「どうしてそう思うの？」「それは本当かな？」というような質問をし合うこともできただろう。しかし、そのような質問がなされるにしても、それは、答えを出したり、どちらが正しいかを決するためになされるのではなく、より相手や自分の考えを理解するためになされるべきものである。そうした探究が始まり、コミュニティが熟成していくことが起こる時には、かならずその基盤には互いの「理解」ということがなければならないと、わたしは考えている。

264

第4章　中高生と考える、3.11からの対話リレー

　対話において起こる「理解」とは、テーマや問いについての知的な理解や、対話相手の発言の意味内容を把捉するということではない。対話、特に〈セーフな探究のコミュニティ〉において、その場で表出されているものが、どんなに些細なものであっても、それぞれの対話者の身体的、感情的、知的現れ —— あえて言えば「全人的」なその人の現れ —— である以上、ここでなされる「理解」とは、他人と自分の生や存在そのものの「理解」につながっていると言ってよい。あるいは、「理解」という言葉がもつ、対象や情報の十全な把握という意味から来る誤解を避けるためにも、セーフな対話でおこる「理解」というのは、自分の存在／他人の存在が「受け入れられた」「尊重されている」という感覚、深いところでの互いの存在の「承認」ということとより近い結びつきがあると考えたほうがよい。その意味では "embraced" という言葉の持つ、自分の存在が抱きしめられること、包まれることという語感は重要である。この自己や他者「理解」の深まりというのはテーマについての認識の拡張や他人についての情報の増加ではなく、自分について、他者について向かい合う態度の「変容」が起こりつつあることを意味している。この対話リレーのなかで、Ｙさんのような小さな自己変容や、これまで語ったことのなかったようなことについて感情を出すことを臆せず、クラスの前で語る、あるいは初対面の同世代の人に語るというような関係の変化が起こっているのは、こうした理解や承認に基づく探究のコミュニティがすこしずつ生じ、深まり始めているからだと考えられる。

　また、「理解に包まれる」と受動的に表現されているように、自分を理解するという経験は他人からの承認（理解されたという感覚）と対になって起こるものであり、自分の認識能力だけでは決して生じないものである。あるいは、推論能力の高い参加者や巧みに議論を誘導する進行役がいたとしても、その人の個的な能力だけで生じ

265

第3部　日本での〈こどもの哲学〉の実践

るものではない。対話の参加者全員が能動的に応答し、それぞれの応答を結びつけ合うときにしか対話のなかでの理解は生じない。〈探究のコミュニティ〉においては、理解や承認は、個的に生じるのではなく、相互理解や承認として対話の参加者全員に生じるものでなければならない。「理解に包まれること」という表現は、このような互いに応答しあい、理解しあい、認め合う〈探究のコミュニティ〉、協働性が生成した時の、場全体に満ちている充実感を指したものであると言える。もし、最初の問いやテーマをより深く理解し、考えることが起こるとすれば、こうしたプロセスの結果として生じうるものである。初発のテーマや問いは、それらが自分や他人の生とは切り離された抽象的な問いにとどまっている間は不十分なのであり、自分や他人の生を理解し認め合うことを通して初めて、テーマや問いについての理解が深まるということがありえる。〈探究のコミュニティ〉においては、探究や思考の深化と、コミュニティの熟成、自分や他人に対する理解の深まりは、時にはどちらかが先にたち、それに導かれることがあるにしても、基本的には歩みを共にして起こらなければならないものである。

　この対話リレーにおいて、それが十分達成できたとは言えないかもしれないが、わたしたちが考える対話が目指しているのは、合意形成や問いやテーマに対する知識が増え、認識が深まることではなく、自己や他者を理解し、承認する場を参加者とともに作ることであり、それによって参加者それぞれが、自分自身や他人との新しい関係を作り出すという「変容」と「創造」をもたらすことであった。この「創造」とは、参加者それぞれの中に、自分を認め、自分の生を自信をもって創っていく力や、他人とともにある生への信頼を育むこと、すなわち参加者の「エンパワーメント」や「ケアリング」へとつながるものである。対話リレーの最後のほうで、何人かの参加者が、「今を一生懸命生きること」や「他人と悲しみを共有するこ

と」の大切さを改めて見いだしながら、「話してみて元気が出た」とか「居場所があることは大事」と語っているのは、こうした力や信頼の小さな芽生えを指しているのだと思われる。

3.2. 震災について対話し、哲学することの意味

このプロジェクトの報告の最後に、不十分ではあるかもしれないが、震災について対話し、哲学することはどのようなことであり、それにどんな意味があるのか、このプロジェクトが、従来の学校制度の限界、学べないものを浮かび上がらせているとしたら、その先に見えてくる学校や学びのあり方とはどのようなものか、哲学や対話にどのような寄与ができるのかを考察して結びとしたい。

3.2.1. 震災について対話し、哲学するとはどういうことか？

わたし自身、このプロジェクトでなされた対話は、たんなる対話ではなく、「哲学的」な対話であったと考えている。その一つの理由は、対話のなかで考えられ、リレーされた問い —— 普通とは何か、普通が特別になるってどういうことか、野次馬とは誰のことか／震災の「当事者」とは誰か？震災を伝えるとはどういうことか？ 辛かったこと、悲しかったことは忘れるべき？ 乗り越えるべき？ わたしたちにできることは何か？ —— はどれも、「普遍的」で、哲学的な問いであると思うからだ。ただ、ここで重要なのは単に問いの形が普遍的なものかどうか、ということではない。重要なのは、これらの問いが与えられたものではなく、被災地の中高生が震災の経験から語り開いてくれたものであること、そして、対話が引き継がれるなかで、他地域の中高生たちも、そうした問いを自分の生に関係があるものだと受けとめることを通じて、それらの問いは、対話の参加者の誰もに関係がある「普遍的」な問いに「なった」ということ

第3部　日本での〈こどもの哲学〉の実践

とのほうである。

　特に、被災地においては、「震災の『当事者』とは誰か？」や「辛かったこと、悲しかったことは忘れるべき？　乗り越えるべき？」ということについては、大人、こども問わず多くの人が自問自答をしていたことであったが、典型的な被災経験の語りが繰り返し報道され、前向きのスローガンや復興ばかりが強調される中では、口に出され、共有されるような機会は少ないようだった。Ｙさんのような被災地のこどもだけでなく、関東で地震の後自宅になかなか帰れなかったこどもたち、あるいは映像を通じて被害状況を目にしただけだった関西や沖縄の高校生たちのなかにも、その時の恐怖や悲しみ、―― 他者の傷に傷つくということも含め ―― なんらかの傷を持っており、そのことが「忘れられない」という人が存在した。また、被災地で開催された哲学カフェや対話では年齢問わず「自分は災害の〈当事者〉であるといってよいだろうか」「『もっと被害が大きかった人に比べたら、自分はなにも被害がなかった』という思いに実は苛まれていた」という言葉が多く聞かれた。

　心理学では、こうした反応は、大きな事件が起きたときに典型的に見られる反応とされ、特に、「自分の被害は軽かった、自分は震災の当事者といってよいのか」という負い目は、戦争や災害で生き残った人が感じる「サバイバーズ・ギルト」というポスト・トラウマティックな反応だと言われている。しかし、わたしには、こういった反応や煩悶は、個的、病的な反応としてその人のなかに閉じ込められるのではなく、喪失や死を運命付けられているすべての人に共有されるに値するものであるように思われた。こうした傷や負い目の経験は、もちろん苦しいものであり、それを口に出すことすら容易ではない場合もあるだろう。ただ、それを「病的」な反応として「治し」たり、時間の中で「元に戻る」「忘れる」のを待つ以外に、何かできることがあるのではないのだろうか。仙台でのてつがくカ

268

フェの参加者Yさんが示してくれたように、「私はそれほど被害が多くなかった」「被災の恐怖、被害の悲しみ、傷を忘れられない」という煩悶が、他者にむけて開かれ、「震災の『当事者』とは誰なのか？／野次馬とは誰のことか」「辛かったこと、悲しみを忘れるべき、乗り越えるべき？」というような「問い」として共有されていく時、すこしその苦しみが解きほぐされ、自分なりの方向性が見えるということがあるのではないか。この震災についての哲学対話のリレープロジェクトを経て、対話の中で哲学することの大きな意味は、そうした苦しみや煩悶を個的なものとせず、「問い」として共有することにあるのではないかと、わたしは考えるようになった。

　プロジェクトを始めた当初は、心理学の専門家ならまだしも、被災の傷や心理的問題が話すなかで出てきたときに対応できないのではないかという懸念も聞かれた。けれども、対話リレーの中で話しあわれたこと —— 普通とは何か、普通が特別になるってどういうことか、野次馬とは誰のことか／震災の「当事者」とは誰か？、震災を伝えるとはどういうことか？　辛かったこと、悲しかったことは忘れるべき？、乗り越えるべき？　わたしたちにできることは何か？ —— は、どれも、被災した個人に帰せられるべき、あるいは、それが存在するのは困ったことで、「治し」たり、「解決」されたりしなければならないような「問題 problem」ではなかった。それらは、被災した人だけでなく、わたしたち全員に関係し、わたしたちが生きる限り、引き受けていかなければならない「問い question」以外のなにものでもない、と言えるのではないか。

　第二次世界大戦時自らもユダヤ人として強制収容所に拘留された経験を持つ精神科医、V.フランクルは、『苦悩の存在論』という著書のなかで、人間の生に根本的な苦悩を、個人の内的、気質的な問題や、その人が置かれた社会的状況の問題に還元しようとする「心理学主義」や「社会学主義」を批判し、苦悩は苦悩として引き受け

第3部　日本での〈こどもの哲学〉の実践

られなければならない場合があり、精神科医（援助者）は苦悩する
人から「苦悩する能力」[10] を奪ってはならないのだと述べている。こ
うした考えからフランクルは、実存分析やロゴテラピーと呼ばれる
独自の心理療法を提唱し、実践したが、彼にとって、それらの実践
は、心の病気を「治す」ためであるというより、苦悩する人ととも
に「哲学すること」、あるいは彼／彼女から「哲学することを学ぶこ
と」であったようだ。フランクルは、自分のしている実践は、哲学
の心理学への応用、「哲学を心理療法のなかに欺いて押し込」[11] んだ
ものであるかのように思う人もいるが、決してそうではない、と述
べている。なぜなら、苦悩する患者本人こそが、苦悩しつくすなか
で、その苦悩を初めて「この苦悩には意味があるのか？生には何の
意味があるのか？」というような「哲学的な問い」へと成熟させる
ことができるからである。哲学的問いを「わたしたちにそのつども
たらすものは患者」[12] であり、援助者にできることは、苦悩する人が
その苦悩を引き受けながら、その苦悩を哲学的な問いへと成熟させ
ることができるように、苦悩を取り除かないで見守ること、そして
患者のこの歩みから学び、ともにその問いを探究していくことだけ
だと、彼は考えているようである。震災と哲学することの関係につ
いても同じことが言えるのではないだろうか。もちろん復興に向け
て問題を解決し、できることを実行していくことも必要である。し
かし、3.11 とそれ以降に起こった出来事のなかには、簡単に解決し
たと考えたり、忘却したりするのではなく、それを共有し、探究し
ていくべき「哲学的問い」が多く含まれているのではないだろうか。
震災について、震災のあとで哲学することとは、苦悩を問いに成熟

---

10) ヴィクトール・フランクル、真行寺功訳、『苦悩の存在論　ニヒリズムの根本問
　　題』、新泉社、1998 年、33 頁。
11) フランクル、前掲書、117 頁。
12) フランクル、前掲書、117 頁。

第4章　中高生と考える、3.11 からの対話リレー

させ、共有する対話の場を持ち続けること、そこでもたらされた「哲
学的問い」を対話の中で自分のものとして共有し、それに答え続け
ていくことなのではないか、とわたしには思える。

　哲学することが、上記のような営みでありえるためには、哲学す
ることのあり方それ自体も根本的に鋳なおされなければならないの
かもしれない。フランクルの言う哲学は「能動と理性」を重んじる
知性主義的なものではない。むしろ彼は、こうした知性主義の哲学
は、科学同様、人間の生が苦しむことと死ぬことから逃れられない
ということを忘却し、「能動を越えたところの受動を見逃し、現存在
が受動（受難）であることを忘れ」[13] ているのではないか、と批判し
ている。上で述べられている「哲学」や「哲学的問い」の根にある、
あるいは、なければならないのは、人間の能動的知性ではなく、我々
の生が死や苦しみを被ること —— あるいは世界に驚かされ、喜びや
愛を享受することもまたそこに含まれるだろう —— を避けようがな
いという生の根源的な受動性のほうなのである。哲学することや「哲
学的問い」を共有し、探究できることが、こうした生の根源的な受
動性に根を持つとしたら、「哲学的問い」に「答える」ということ
は、「問題を解く」こととは根本的に異なることでなければならな
い。わたしたちがこうした問いに答えることができるとしても、そ
れは、問題を設定し、解くことができるという人間の知的権能を示
すものではない。「哲学的問い」においては、わたしたちは、自分が
そこで「問われている」「答える責任がある」と感じるのであり、そ
の問いに答えるということは、知的な解決を与えるのではなく、「そ
の問いに答えをすること（Ver-antworten 責任を持つこと）であり、
答えを『成就する』ことを意味している」[14]。そこに賭けられている
ものは、人間の知的権能や能動性を越えたところにある、自分が問

---

13)　フランクル、前掲書、123 頁。
14)　フランクル、前掲書、99 頁。

第 3 部　日本での〈こどもの哲学〉の実践

われていると感じ、それに答えて生きるという意味での「応答可能性」や「主体性」なのである。〈探究のコミュニティ〉が呼び覚ますものは、最終的にはこの次元の「主体性」でなければならないはずだ。

　ここでフランクルが述べていることが、震災についての対話リレーのなかでどれくらい実現できたかはわからない。しかし、わたし自身は、この対話リレーに参加してくれた中高生たちから、震災について対話し、哲学することとは、苦しみ、悲しみを取り除き、ないものにするのではなく、それらに向かい合うことによって、「哲学的な問い」へと成熟させることであるということや、「哲学的な問い」によって自らが「問われている」と感じること、その問いへの答えを生のなかで成就させることであるということを学ばせてもらった、少なくともその確かな手応えを得たと感じている。生の苦しみ、喜びのなかで、問いを見いだし、それに答えて生きる、それによって生の主体性を回復する —— ここに素描されている哲学することの可能性を、これからも対話のなかで探究していきたい。

3.2.2.　哲学対話のもう一つの可能性 ——「ケアリング」の場としての対話

　ハワイの Dr. J の作るセーフなコミュニティという対話の場に出会い、また、自分たちでもそれを日本で実践する中で、わたしは、哲学対話にとって重要なことは、議論や知的能力の鍛錬ではなく、相互の理解や承認であり、自分や他人との新しい関係の「創造」、参加者たちの「エンパワーメント」や「ケアリング」であるという思いを新たにした。また、東日本大震災と、そこから始まった対話によって、このケアをベースにした対話とは、人間の生の根本的な受動性、生の弱さや脆さに根をもち、それらをないものとするのではなく、むしろ共有、承認し、つながりに変えることに向かうものであると考えるようになった。被災地に限らず、こどもたちと対話して

第4章　中高生と考える、3.11からの対話リレー

いると、彼らの生の根本的な受動性――大人や社会に影響を受けざるをえず、多くのものを依らないといけないという意味でも、その敏感な感覚ゆえに、生の脆さや弱さ、痛み、喜び、驚きに晒されているという意味でも――に気づかされる。喜びにせよ、悲しみにせよ、驚きにせよ、こどもたちが生と世界から直接に与えられ、場合によっては問われていると感じるこれらの経験から対話をし、問いを共有し、探究をしていくということができないかというのがわたしたちの希望であり、これからの目標である。

　また、学校の教室のなかで、こどもと哲学することができるとしたら、それは哲学という言葉で連想されがちな理性主義、知性主義的な議論ではなく、上記のようなケアの関係をベースにした対話であるべきだ、とわたしは考えている。3.11という出来事のあとでも、ほとんどの学校や教師が授業やクラブ活動という「日常」の復旧に努めるしかなかったということ、そこに現れている学校制度の限界とは、教室の、授業という枠組みのなかでは、こどもたちのリアルな生の経験が語られ、それに対する承認やケアがなされる場所が存在しない、ひいては、こどもどうしがお互いを「ケアしあう力」を育てていく場所がないということであるように思われる。近代的な学校制度は常に、こどもたちのリアルな「今」を犠牲にし、将来の「成功」に先送りすることで、前向き、上向きな「問題解決」指向で、生の脆さや弱さをないものとして急ぎ足で進んできた。しかし、被災や喪失の経験だけでなく、いじめ、虐待、貧困といった生の苦しみ、脆さがこどもたちを取り巻いている今、この学校制度の持つ近代的なパラダイムが見直されるべき時に来ているのではないだろうか。

　今を先送りし、与えられた「問題」を解くだけの場ではなく、こどもたちが今を一生懸命生きて、悲しみや「問い」を共有できる場所、教師がこどもを、という方向性だけではなく、こどもたちがた

273

第3部　日本での〈こどもの哲学〉の実践

がいにケアしあう「ケアリング」の場として、あるいは、多様な子どもたちに生きていく力を与えられるこどもの「幸せ」のための場として、学校はまず存在するべきだというのがわたしの考えである。それは簡単なことではないが、そこまで難しいことでもない。大人や教師が問題を与えるのではなく、こどもたちのリアルな経験、傷、悲しみ、痛み、喜びを話すことができ、問いを共有することができるようにサポートし、セーフな話し合いの時間を持ちつづけることによって、教室の雰囲気は大きく変わるはずだ。おそらく、学校の日々の営みの中でも、こどもたちの悲しみや喜びを語る小さな声は、他人の応答を求める問いかけは、耳を傾けさえすればそこここで聞こえているはずだ。その呼びかけに応えるかどうか、その答えはわたしたちの手のなかにある。

コラム
こどものてつがく美術館
──鑑賞から表現へ

高橋　綾

　2012年の年明け、震災についての対話リレーが何とか継続できないか
と考えているわたしに、もう一つ、学校の外での対話の企画が舞い込ん
できた。それがこの「こどものてつがく美術館」というプロジェクトで
ある。プロジェクトの発起者は一般財団法人たんぽぽの家。たんぽぽの
家は、アートとケアの融合を目指して長年奈良で地域に根ざした活動を
行っている団体だ。

　たんぽぽの家の企画者は、美術館でのこどもの対話活動に関心を持っ
ており、美術館でアートとてつがく対話を結びつけるプロジェクトをし
たい、と相談があった。香櫨園小学校のこどもたちとの美術館での対話
により、芸術作品を通して発揮されるこどもたちの「表現」の可能性に
もっと迫ってみたいという思いがあったわたしは、すぐこの企画に賛同
した。たんぽぽの家では、障がいを持つ人の表現活動をサポートしたり、
こどもや障がいを持つ人々が、アートやアーティストと出会う場所を作
る活動がされていたため、こどもたちと美術館で対話するだけではなく、
アーティストにも協力してもらって、創作や表現の時間も作ろう、とい
うことになった。そして、この美術館で、こどもと哲学者やアーティス
トが対話や創作をする、という企画は「こどものてつがく美術館」と命
名された。

　たんぽぽの家の方に、美術館やアーティストとの交渉、打ち合わせ、
企画等を助けていただき、2012年度には合計4回のワークショップが、
関西の美術館を中心に開催された。その四回の内容や開催場所は以下の

第 3 部　コラム

通りである[1]。

---

(1)「てつがく」＋「おんがく」

　　日程：2012 年 10 月 28 日

　　場所：京都国立近代美術館

　　　　「平成 24 年度第 4 回コレクションギャラリー」展

　　講師：てつがくの時間　高橋　綾

　　　　おんがくの時間　片岡祐介さん（打楽器奏者、作曲家）

(2)「てつがく」＋「つくる」

　　日程：2012 年 11 月 10 日

　　場所：奈良県立美術館「絹谷幸二〜豊穣なるイメージ〜」展

　　講師：てつがくの時間　高橋　綾

　　　　つくる時間　　　池田朗子さん（美術家）

(3)「てつがく」＋「つくる」

　　日程：2012 年 10 月 28 日

　　場所：京都国立近代美術館

　　　　「平成 24 年度第 5 回コレクションギャラリー」展

　　講師：てつがくの時間　高橋　綾

　　　　つくる時間　　　光島貴之さん（美術家、鍼灸師）

(4)「てつがく」＋「ダンス」

　　日程：2013 年 1 月 26 日

　　場所：国立国際美術館（大阪）「コレクション　現代美術とテーマ」展

　　講師：てつがくの時間　高橋　綾

---

1)　『こどものてつがく美術館　ワークショップ・フォーラムの記録　鑑賞から表現
　へ　こどもたちと発見する美術／館の楽しみ方』、編集・発行 財団法人たんぽぽ
　の家（こどもゆめ基金助成事業）2013 年。

こどものてつがく美術館

> ダンスの時間　佐久間新さん（ジャワ舞踊家）

　また2012年度以降もたんぽぽの家を通じて各地の美術館や教育委員会
から依頼を受け、以下のようなワークショップを行った。
2013年度
　「てつがく」＋「つくる」
　　　場所：熊本市現代美術館「アール・ブリュット」展
　　　講師：てつがくの時間　高橋　綾

　　　　　つくる時間　　　光島貴之さん（美術家、鍼灸師）

　2014年度
　「てつがく」＋「ダンス」
　　　場所：秋田県立美術館「草間弥生展 —— 永遠の永遠の永遠」
　　　講師：てつがくの時間　高橋　綾

　　　　　ダンスの時間　　安達香澄さん（ダンサー）

　どの回も盛り上がり、印象に残っているが、ここでは、初回というこ
とでいろいろ試行錯誤をした2012年の第1回目と、「こどものてつがく
美術館」のなかでもチャレンジングな回となった3回目の様子を中心に
紹介しよう。

2012年度(1)　「てつがく」＋「おんがく」

　最初にタッグを組むことになったのは、音楽家の片岡さん。わたしが
進行する対話のパートは美術館の展示の前で行うということだったが、
さすがに作品の前で音を鳴らすのは難しい、ということで、後半のおん
がくの時間は、美術館のホールを借りて行うことにした。京都国立近代
美術館の膨大なコレクションからの展示ということで、展示されている

277

第3部　コラム

絵のタイトルは「にやおんな」と命名

作品数が多かったため、あらかじめこどもたちが気に入りそうな作品をいくつか選んでおき、それらを探して見てもらってから、こどもたちが特に気に入った二、三の作品について対話しよう、ということになった。

　集まったこどもたちは小学生を中心に15名ほど。震災についての対話もそうだが、学校以外の場所にこどもたちに来てもらうのはかなり広報に工夫が必要だ。この回は、美術館の方やたんぽぽの家の方が、学校や公民館、地域の絵画教室などいろいろな場所にチラシを配ってくださり、美術館に来ることや絵を描くことが好きなこどもたちが集まった。

　あつまったこどもたちに呼ばれたい名前を名札に書いてもらい、自己紹介。他のお客さんもいるため、美術館でのルール（大きな声で話さない、作品を触らない、近づかない、館内を走らない）などを簡単に説明して皆で会場に入った。

「てつがく」の時間

　こちらでピックアップした作品のうち、こどもたちの目に止まったのは、花魁の顔をアップで描いた油絵の作品。「顔、こわい〜」「きれいな人かもしれんけど、なんでこの顔なんやろ……」

　こどもたちは花魁の表情に興味津々。「この人、怒ってると思う、笑ってると思う？」と尋ねると、「怒ってる〜」「人をおどかそうとしている顔や！」「ぜったいいじめっ子やわ！」と口々に。「お化けなんちゃうん〜」「化け物が正体を明かす瞬間や」という子もいた。美術館の方が作者やタイトルを書いたキャプションを隠してくださっていたため、「じゃあ、みんなやったら、この絵に何という題をつける？」と聞いたところ、

278

これも出るわ出るわ、最終的には低学年の子が命名してくれた「にやおんな」というタイトルで呼ぶことにした。

　もう一枚、一緒に見たのは、海を描いた大きな絵画作品。今度はその絵の前に全員が輪になって座ることができた。この絵の不思議なところは、砂浜に女の人の横顔が浮かび上がっている。こどもたちの関心は、この女の人はどこにいるのか、ということに向けられた。

　「（前の作品と比べて）こんどはきれいな女の人やなあ～」という子もいれば、「なんで砂に女の人の顔が描いてあるん？」と疑問に思う子も。「よく見ると、砂浜に生き物が潜ったような穴があるよ」という細かい所に注目するこどももいた。「なんでここに女の人の顔があるんやろ？」と聞いてみたところ、「この女の人は、昔この海に来たことがあるんやと思う。それで何かをここに埋めたんや。それを懐かしがって思い出しているんじゃないかな。」というふうに想像をした子や、「この"うつくしい"おんなの人は女神やと思う。それで空の上から女神が海を見下ろしてる。これはその女神の影が砂浜に映っているところ。」と答えてくれた子もいた。これらの発言は、砂の上に描かれた女の人の横顔の幻想的な雰囲気を非常によく捉えていて、短時間でよくそんなことを考えつくなあ、と驚かされた。

「おんがく」の時間

　うってかわって、おんがくの時間は、片岡さんの主導で始まった。実は、作品が展示されている部屋から、おんがくの時間を行うホールに移動する間に、すでにおんがくの時間は始まっていた。最初の絵にこどもたちがつけたタイトル「にやおんな」を思い出して楽しくなってしまったらしい男の子が移動中のエレベーターのなかで　♪にやにやおんな～　にやおんな～♪と歌いだしたのだ。

　そんなわけで、おんがくの時間が始まって、片岡さんが「さて、さっき見た絵からどんなおんがくを作りたい？」と聞いた瞬間に、その男の

子がさきほどのフレーズを繰り返し、「にやおんなのうたをつくる!」という彼のかけ声とともに、その歌の続きをつくることが決まった。片岡さんは「歌詞つきかあ〜」と驚いてはいたものの、じゃあ、歌詞を作ろうということになり、こどもたちの意見を聞きながら、ホワイトボードにあっという間に歌詞ができあがった。

　片岡さんが持って来てくれた、簡単に音の出る楽器のなかから、それぞれ好きなものを選んで、試しに音を出してみる。それから、こんどは「にやおんな」の歌詞に曲をつけていった。

　片岡さんは、楽器に夢中になり、音を出しまくっているこどもたちに、「いいかい、かっこいい演奏のコツは、最初しーんとしたとこから始めることだよ!」と説明し、静かにするところと音を出すところをこどもたちがコントロールできるように誘導や指揮をしていた。

　わたしたち大人が驚いたのは、いざ、作った曲を演奏してみようという段になって、こどもたちが「この曲、明るいままじゃあ、感じでえへんでー、部屋暗くしてから始めたいー」と言い出したことだった。こどもたちは音楽を演奏することを、照明も含む全体的な表現として見なしていたのだ。その意図を即座に汲みとった片岡さんは、「おっけー、じゃあ部屋暗くしてもらおう! 暗闇から音を出し始めて、部屋が明るくなったらおっきな音を出すことにしよう。」と照明と音が一体になるような案を出して対応しており、さすがアーティスト、柔軟だな、と感心した。

2012 年度 (3) 「てつがく」+「つくる」

「てつがく」の時間

　「こどものてつがく美術館」3回目は、アーティストの光島貴之さんをゲストにお招きして行われた。光島さんは、全盲のアーティストで、言葉で芸術作品を鑑賞する活動や、触覚や音をヒントに触れる絵画や立体

こどものてつがく美術館

光島さんにイメージを伝えながら見る

作品を作っておられる。わたしは光島さんとは、絵についての哲学カフェや、参加者が話す言葉から光島さんが絵を描くというワークショップなどの企画を一緒に行っていた。今回は、まずはこどもたちと光島さんが「言葉で」絵を鑑賞し、つぎにこどもたちが「触ることのできる」作品を作る、というチャレンジングな企画となった。

この回も沢山の展示の中から2〜3枚の絵をあらかじめ選び出しておいた。その中でも、大きくて全員で見やすく、こどもたちも好きそうな絵ということで、猪熊弦一郎の作品「Voice (Manhattan)」を中心に鑑賞した。

メインに鑑賞する猪熊さんの絵は鑑賞の最後に取ってあったので、こどもたちはそれまでの絵で、作品を言葉にするだけでなく、光島さんという、絵についての視覚体験がない人に絵をどう伝えるか、というところで苦戦していた。猪熊さんの絵にたどり着くころには少し慣れたのか、高学年のこどもたちは「おっきいキャンバスで、それが四分割されている」とか「全体は赤が多くて、あと白と青が少しづつ入っている」とか

第3部　コラム

全体のイメージを光島さんに伝えるところから始める子もいた。その後で、光島さんから「もうちょっと、みんなが何に見えるか、とか、どう感じるかを教えてほしいな」というリクエストがあり、それぞれが絵から感じたことを言葉にしていった。多くのこどもは、赤の地の上に、白と青のギザギザの線が縦横無尽に走っているその様子を言葉にしようとして、「十円玉が沢山積み重なって列になってるみたい」「（本がたくさん積み上げてある）本屋さんの店の中みたい」と形容した。全体の幾何学的なイメージを「工場を上から見たところ」「コンピューターの中を開けたところ」「港の景色に見える、工場があったり、船があったりする！」というこどももいた。定番となった「この絵の題をみんなだったら何とつける？」と聞いてみると、最初の十円玉のイメージと幾何学的な俯瞰図のような印象を掛け合わせて「十円玉制作工場！」という題がつけられた。

「つくる」時間

　今回は、先ほどみんなで鑑賞した作品から受けた印象を、光島さんや他の人が「触ることのできる」作品にする、という少し難しいかなと思える課題だった。「触る」ことへの意識づけということで、光島さんが考えてくれた導入を行った。「ざらざら」「つるつる」「ばりばり」などさまざまな触感の素材カードを使って、みんなで見た絵に近い触感のものを探す、というものである。こどもたちはさっきの絵の「十円のところの触り心地に近いものは？？」と聞かれて、結構こだわってカードを触り、「これや」「これが近いけどちょっと違うねん！」「（触り心地に）近いカードがない!!」と夢中で触り心地を判別しようとしていた。

　そこから、猪熊さんの絵から発想して、見ることもできるが、光島さんに触って鑑賞してもらうこともできる作品を一人一つずつ作ってもらった。ワークショップ会場の机の上には、光島さんとたんぽぽの家の方が用意してくれた、布や紙、ボタンや紐、ビニールなどたくさんの素材

こどものてつがく美術館

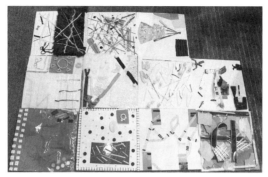

こどもたちが作った作品、9枚を一箇所にあつめて

が山と積み上げてあり、こどもたちはそれを見て大興奮。「触覚作品を作るなんて難しいかな？」という大人の心配をよそに、それぞれが使いたい素材を選ぶと、全員がいろいろな視点から自分の作品をあっという間に作っていった。

「十円玉が沢山積み重なっているように見える」という感想に触発され、ボタンや十円玉など、円形のものと、線をグラフィカルに配置した作品があれば、触ることの面白さを追求して、固いものをまず貼り、その上に紙を貼って、上から触るという「技法」を開発したこどももいた。これには、光島さんも「物の上にさらに紙を貼るという技は、僕も長い間やってきて、最近やっと開発したものやったのに……」とびっくり。

作る時間の最後には、こどもたちの作品一つずつをみんなの前で披露し、光島さんに触ってもらう時間を設け、一番最後は、全員が作った作品をタイルのように床に敷き詰めて1枚の絵に見えるように置いてみた。同じ絵を見て作った作品なのに、どの作品も素材選びや観点、表現の仕方にそれぞれのこどもの個性が出ており、こどもたちも他の人の作品を見て、触って、「みんな違うなあ」「この触り心地面白い！」など最後までいろいろな感覚が刺激される楽しい時間となった。

283

第3部　コラム

まとめ

　こどもたちと芸術作品について対話することは、学校の授業内でも美術館の企画等でも何度か行ってきたが、この「こどものてつがく美術館」では、アーティストとの共同ワークショップで、対話の時間と創作の時間を両方行うということに初めて取り組んだ。振り返ってみると、音楽や作品を作る、自分で表現する時間を設けたことにより、対話の時間だけの場合よりも、作品とこどもたち、こどもたち相互の発言だけでなく、発言と創る作業との間に、また他人が作っているものを見て触発される、他の人の作品を見て感想を言う、などさまざまな次元での対話や相互作用、触発が起こっていたように思う。作品を見るときにも、視覚だけではなく、「どんな音が聞こえる？」「触ったらどんな感じかな？」等、聴覚や触覚に置き換えて言葉にしてみることや、「自分だったらどんなものを作りたい？」と、創作とのつながりから話や想像を膨らませることができた。

　また、香櫨園小学校の生徒たちと行った大谷記念美術館での対話の考察を踏まえ、芸術作品を見る段階からこどもたちの「表現」は始まっていると考えた。そのため、言葉での「鑑賞」の時間のあとに「創作」の時間がある、ということではなく、作品を前にした対話の時間も、その後の創作の時間も、すべて作品を見て触発されたことを、言語だけでなく、視覚、触覚、聴覚など身体全体を使って「表現」する時間として捉え、こどもたちの「表現」を引き出すことを全ての局面で重視した。創作の時間には、対話や言葉の表現の中だけでは出てこなかったであろうさまざまな表現が飛び出し、こどもにとっても大人にとっても楽しい時間となった。言葉で表現するのがそれほど得意でないこどもや、初対面の同世代に関わるのを初めは恥ずかしそうにしていたこどもも、ものや楽器を触って作るという作業を媒介として、自然に自分を表現できたり、他人とのコミュニケーションを取るようになっていった。

　また、個人的にこの企画では、共にワークショップを行ったアーティ

ストのみなさんから学んだことが多かった。一緒に企画を行ったアーティストは、大人や学校の先生がよくやりがちなように、こどもの表現や作品を上から評価したり、まずは「してはならないこと」「すべきこと」を教え込むのではなく、こどもの「したいこと」を見つけ、伸ばすほうに目を向けており、こどもの「表現」と真剣に向き合い、その充実を一緒に楽しんでいた。こどもの哲学には、教師よりも彼らアーティストから学ぶ点が多いなと思わされた。その上で、こどもの反応に柔軟に対応したり、時間内で作業が終わるように表現の枠は設ける、スムーズに作業に入れるよう準備のワークを用いるなど、ワークショップの設計も巧みで、実践者として学ぶところが多かった。

　「表現」の教育ということについても、「表現」や「個性」はゼロからは生まれず、それは常に「再創造」としてあるのだ、という思いを新たにした。すでにある作品に触発されて作品を作る場合、こどもたちの作ったものがどれも同じになってはしまわないか、元の作品の真似になってしまうのではないか、と大人は心配したが、こどもたちが実際に作ったものは、それぞれのこどもがその作品のなかで印象に残ったところを展開したものであり、自分が足りない、足したいと思ったものをつけたしたものであった。多くのこどもたちの表現はなんでもありではなく、作品の創造性に忠実でありつつも、そこに自分らしさを反映したものとなっていた。それを見て、ゼロから「自分らしい」表現をしなさいというよりも、優れた芸術作品から刺激を受け取り、それを「再創造」することのほうが、「表現」や「個性」の発揮には近道なのかもしれないと感じた。美術館は、そうした「表現」のための優れた刺激に満ちた場所なのだから、作品「鑑賞」の場としてだけでなく、こどもや大人の「表現」のための場所としてどんどん開かれていったらいいのに、という思いを持った。

　芸術作品についてこどもたちと対話するたびに感じることだが、こどもたちは、芸術作品の「表現」のエネルギーを感じ取っている。この表現のエネルギーは、「鑑賞」や（芸術作品についての）「思考」という枠

第3部　コラム

に収めるには惜しい、とてつもないないパワーを持っている。今回の「こ
どものてつがく美術館」では、こどもたちが芸術作品から受け取ったパ
ワーを、言葉だけでなく、聴覚作品や視覚作品、触覚作品、身体表現へ
ともたらすことにより、その表現が響き合い、反響し合ってさらに大き
な表現へのパワーになる、ということが起こっていたように思う。こう
した表現の響き合いとしての創造的コミュニケーションは、言葉だけで
はなかなか起こりにくいが、哲学対話にとっても、この表現と解放とい
うモーメントはとても重要なものであると感じている。

第 4 部

ケアと幸せのための対話

第1章 フィロ、ソファ、イエス！

本間 直樹

1. フィロ、ソファ、イエス！

こどもたちとの授業の最初に、ちょっとした遊びが毎回行われる。Dr.J は、こどもたちといっしょに小さく踊りながら、

　　♪フィロ、ソフィ、イエス！

といい、こんどは、親指でじぶんたちを指しながら、

　　♪フィロ、ソファ、イエス！

といって遊ぶ。この遊びは、みんなでフィロソファになる儀礼といっていい。これからみんなですることはフィロソフィであり、それをやるみんなはフィロソファだ、というわけだ。単純なことだが、これがすべてを表しているとわたしは思う。みんなでリトル・フィロソファになるのだ。

　Dr.J は、リップマンの考案した名称とニックネームである「Philosophy for Children（P4C）」に敬意を払っている。でも彼はじぶんたちの活動を「philosophy for children（p4c）」という小文字で表現している。単なる表記上のちがいではなく、根本的な考えがここに表現されている。彼は大学で教えられるアカデミックな哲学を "ビッグ P"

第4部　ケアと幸福のための対話

フィロソフィ（PHILOSOPHY）とよぶ。哲学史に名を連ねるビッグ
ネーム、教科書や専門書に載っているような影響力の大きいテーマ
や概念がそれだ。p4c の "p" はそれとはちがう小文字の「フィロ、
ソフィ！　フィロ、ソファ！」だ。彼はじぶんたちの取り組みを、〈小
文字の（ちいさな）哲学の活動 little p philosophical activity〉とよん
でいる。「リトル p フィロソフィの活動という考え方をすれば、哲学
は、正統な知識としての大文字の哲学への依存状態から解き放たれ、
その代わりに、どんな内容や話題からもスタートできる活動に集中
することができる。個人的なことでも、公共のことでも、学術的な
ものでも、実生活に関わることでも、なんでもいい。」[1] この〈リト
ル p フィロソフィ〉では、だれかのちょっとした驚きや疑問を大切
にし、それについて語りあえる。テーマや問題について語りあうの
ではない。愛とか正義とか、環境問題とか生命倫理とか、そういう
できあいのものではない。なによりまず、だれかの驚きや疑問なの
だ。だれかの知りたい、語りたい、その「たい」が重要なのだ。

　〈children〉もそうだ。それは教育の対象としての概念上の「こど
も the child」でも、理想的なこどものイメージでもない。「こども
はみんな哲学者」というキャッチフレーズは聞こえがいい。だが、
それはこどもやこども時代を理想化した大人の考えを押しつけるこ
とにならないだろうか。むしろ、小文字で複数形のチルドレンは、
大人が期待し夢想するこどもではなく、多様な事情や背景をもちな
がら現在を生きるひとりひとりのこどもを指しているとわたしは考
えている。とりわけハワイは多数の移民を受け入れてきた歴史的状
況があり、こどもたちは多文化・多言語の背景をもちながら学校に
通っている。そのようななかで p4c ハワイは、リップマンの教材や
方法論がこどもたちのもつ多様な背景を無視して画一的な文化背景

─────────
1)　Thomas E. Jackson, "Home Grown" in *Educational Perspectives*, vol.44, p.6.

第1章　フィロ、ソファ、イエス！

を押しつけたり、合理的思考がそれ以外の思考の可能性を発展される
ことを奪ったりすることを懸念して、こどもたちや先生たちといっしょにゼロから作りなおされた実践である。

　p4cの主人公は、もちろんこどもたちだ。でもここでいうこどもとは6歳から15歳までというような期間によって区切られる存在ではない。だれもが潜在的にはこどもである。こどもは人間の成長の一過程でもなく成人がかつてそれであった過去の姿ではない。ひとは成長し齢を重ねてもなお、こどもを生きつづけており、けっしてそれを失うことはない。Dr.Jはまさにそれを体現している。p4cに関わる大人たちが元気になったりパワーをもらったりするのも、こどもに触れることでじぶんのなかで生き続けているこどもの存在に気づくからだ。その意味でp4cは原理的にだれのためでもある。

　もう一つ、p4cはこどもの現在に注目する。つまり、こども時代をノスタルジックに振り返り、過去のものとしてこどもを語ることも、逆にこどもに「社会の未来」として大人の希望を投影することも、どちらも拒否する。いずれの場合も大人のもつイメージや希望を投影するにすぎず、目の前にいるこども自身をみつめていない。過去や未来にとらわれる大人たちとちがって、こどもはつねに現在にしか生きていない。学校で大人はこどもたちに「将来の夢は何か」をききたがるのに、こどもたちの現在の関心を知りたがらないし、こどもたちに「未来の社会を担う人材」として期待や重圧をかけはしても、現に社会のなかで生きる一市民としては扱わない。わたしの参加したハワイの小学生低学年クラスでは、「もしこどもが世界を治めたらどうなる？」という問いをこどもたちが選び、そうなったらどんなことになるのかを面白おかしく語りあっていた。いたるところにお菓子屋さんをつくる、というお茶目な意見もあれば、オバマ大統領（当時）から権限を委譲してもらう、という真面目な想定を考えるこどももいた。そうやって楽しく話しあいながら、こども

291

たちはその現在から世界とは何を指すのか、治めるとはどういう意味かについて吟味を重ねていった。

p4cハワイと同じスピリットで、こどもたちと対等に向かいあって対話しようとするひとたちは「こどものため」という表現を好まず、「こどもとともにする哲学」という呼称を用いている。イギリスおよび南アフリカで活躍するカリンやブラジルのウォルターらの活動がそうだ。特に南米地域では、貧困や低識字率など、こどもたちのおかれる歴史的・社会的・政治的状況にあわせた教育活動が展開されている。そこではフレイレの影響のもと、対話を通して文字やことばを学ぶことで、社会への参加の動機を高め、社会のなかで周辺化されたじぶんたちの状況を理解し、こどもも大人もともにじぶんたちを解放していくプロセスとしてフィロソフィが実践されている。書くこと、字を学ぶことも、対話の一部となる。じぶんたちの問いや考えを書き記した短い文章を「詩」と呼び、授業のたびことに最後にこの「詩」を書いてみんなの前で読み上げる。識字教育とは、読み書きの技術を学ぶことではなく、読み書きと対話を通して表現することの面白さを知り、表現されたものを目の前にして、ひとりひとりの尊厳や人々の生きる現実を学ぶことなのだ。こうしたことに決まった教材や方法はなく、教員や大学院生が思い思いの仕方でこどもたちと対話を重ねている。オーストラリアでは、教員たちが方法論とカリキュラムを組み立て、それを拡散して多くの学校に広めていったのとは対照的に、ブラジルでもハワイでも、標準的なカリキュラムを設けずに、ひとりひとりの教員が一つの学校で粘り強く続けているのが特徴だ。あとで触れるように、技術の拡張や普及は教育の本質とは正反対の動きなのだ。ハワイの〈知的なセーフティ〉もブラジルの意識化の実践も、既存の学校制度や支配的文化が、かならずしもすべての人々のためにあるのではなく、それが抑圧的な社会状況の一部を構成していること自覚し、それを問うことを目

第1章　フィロ、ソファ、イエス！

指している。

　探究がはじめられる教室は、教師と生徒のあいだ、生徒のあいだ、生徒が属する文化集団や社会階層、ジェンダー、セクシュアリティ、言語において働くさまざまな力関係によって貫かれている。円になって座りそれぞれが自由に話しはじめ、教師という権威や力が弱められるに応じて、上記のことに由来するさまざまな力関係が円のなかに浮かび上がってくる。男子生徒から女性教員へのハラスメントと受け取られる発言がとびだすこともある。ほかの生徒とはちがった特徴をもつこどものふるまいをみて、クスクスまわりが笑うこともある。こうした現実をゆっくりと時間をかけて教師と生徒がともに認識し、その現実やそれに関連する内容について、問いをたてて考えられるようになる、それが〈リトルpフィロソフィ〉だ[2]。現代において学校制度や支配的な文化の外部はおそらく存在しない。な

---

2)　円になって対話するという探究のコミュニティのスタイルが、学校教育のみならず大人も含めたさまざまな人々の集まりにおいても有効であることは実践者たちのあいだでよく知られている。わたしがイギリス、フランス、オーストラリア、ハワイでの実践者たちにこのことを質問したところ、すべての者が有効であると答えてくれた。特にイギリスやオランダで哲学対話を実践する哲学者たちは、P4Cの "C" を commuinty の頭文字に置き換えて転用し、〈Philosophy for Community〉という表現を用いて活動を展開している。つまり、リップマンの教材やカリキュラムにこだわらないならば、探究のコミュニティはさまざまな年齢の人たちとともに実践することができ、こどもに限らずさまざまな人たちを相手にした哲学対話の手法として展開可能なのだ。つまり、「教室を探究のコミュニティに変容させる」というリップマンの変革の理念は、学校の教室のみならず、学校の教室同様に制度や形式によって身動きが取れなくなり自由に考えることが困難になった状況にある組織や集団についても応用が可能であるはずだ。
　さらに探究のコミュニティが学校以外に応用可能であることは、なぜそれが学校でなされなければいけないか、という理由も同時に示している。なぜなら、こどもたちが最初に経験する組織や集団である学校においてこれを経験することは、それ以降に、彼ら彼女らが生きていく社会のさまざまな組織や集団のなかで探究のコミュニティの活動を発展させていくための必要不可欠な条件となるだからだ。これは、デューイ、リップマンに共通する教育の理念といってよい。デューイによれば、学校教育は「社会」に出る前の準備段階ではなく、学校での生活こそがこどもたちがさいしょにであうリアルな社会環境なのだ。

293

第4部　ケアと幸福のための対話

らば、そうした制度や文化のなかにいながら、そこで人々がその状況をどのように受けとめ、感じ、考え、表現するのか、そして、そこで感じられず、考えられず、表現されていないものはなにか。〈リトル p フィロソフィ〉は知的な解放の実践であり、その意味で教育なのだ。

2. 解放された知の態度

　Dr. J の〈セーフな探究のコミュニティ〉は、からだやきもちだけでなく、知る、考えるという知的態度や活動におけるセーフティを重視している。〈知的なセーフティ〉は概念ではない。それはひとつの明確な知の態度と行いだと思う。わたしは、Dr. J の大学のセミナーと小学校での探究セッションに数回参加して、それが何であるかをはっきり感じとることができた。わたしは彼のセッションを通して、ほかならぬわたし自身がセーフであると感じ、ここでは何を話しても大丈夫だ、とその場にいるみんなとともに思え、それが実行できたのだ。Dr. J の大学のセミナーでは、〈知的なセーフティ〉とは何かについては直接に語られず、それがどんなものであるかについてそれぞれが考え、実践することが重視されている。セミナーの後、彼は受講生たちがいろんな仕方でセーフティについて考えたことをみせてくれた。

　2012 年、わたしは Dr. J に何時間にもわたるインタビューをお願いした。いろんなことについてわたしたちは話しあったが、驚いたことに、彼はとつぜんクリシュナムルティの話をはじめた。クリシュナムルティは恐れや防御からの解放を訴える。わたしたちは防御や防衛によって守られた安全や安心、セキュリティを求めることによって、かえって不安や恐れを生み出している、と。わたしは、まだ

第1章 フィロ、ソファ、イエス！

会ってまもない Dr. J の言動から、強張りや執着、恐れや不安から解放された知の態度をじかに感じていた[3]。そしてクリシュナムルティのいう「観察 observation」「選択のない気づき choiceless awareness」という態度[4] が Dr. J の実践の中核に位置していることに、わたしはずっと後になって気づく。しかし Dr. J は、クリシュナムルティの実践をそのまま p4c にもちこむのではなく、〈知的なセーフティ〉ということばを新しくつくったのだ。

　セーフティはクリシュナムルティの批判するセキュリティとどうちがうのか。わたしは、安全、安心という語ではなく、「大丈夫か」「大丈夫と思えるか」ということばづかいと気づかいを通して、セーフティを実演、実行するようにしている。「安心できる」という、今日よく用いられるフレーズは、信頼しあいながら探究に向かう態度というよりも、守られて居心地のいい状態にとどまり、どちらかといえば他人と没交渉になる状態と理解されやすい。「安心」という語は「守られている状態」「居心地のよさ」、つまりセキュリティと混同され、他人とのあいだにある垣根を越えるよりは、それに守られることを望む状態として受け取られやすい。学校の教員やわたしの授業を受ける学生はしばしば、（じぶんが）セーフであるためにはルールが必要だ、という。その場合、たいがいセキュリティのことが思い浮かべられていて、危険や不安を排除するために何かすがれるものが必要だ、と言い換えられると思う。セキュリティは結局のところ、不安と恐れに支配されている。そしてその不安と恐れに対抗するために、何らかの力に依存し、厳しいルールに服従しなければならない。〈知的なセーフティ〉は、そのようなセキュリティとは区別された、〈解放された知の態度〉だとわたしは思う。「わたしは知

---

3)　本間直樹「哲学者の実践としての〈探究のコミュニティ〉」『臨床哲学』vol.14-1. 大阪大学臨床哲学研究室 2012 年, pp.18-21 参照。
4)　Jiddu Krishnamurti, *To Be Human*, Shambhala, 2000.

第 4 部　ケアと幸福のための対話

らない」と言えない場では、人は知的にセーフではない、と Dr. J は
いう。「知らない」「わからない」と言えないような何らかの力が、
本人のなかで、もしくは外から働き、そう感じられているとき、「知
る者」と「知らない者」のあいだに、なんらかの抑圧的な力が働い
ているのだ。知らないと恥、知ってて当然、わからないというと周
りに迷惑をかける、バカにされる、じぶんだけが違う考えをもって
いる… このようにひとが感じるとき、そう思わせる力がどこから
やっていきているのか、なぜそう思ってしまうのか、わからないま
まだろう。セーフティはまず、「知らない」「わからない」と口にし
てみることからはじまる。「知らない」「わからない」がなにを意味
しているのか、あらかじめ考える必要はない。まずは口にしてから、
なかまたちといっしょにその意味を考えればいい。それが〈解放さ
れた知の態度〉だ。

3. セーフティとスピリチュアリティ

　p4c ハワイのハンドブックのなかで Dr. J はこう書いている。

　たしかに教室は身体的な面からセーフな場である必要がある。
　しかし、対話と探究が始まるためには、その場が感情の面でも、
　知的な面からもセーフでなければならない。知的にセーフな場
　では、こき下ろされることもなく、軽視、足場崩し、否定、過
　小評価、嘲笑が意図されるようなコメントもなされない。その
　ような場では、どんな質問やコメントも受け入れられる。ただ
　し、円になって座っているメンバーに対して敬意が示される限
　りで。
　誰であれ、理解していないのに理解したフリをする術を身につ

296

けている場合、あるいは、質問したいことがあるのに恐くてそれがきけない状態にある場合、その人は知的にセーフではない場からの影響を感じている。知的にセーフであることは探究が生い育っていくための地盤なのだ。[5]

　ここで、〈セーフティ〉が身体・感情・知の三つをセットにして考えられているのがとても興味ぶかい。彼へのインタビューのなかで、わたしたちは、身体と感情と知とを別々に切り離して生きることができるのか、ということについて話しあった。わたしたちの生から、感情だけ、知的理解だけを切り出すことができるのだろうか？　身体感覚も感情も忘れ去って、知性だけを働かせることができるのだろうか？　感情と知性とが区別できると思うことじたいが、〈セーフティ〉を損なうのではないか？　そうわたしが Dr.J に言うと、彼はそれは面白い、と顔を輝かせる。わたしが彼に答えを求めてもムダだ。いつも二人で話をはじめると、それはすぐさま探究になっていく。あとになって気づいたことだが、わたしたちが話しあっている内容よりも、わたしたちが話していること、つまり対話することそのものが、〈セーフティ〉が何であって何ではないかを教えてくれる。

　わたしたちが対話するとき、ある場所にともに身を落ち着け、身体を向けあい、対面する。そして声の震えや調子を感じとり、表情に共感し、発言に耳を傾ける。わたしが何かを発言するとき、わたしはわたしのきもちや考えを表明するだけでなく、何かを表明する者としてその場に現れる。対話とは、あれやこれやと考えを交換するだけではなく、対話者が対話者としてその場に姿を見せることだ。つまりそれは、身体・感情・知性の三つをともなって、わたしがこの場に存在すること、同じく相手もそのように存在することを、認

---

5)　Jackson、前掲パンフレット、p.4.

第4部　ケアと幸福のための対話

めることだ。

　小中学校や高校など、〈セーフな探究のコミュニティ〉の活動においては、さきの三つの意味でセーフであることを互いに配慮しながら、話すこと、じぶんを表すことを、なんどもなんども繰り返していく。発言がしやすそうで、たくさんのことが語られているからといって、その場がセーフであるとはかぎらない。また緊張を解いてその場が話しやすくなることを意図された「アイスブレーキング」と呼ばれる手段がセーフティをもたらすわけでもない。むしろ、誰でも答えられる簡単な質問にボールを回して答えながら、ひとりひとりが声を出す、話す、ということをゆっくりやっていく方がよほど重要だ。

　話す、ということはじつに不思議なことだ。わたしたちは、だれかが話すのを聴くとき、話されている内容ばかりに意識を向けがちで、話しているひとの様子と話されている内容に対して同時に注意を払うことは稀だろう。その両方ができていないと、話されている内容を聴いているようでいて、じつは話を聴きながら思い浮かぶじぶんの考えばかりに気が取られてしまっていることが多いはずだ。そういう場合は、ボールをもって話しているひとをちゃんと見ながら聴けばいい。じっさい、ひとがが話すときには、たくさんのことがその場に現れている。例えば、対話のなかで「嫌いなことはなに？」という質問をして、みんなでそれに答えるのは、いわゆる自己開示や情報提供のためではない。話すことは行為である。「〇〇が嫌いだ」と表明することは、情報を伝えているのではなく、そうやって話をする本人がそこに現れることなのだ。「お兄ちゃんが嫌いだ、だってボクのこといじめるから」と表明するあるこどもの声、表情、姿勢のすべてがその人自身を表現し、コミュニティのメンバーがそれを見聴きする。そのような声がたがいに聴かれることで、対話の場が開かれ、セーフな探究の下地がつくられる。

298

第1章　フィロ、ソファ、イエス！

　ありのままに話す、率直に話すことは、古代ギリシア・ローマの
哲学にとって重要な位置をしめる〈パレーシア〉の実践に結びつい
ている。〈パレーシア〉とは、誰かに本音を打ち明けることではなく
て、話されることがらと、話しているその人とが、一つのものとし
てじぶんと他人の前に現れることを意味している[6]。率直に話すこと、
じぶんを見せることは、じぶんへの関係、他者への関係、話すこと
を通して明らかにされることがらへの関係、これら三つの関係が真
のことばとして折り重なる行為なのだ。対話のなかで、対話者がじ
ぶんをいつわることなく話すことができ、そうしたいつわりなく話
すさまが、その場にいる全員に示される。そのような対話者の態度
こそが探究をすすめる。こうした〈パレーシア〉と関連して、話し
たり、書いたりしながら、じぶん自身とほんとうの関係を結ぶこと
は、哲学の伝統のなかで〈スピリチュアリティ〉と呼ばれる。ス
ピリチュアリティとは、内省的な生活に引きこもったり、現世の外側
を求めたりすることではない。むしろそれは、日々の生活、友人た
ちとの関係を注意深く生きることのなかに求められる。探究のコミ
ュニティは、じつは古来のスピリチュアリティの実践を現代に復活
させる営みだといえるだろう。

　対話の場では、意見を提出することよりも、話す〈わたし〉と話
されている〈何か〉のあいだの関係に他者が関われることが重要と
なる。例えば、1枚の絵を見ながら対話するセッションでは、その
絵を見て感じられたことを互いに言いあう。同じ風景画を見ていて
も、あるひとはそこに暖かさを感じ、あるひとは厳しさを感じる。
絵を批評するのとはちがい、絵についての思いを語りあうことで、
ひとと絵のあいだに結ばれた関係が、ひとつずつその場で示されて
いく。不思議なことに、ひとは絵について語っているのだが、それ

---

6)　ミシェル・フーコー著、廣瀬浩司・原和之訳『主体の解釈学（コレージュ・ド・
　フランス講義 1981-82）』筑摩書房、2004年。

299

第4部　ケアと幸福のための対話

と同時に、じぶんについても語っている。だれかがある風景のなか
に「厳しさ」を感じるという場合、そのひとが生きてきた「厳しさ」
の状況が同時に語られてもいる。それが関係を語るということなの
だ。そして、ある関係を語ることは、他の関係についての語りを誘
発する。対話は、こういった〈関係の語り〉が代わる代わる現れる
ことのできるセーフな場なのである。こうしたセーフな場では何も
対立しない。そこでは攻撃も防御も、説得も合意も、妥協も勝敗も
ない。対話と議論（弁論）とが区別されるはまさにこの点において
なのだ。

4.　対話とケアリング

　ありのままに話すこと、じぶんを見せることは、じぶんについて
の物語を綴ることと同じではない。むしろ物語は、それを語る者を
隠してしまう。わたしについての物語は、物語のなかの〈わたし〉
と、それを物語る〈わたし〉とを分裂させてしまう。それに対し、
話されていることがらと話しているひととが、一つのものとして他
人の前で現れる場が対話である。じぶんを見せるためには、自己を
〈変容〉させなければいけない。つまり、わたしは、「自我」とか「思
考」とかいう見えない容れ物のなかに隠されているのではなく、見
られ、感じられ、聴かれ、触れられるものとして、コミュニティの
なかに現れる〈話すわたし〉に変わるのだ。

　このようにわたしたちは、話すことによって、じぶん自身をコミ
ュニティへと包摂する。〈話すわたし〉はコミュニティにとって不可
欠な一部となり、そのコミュニティは、じぶんや他人を外に閉め出
すのとは逆に、インクルーシヴ（包摂的）となる。

　探究と対話が進められるためには、インクルーシヴな〈問いかけ〉

第1章 フィロ、ソファ、イエス！

が重要な鍵となる。〈問いかけ〉は常にじぶんたちへの問いかけである。わたしたちがある場や状況をどう感じているか、何を恐れているか、脅かされると感じるか。感じ、話し、聴き、理解するとき、わたしたちは何をバリアと感じているか。わたしが表現したり、考えようとしたりするときに何がそれを遮っているのか。それらは、強ばり、威嚇、萎縮などの身体の緊張がつくるバリアであるかもしれないし、無感情、非共感、反感といった感情のバリアであるかもしれないし、さらに、理解の拒絶、非難、自負、観念への固執などの知的なバリアであるかもしれない。こうしたバリアは、わたしの存在の脆さを守ってくれるどころか、わたしをコミュニティから排除し、コミュニティへの包摂を遮る障壁とさえなっている。わたしたちが、話すことを通して、自身を他者に対して示し、わたしたちが身体、感情、知的理解の三つの意味で脆い存在であることを認めあうことによって、対話はじぶんたちの変容と解放そしてケアの場となる。

つまり、対話のなかで、身体的・感情的・知的なセーフティを配慮するとは、じぶん自身へと注意を向けること、じぶん自身を配慮することなしにはありえない。そして、じぶん自身が配慮できなければ、他者に対しても配慮を向けることはできない。身体的の緊張が解けないかぎり、対話の場はいつまでたっても始まらないだろう。じぶんの感情に無自覚な者は、気づかぬ間に他者の心情を害するかもしれない。じぶんの知的理解に不安を感じる者は、攻撃や防衛によって他者の知的理解を損なうかもしれない。こうした強ばりは対話にとってのバリアとなる。ただし、どのようなバリアもそれを取り除いてしまうことはむずかしい。まずは、じぶんのなかの、じぶんを囲んでいるバリアを自覚し、低くしてみることから始めるしかない。

こうした〈注意深さ〉とはケアリングの態度そのものだ。ケアリ

301

第4部　ケアと幸福のための対話

ングの態度は、孤立した自己の利害にとらわれるのではなく、〈あなた〉と〈わたし〉とが分離せずに関係しあうところに注意を向ける。セキュリティは保身に向かうが、ケアリングは関係のなかにある〈あなた〉と〈わたし〉に注意深く関与する。ケアリングにおいて、危険とセーフティは裏表の関係にある。険しい山道でも、さまざまな注意を怠らなければちゃんと前に進むことができる。同行者を見守りながら、必要なときに手を差し伸べれば段差もいっしょに登ることができる。Dr.Jの「〜をあたりまえと思っても大丈夫だろうか？ Is it safe to assume that ...?」という問いかけは、まさにそうしたセーフティのケアを確認する象徴的な行いだ。ケアすることは、利己的ないし利他的に計算される結果としての行為でも、ある目的のために合意を通して調整された行動でもなく、じぶんや他人への関係、まわりの物事への関係、ある考えに対する関係のなかで、プラスであるにせよマイナスであるにせよ、すでにはじめられてしまっている関与と応答を発展させていく倫理的な営みだ。セーフな探究のコミュニティは、討論や論証という「論＝ロゴス」を中心とした言語コミュニケーションとは異なり、その場で生きているじぶんや他人へのケアの営みを自覚し、そのかなかで生まれる関係として〈ことば〉の世話をしながら、生きることを学ぶ活動なのだ[7]。

---

7)　リップマンは「批判的思考」、「創造的思考」と並んで「ケアする思考 caring thinking」も重視している。（リップマン『探求の共同体』第12章）しかし、彼は思考と感情の関係にばかり注意を向けていて、フェミニズム倫理学において議論されてきた関係のなかの思考と行為や、自己のケア、他者のケア、考えのケア、というネル・ノディングズの述べるようなケアリングの広がりを視野には収めていない。

第1章 フィロ、ソファ、イエス！

5. 教育と対話

　こうした対話による探究は教育とどのように関係するのだろうか。もう一度考えてみよう。

　リップマンのP4Cは、稀有な哲学の社会へのコミットメントだった。しかし、リップマンが非形式論理学を核に考案したP4Cのプログラムも、そしてオーストラリアで展開中の新しいバージョンの教育プログラムも、どちらも西洋哲学の伝統と教育思想をある点においては無前提に反復するものであることは否めない。知識ではなく「思考のスキル」を学ばせるというリップマンらのプログラムは、それがどれほど良質なティーチングプログラムであったとしてもある問題を含んでいる。確かに、「探究のコミュニティ」という考え方が包　摂や社会的連帯などを通して対話を醸成する環境を重視している点は注目に値する。そのこと自体は画期的なことであった。しかしリップマンとその後継者たちの探究のコミュニティは、議論を学ばせるための準備的なものに留まり、プログラム自体が対話的ではなかったのではないだろうか。つまり、そこにはフレイレやボームのいう意味での対話が欠けているのではないか。P4Cの実践者たちに根強くのこる考えは、（教材などをもとに）「こどもたちに対話させる」というものだ。そもそも対話とは、ひとにさせるものだろうか。こどもの哲学のことを「こどもたちに対話を学ばせる教育プログラム」だと理解することはセーフだといえるだろうか。

　フレイレによれば、対話とは永続する学びと気づきのプロセスであり、教育者も被教育者も、互いから学ぶことができる営みのことを指している。こどもの哲学を実践する者が対話を通してみずから学ぶことがなければ、それは教育にはならない。フレイレは農業技術者が貧しい農民たちと話しあい、農民たちの視点から技術を見直し、技術者も農民もともに農業や社会のことについて考えることが

303

第 4 部　ケアと幸福のための対話

必要だと述べている。技術者が農民たちに技術や知識を移転するのなら、それは教育ではなく、拡張と普及（エクステンション）でしかない。教育は対話でなければならない、それがフレイレの実践であり思想である[8]。こどもたちとの対話とは、こどもたちに「話しあいをさせる」ことではない。そういうことなら類似の教育スキルはいくらでもあるだろう。ごく単純なことだが、こどもたちの言うことに耳を傾け、その意味を理解しようとし、その仕草や内容に驚く。そしてこどもたちとともに、意味の探究へと乗りだす。それがなければけっして対話がなされているとはいえない。こどもたちに期待どおりに「議論をさせる」ことと、対話することとは決定的に異なるのだ。（だから、「こどもたちの対話に大人は介入していいのか？」という疑問はそもそも対話についての誤解から生じているといえる。）

　わたしは、各地の P4C の実践現場に少しずつ足を運んだが、そのような対話を行う実践をなかなか目にすることができなかった。P4Cといいながら、教師たちはこどもたちから学ぶことはせず、相変わらず「学ばせる」ことばかりに注力していたようだ。うまくいっていると評判の高かったオーストラリアの小学校でもそうだった。わたしがハワイで Dr. J に初めて会って思わず涙をこぼしてしまったのは、はじめてフィロソファとして、こどもたちと対話し、こどもたちとともに学ぶことができるひとに出会えたからだった。Dr. J といっしょに幼稚園や小学校に行くとわかることだが、彼はこどもたちに愛され、信頼されている。それは彼のドナルドダックのモノマネがうまいからだけではない。こどもたちは、彼がじぶんたちの言うことを真摯に受けとめてくれることを知っているからだ。彼はいつも小さなメモをポケットにしまっていて、こどもたちから面白い考えを耳にするたびにメモを取り出して書き留めている。彼のその姿

---

8)　パウロ・フレイレ、里見実訳『伝達か対話か──関係変革の教育学』亜紀書房、1982 年。

第1章　フィロ、ソファ、イエス！

勢は一貫していて、こどもたち相手だけでなく、大学生やわたしたちを相手にも同じことをする。だから彼は大学生たちからも愛される。わたしはある日、Dr. J に「その膨大なメモは見返すことはあるのか」と、いまから思えばバカな質問をしたことがある。答えは否。このメモは見返すための備忘録ではなく、彼の驚きと学びの経験そのものであり、彼はこどもたちから学んだことをべつの場所で語りつづけるのだ。

6.「ねばらない」からは対話は生まれない

　わたしがはじめて Dr. J に会って、足の踏み場もないほど散らかった彼の研究室に連れて行かれたときのこと。そこいらに散乱しているたくさんの本を見て、わたしが「どの本がお勧めですか？」と彼に質問したところ、迷うことなく彼はすぐ目の前の本棚から2冊を取り出してわたしに手渡した。それはクリシュナムルティの『To Be Human』とボームの『On Dialogue（ダイアローグ）』だった。尋ねておきながら失礼な話だが、じつはわたしはこの2冊をすぐに読みたくなかった。いままで他の実践者たちを見てそうしてきたように、じぶん自身の目で彼の実践をよくみて、じぶんでも気の済むまでやってみたかったからだ。

　Dr. J に会ってからの数年間、わたしはじぶんでも数多くの p4c をやってみた。その後わたしは、ボームの『ダイアローグ』を手にとって読んで、なるほどと得心した。Dr. J の p4c は、リップマンの西洋的な哲学思考教育ではなく、むしろボームのいう意味での対話を学校という場所で実践するための試みなのだ。Dr. J がこどもたちといっしょに使う「哲学者の道具箱」には、意味、理由、例と反例、推理、真、アサンプションが入っている。一見するとこの道具は、

305

第4部　ケアと幸福のための対話

リップマンが80以上も設定した「思考のスキル」を最低限の7つまで減らしただけのようにみる。そうともいえるかもしれないが、それだけではないのだ。最後のアサンプションはもっとも重要なもので、ほかの6つはこの道具のためのものといってもいいすぎではない。これは単に論理的な意味での「前提」でも、「推定」でもなくて、ボームがこれにこめる意味がたしかに響いているのだ。そのことを理解すると、Dr.Jのp4cのラディカルさがよくわかる。それは論理的思考や批判的思考による啓蒙教育とは一線を画している。

　この本に書かれていることはごく単純だ。ボームによれば、対話とは知識や情報を共有するのではない。それは〈何かをともになす〉ことだ。対話はつねにちがいや差異を発見していくのであって、特定の合意や解決に向かうのではない。対話がなされた結果として、合意や解決に向かうこともあるかもしれない。だが対話そのものが合意や解決を目指しているわけではない。対話は、わたしたちが「一つ」になることとは別の選択なのだ。

　対話は「一つ」であることを目指すのでも、「二つ」に分かれることでもない。わたしがそうした考えをだれかに話すと、必ずといっていいほど、「それだけでいいのか、対話は合意や解決を目指すべきではないのか」と異論をつきつけられる。なにもわたしは合意や解決に向かう話しあいを否定しているのではない。ただそれと対話を区別しましょう、といっているだけなのだ。合意や解決に向かう努力も大事なことだと思う。わたしもそれに向けて取り組むこともももちろんある。便宜的に、合意や解決に向かうものを「議論」と呼び、情報共有、合意、解決への圧力のないものを「対話」と区別してみるのでいいと思う。どんな呼び方でもかまわないから、そのひとが解決や合意に向かう「べき」「ねばならない」と、ひとやじぶんにいいかせているのを一時的でもいいから緩めてみてはどうだろうか。

　このように、知らず知らずのうちに「べき」や「ねばならない」

第1章　フィロ、ソファ、イエス！

に支配された状態に気づいてそれをいったん緩めてみることを、ボームは「アサンプションを宙づりにする」と呼んでいる。「ああすべき、こうすべき」「そうしてはいけない」「こうでなければならない」と、わたしたちを動かしているのは、このアサンプションなのだ。アサンプションは、assume という動詞に由来し、あるものを「当然」「当たり前」「正しい」とみなすことを意味する。アサンプションをもつことじたいに良し悪しはない。誰でも何かを考え、感じ、行動するときにはどんなときでも、何らかのアサンプションの上に立ってそれを行っている。むしろわたしたちは、なんらかのアサンプションをもたずに考えたり話たりすることはできない。ボームは、自分ではそれ以上は遡って考える必要がないと思っているもの、または、その上に立っていることに気づいてすらいないものを「底にあるアサンプション」と呼び、これについては、通常は意識化されることも、言語化されることもないという。この底にあるアサンプションを明らかにするのは、唯一対話によって可能なのだ、と。

　では対話のなかでアサンプションはどのように現れるのだろうか。ボームは、20人くらいの人数で定期的に集まる機会をもち、円になって、リーダーも目的も目標も計画もなく話し合いを続けることが重要だという。目的や計画はある特定のアサンプションの上に成り立っている。対立や緊張を避けようとすることもまた特定のアサンプションによるものだ。「目的や目標があった方がいい、ない方がいい」「対立や緊張を避けるべき、避けるべきではない」という価値づけをしているのではない。それらもすべて何らかのアサンプションによるものだ。目的や計画も立てずに話しあいを続けたときに、そこに何が生じ、それについてわたしたちが何を感じ、見るのか、それが問題なのだ。対話のなかで経験されることに対話者自身が十分に向き合う必要がある、とボームはいう。多少の混迷が生じようとも、対話のなかで生じている現実から目を背けず、それに直面し、

307

第4部　ケアと幸福のための対話

対話者がどう感じているのか互いに聴きあうことを通じてはじめて、それぞれがその場に持ち込んでいるアサンプションが浮かび上がり、それに注意を向けることができる。

　これはまさにハワイ p4c でなされていることだ。学校という場所でこのボームの対話が行われていることじたいが驚くべきことなのだ。ちなみに、しばしば誤解されるのだが、セーフな場とは、対立が生じない居心地のよい状態のことではない。逆に多少の対立や食い違いが生じても、それを隠したり封じ込めたりするのではなくて、安心してそれに関わることのできる関係を保てる場所なのだ。教室だからといって緊張や対決をはじめからないもの、なくすべきものと考える必要はない。リラックスした状態で自由に声が出せるようになると、いろんなものが教室のなかで見えてくるようになる。混迷を何より避けようとすることも特定のアサンプションによるものだ。生徒たちのあいだ、生徒と教師のあいだに緊張や対決が生じるのはむしろ当たり前で、ふだんはそれはなんらかの力によって覆い隠されているだけなのだ。セーフな場であるからこそ、安心してそういう対立や違いに関わることができる。

　教師は、ボームのいうように、目的も計画もなしに生徒とともに教室にいることを恐れるだろう。それがまず教師の底にあるアサンプションにほかならない。教師はそうした不安や恐れに直面してはじめて、生徒たちが教室のなかで感じていることに触れることができるだろう。目的も計画もなしに教室にいると、そこにいるひとの数だけいろんなことが生じ、その一つ一つに対面しないといけない。こうしたこと一切を排除したり抑圧したりして成り立っているのが、通常の授業空間であり、生徒たちは長期間その空間にいることに慣れさせられており、教師はそうした空間を管理しなければならないと感じている。教師も生徒もこうした空間でのそれぞれのあり方をゆっくりと自覚することができてはじめて、対話へとすすむことが

第1章　フィロ、ソファ、イエス！

できる。なにも特殊なことをするわけではない。生徒たちも教師も互いに話をしやすいかたちで座る。話をしたいテーマや問いを決めたあと、それぞれがそれについて思うことを順に語っていくだけでいい。例えば「さいきんハラをたてたことは？」という単純な問いでも十分だ。話を聴いているうちにわからないことや不思議に思うことにもでくわすだろう。「哲学者の道具箱」には質問が入っている。それはどういう意味なのか、どうしてそう思うのか、例えばどんなときにそう思うのか、ほんとうにそう思うのか。こうした質問は、互いにあわてずゆっくり聴きあうための、ボームのいう「アサンプションを観察する」ための道具なのだ。

7. 考えよう、変えようとすることは対話を妨げる

なんども対話の回数を重ねて注意深く相手の話を聴けるようになると、話している相手と聴いているじぶんの双方に現れるアサンプションに気づくようになる。すると対話の場は参加者それぞれを映し出す鏡になる。鏡というものは目の前にあるものを区別なく映しだす。同じように、誰かの発言や振る舞いのなかに現れたアサンプションを否定も肯定もせず、いわばそのまま宙づりにしておき、しかもそのアサンプションに対する反応——多くは感情的な反応——さえも宙づりにして、そのアサンプションを観察するのだ。アサンプションというものを否定的にとらえて抑えこむ必要はない。アサンプションは重力のようなもので、つねにわたしたちがそれに引っ張られている。宙づりにするといっても、ある感情を抱いているのにそれを認めずにないふりをするのではない。それでは感情を抑圧しているだけだ。考えたり、話したりのが得意なひとほど、こういった感情の抑圧に慣れてしまっていて、それに気づかないことが多

309

第4部　ケアと幸福のための対話

い。ボームはこんなふうに書いている。

　　……あなたはそのアサンプションやそれに対する反応がどんな
　ことを意味しているのかをはっきり見るだろう。あなた自身の
　アサンプションだけでなく、他人のものも同じように見えてく
　る。わたしたちは誰の意見も変えさせようとしているわけでは
　ない。この話しあいが終わった後で、誰かは意見を変えるかも
　しれないし、変えないかもしれない。そのこともまたわたしの
　考える対話の一部をなしている。いかなる結論や判断に至るこ
　となしに、対話に参加する者のそれぞれの側でどんなことが生
　じているかについて自覚するのだ。いくつものアサンプション
　が浮かび上がってくる。もし、あなたが誰かの言うことを聴い
　て、あなたを激怒させるアサンプションに出くわしたとしよう。
　その当然の反応としてあなたは怒り出すか、もしくは興奮する
　か、他の仕方で反応するにちがいない。でもそうした態度を宙
　づりにしてみよう。あなたはじぶんがアサンプションなど持っ
　ていることなど気づくことはなかったかもしれない。ただそれ
　は、あなたが持つものと正反対に位置するアサンプションが相
　手から現れただけなのだ。こうしてあなたは他のアサンプショ
　ンたちを発見するだろう。わたしたちはみんな、それらを宙づ
　りにし、それらすべてをよく見つめ、それらがどんなことを意
　味しているのかを理解するのだ。[9]

　注意深く対話に参加したことのあるひとなら、ボームがここ書い
ていることに身に覚えがあるかもしれない。アサンプションという
表現がわかりづらければ、ほかのどんなことばに置き換えてもいい。

---

9)　David Bohm, *On Dialogue*, Roatledge,1996, p.24.

310

第1章　フィロ、ソファ、イエス！

それは気づかないあいだにわたしたちを動かしている何かなのだ。じぶんこそは冷静に考えている、じぶんが偏っているはずがない、とじぶんに言い聞かせているひとほど、気づきにくいかもしれない。なにしろそうじぶんに言い聞かせていることすら気づかずにいるのだから。

　落ち着いてアサンプションを観察するためのもっとも単純なコツは、Dr. J のいつもの合言葉、「あわてずにいこう！ We are not in a rush!」だ。「じぶんには時間がない」と思い込んでいるひとは、いつまでたっても探究に入ろうとはしないし、他人のいうことに耳を傾けようともしない。じぶんには時間がないと思っているひとは、たえず切迫したなにかに追われている。時間がないというアサンプションに取り憑かれて自由に身動きがとれずにいる。そういうひとたちは「わたしたちには時間がない」「そんなことにかまけている時間はない」ということを言い訳に対話を拒むか、そう言い張ることで逆に時間を浪費するのだ。ボームも、クリシュナムルティも、フレイレも同じことを指摘している。時間がないといって時間を浪費するひとについてはセネカも同じことを書いている。

　ボームは繰り返し、わたしたちは対話のなかで何かを変えようとするのではない、と説いている。あることを変えようとするのではなく、ただそれに気づくだけなのである。すると、対話者のあいだに生じている葛藤や不整合は個々の人間の内でも同様に生じていることにわたしたちは気づくようになる。アサンプションを宙づりにして観察をするなかで見えてくるのは、わたしたちの発言や行動、思考はすべて、何らかの「ねばならない」「してはいけない」に基づいてなされているという事実だ。わたしたちが「ねばならない」と考えていることの根底には必ずアサンプションが横たわっている。しかもそれが底にあるアサンプションとなることで、わたしたちは「ねばならない」と感じている事実すら自覚していないことが多い。

311

第4部　ケアと幸福のための対話

この「ねばならない」がわたしたちを対話から目をそらさせ、わたしたちのあいだに衝突や葛藤を生み出しているのであるが、当のわたしたちはそのことに気づいていないのだ。

　わたしたちは普段、このわたしがことばや思考を操っているのであり、その逆ではないと信じている。ところが、ことばや観念がわたしを動かしているのか、それともわたしがそれらを動かしているのか、自明ではない。同じように、わたしたちはじぶんが感情をコントロールしていて、逆に感情に動かされてるのではないと信じる傾向にあるが、感情とわたしたちの関係はそれほど単純ではない。ダンスやスポーツなどでなされるように、注意深くじぶんのからだをじっくり感じてみると、自分のからだ、他人のからだ、身の回りの環境、それぞれのあいだに成り立つ関係を意識できるようになり、からだをもって動くことの意味がはっきりする。同じように、わたしたちは対話のなかで、互いの発言、感情、振る舞いを通して現れるアサンプションをていねいに観察することで、対話者のあいだやじぶん自身のなかで生じている思考のむすびつき、もつれやほつれを理解するようになる。

　わたしたちは、ことばや思考が問題を解決する、と思っている。しかしボームも注意を促すように、思考は問題を解決するのみならず、問題を生み出しもするのだ。そうしたことばや思考の上に気づかないまま乗り続けている限り、当の問題も生まれ続ける。こうした問題が生み出される経緯を、しっかりと見つめる必要がある。対話をはじめるには、問題を解くために議論する、という姿勢をもいったん宙づりにして、「問題を消し去らねばならい」という要求に従うことも宙づりにして、むしろそうした問題の源となっていることばや思考をじっくり観察できる時間と空間を確保することが先決だ。セーフな場とはそういうことを意味している。しばしばひとは「セーフな場があるだけでは哲学ははじまらないのではないか」と言う。

第1章　フィロ、ソファ、イエス！

しかしセーフな場をもつということは、目的でも手段でも、条件でも前提でもなく、それ自体が注意と観察の実践であり、創造的な意味をもっているのだ。

　コミュニティボールはたいせつな道具だ。ボールの材質や形態はなんでもいいのだが、アサンプションを観察するという、一見抽象的に思える作業を可視化するのに役立つ。ボールの存在は、ボールが回ってくるの待つとか、ボールを持っているひとに注目するとか、注意の対象を可視化したり、わたしたちの身体や意識に焦点をあわせたりするのを助けてくれる。たいていわたしたちはひとの話を聞きながらほかのことを考えたりするなど、話されていることや話しているひとには注意を向けない。通常の授業スタイルでえんえん話し続ける先生の顔を見もせず、その話に半分も意識を向けないままノートに落書きをする、という状態を長年にわたって続けているとなおさらそうだ。話しているひとに目を向け、声に耳をかたむけるには少しずつ慣れていくことが必要で、慣れないうちは１分間でもボールをもっているひとを注視して話を聴くだけでもやっとのことだろう。ボールをひとりずつ回していって、少しずつみんなに向かってちゃんと届く声で話す回数を重ねたり、ちょっとした遊びでボールをパスしあって相手の方にからだを向けたりと、小学生であっても高校生であっても、小さな準備の積み重ねを経て、はじめて話している他人や聴いているじぶんの態度に注意を向け、そこで起こっていることを観察できるようになる。アサンプションを観察できるようになるには、からだを意識的に使うことからはじめて、じぶんたちがどんなことに対してどんなふうに応じたり応じなかったりしているか、ゆっくりと自覚していくことが必要なのだ。こうしたことは、ちゃんと議論を演じてみせて大人を喜ばせたり、逆に不真面目にふるまって怒らせたりといった技術に長けるこどもたちにとって──そういうことはこどもたちはいつも得意だ──未知の経験

313

第4部　ケアと幸福のための対話

であり、こうした経験は小手先の技術では手の届かない学びや発見に触れていくチャンスなのだ。

8. フィロソフィにとって「考える」ことは
　　それほど大切なことではない

　フィロソフィは「哲学」と日本語に訳され、それで定着してしまっているが、「哲学」はフィロソフィの重要な意味を伝えていないとわたしは考えている。「哲」は「賢い」「明らか」を意味するから、哲学は賢い学とか賢者の学ということになってしまう。「こどもの哲学」、「こどものてつがく」、どう書いてみても、p4cの肝心の "p" がここにはない。フィロソフィ（フィロソフィア）という語は、「知」（ソフィア）そのものではなくて、知へのわたしたちの関係を意味している。ブラジルのウォルターもこの「わたしたちの関係」という点を強調していた。なるほど関係だとすれば、どういう関係だろうか。フィロソフィは哲学の入門書でも「知（知恵）への愛」と紹介されることが多いが、それだったら知への愛好や知的探究心と大して変わりはないし、「フィロソファ」も知の愛好家、物知り、博学なひと、学者と同じことになってしまう。フィロソフィは知と愛とが同居する奇妙なことばなのだ。

　もっともここで注目したいのは、ギリシア語や語源に関わることではなくて、フィロソフィということばには、愛や関係という意味が含まれているという点だ。「西洋哲学」とか「東洋哲学」とか、近代につくられた「哲学」や「思想」のイメージや体系、また時代や地域に関わりなく、フィロソフィやそれに類するひとの営みがどういうものなのか、p4cやこどもの哲学が示しているのはこの問いだといえる。

第1章　フィロ、ソファ、イエス！

　「アサンプションを観察する」とは、ボームがクリシュナムルティ
と長期にわたって対話するなかで学んだことだ。目の前のことをた
だ観察する。目の前の花でも、思い浮かんだイメージでも、わきあ
がる感情でもいい、それらに注意を向けるのだ。アサンプションは
対象を見たり、わたしたちが何かを思い浮かべたり、反応したりす
るときに必ず伴う何かだ。クリシュナムルティ自身はそれをアサン
プションとは呼ばず、「考え、思考」と呼んでいる。わたしたちはつ
ねに思考を通してひとや物事をみている。ひとはこの思考によって
じぶんや他人そして現実や物事を操作しようとするし、操作されも
する。思考は過去や未来への関心によって支配され、いまの目の前
にある現実から目をそらせる。考えごとに耽っているときがまさに
そうだが、わたしたちは目の前のひとやものから注意をそらし、ほ
かのことに専心するときにさかんに考えているのだ。思考、考える
ことはわたしたちの注意を枠づけ、限定してしまう。思考から自由
になることが重要であって、学校での教育は、知識を集積すること
よりも（知識は必要に応じて身につけられる）、むしろ思考のもたら
す軛から自由になるための学びがなされるべきである、とクリシュ
ナムルティはいう。

　このクリシュナムルティの指摘は、リップマンの「こどものため
の哲学」や類似の「考える」ことを教えようとする学校での教師た
ちの取り組みにとっても大きな意味をもつだろう。たしかにリップ
マンが考案したプログラムでは、「考える」ことが過大評価されてい
るといえる。もともと、アメリカ合衆国における「批判的思考」の
育成の潮流から生まれた北アメリカ流のP4Cは、基本的に、論理的
思考、批判的思考に学習の軸が置かれており、分析哲学の影響のも
と、「考える」ことや「思考」を成り立たせている無数の「心の行
為」（知覚する、想起する、推測する、関連づける、etc.）を析出し
てそれをもとに教材が作られている。リップマンがP4Cを創案しみ

315

第 4 部　ケアと幸福のための対話

ずから活動したことはもちろん敬意に値するし、現在でもその意義は哲学でも教育学でも過小評価されているとわたしは思う。だが他方で、こういった北アメリカ流の分析的な仕方での「思考を学ぶ」路線が示すものをわたしたちは見極める必要がある。

　「哲学ではじぶんで考えることがだいじだ」というひとがいる。でもほんとうにそうだろうか？　むしろフィロソフィにとってもっとも大切なことは、考えることではなくて、気づくこと、注意すること、ケアすることではないだろうか。注意して見聴きする経験を重ねていけば、じぶんが考えたことのないようないろんなつながりが感じられたり、発見されたりする。それはケアの態度と通底するものだ。ケアするとはじぶんや相手を注意深く見守ることを意味する。ケアとしての観察は、客観的で分析的な観察とは異なり、つねにじぶんの動きと連動していて、即座に動いたり、相手を待ったり、受動にも能動にも偏らずより全体的で動的な注意から成り立っている。セーフな探究のコミュニティが成熟していくと、参加しているひとりひとりの表情がよく見えるようになり、ひとりひとりの異なる反応や、みんなで何かに向かっていくときの流れが感じられるようになる。それは一体感というような大雑把なものではなくて、コミュニティ全体に行き渡った注意なのだ。逆に、ひとりで考えこむだけでは、わたしたちは分断されたままで、対話を拒み、つながりを感受する能力を活かさないままになってしまう。フィロソフィは知や思考を追い求めるのではなくて、知ること、愛すること、関係することがともに動きだす実践ではないだろうか。愛といっても、対象に執着する愛ではない。それはひとや物事をあるがままに注視する態度であって、それによって、わたしたちは部分的な思考や行為に切り縮められることなく、ちいさな驚きや発見に支えられて個々のものの関係やつながりを感じながら、その関係のなかでより自由に動けるようになる。

第1章　フィロ、ソファ、イエス！

　冒頭でも紹介したワイキキ小学校の「こどもが世界を治めたらどうなるか？」という問いをめぐるセッションでは、たくさんの意見が交わされるなかで、「こどもと大人の違いはなにか」「世界とは何のことを指しているのか」「治めるってどういう意味なのか」が次第に吟味されていき、それぞれのこどもがもっていたアサンプションがどんどん掘り起こされていった。こどもは大人ができることとじぶんができないことをよく観察している。世界といっても、多くのこどもはアメリカ合衆国のことを思い浮かべている。「治める」ということばについて何人かはそれを「大統領のすること」と理解している。知ること、愛すること、関係することを同時に学びはじめる幼いこどもたちは、それらをバラバラにしかしなくなった大人たちにくらべて利がある。知りたいことを知りたいといい、知らないことを知らないといい、ちょっとしたことに驚いたり、感情を隠さず、退屈したら素直にそれを表明し、関係やつながりを求め、関心のあるものをじっと注意をもって観察し、好きなものを愛し、嫌いなものをはねつける。こどもたちは習慣を身につけ、「ねばならないこと」「すべきこと」を理解はするが、じぶんを殺してまで最優先しない。（もちろんそれぞれが過ごす家庭や学校環境によりけりであることはいうまでもない。）「アサンプションを観察する」ということを、手の込んだ仕方で説明しなくても、どのアサンプションなら上に乗っても大丈夫かを試し、グラグラして不安定なアサンプションはさっさと捨ててしまう。ちいさなこどもは、複雑なことをむりに言おうとしないし、理解できていないことをできているふりをわざわざしない。p4c が、複雑な道具立てを必要とせず、ごく単純な「道具」だけで済むのは、こういった素直さをこどもたちが捨てないでいるからだ。

317

第4部　ケアと幸福のための対話

9. 訪問フィロソファ

　フィロソフィとしてのこどもの哲学は、哲学や学校教育の普及や拡張に向かうのではなく、いまある学校や教育がどんなもので、そこで生きている生徒や教員たちがなにを感じているか、そこでどんなアサンプションが働いていて、そのためにわたしたちが不自由でいることを知るための対話であるはずだ。ケアの営みがどんな状況であってもその場でふさわしい仕方でなされ得るように、対話は、一つの学級、一つの教科、放課後活動、どんなちいさな活動であってもいいから、きめ細やかに営まれ続けられるものだ。どんな形態でどんな道具を使うのかは二次的な問題であって、その場でもっともやりやすいようにむりなく、ひとびとのあいだで喜びや驚きとともに注意や観察がなされているかどうかが大切だろう。

　思考の方法やルールに基づかない探究やフィロソフィは、とりわけ学校文化のなかではわかりにくいと受け取られることが多い。そこで注目したいのが、第2部第3章でも触れられている〈フィロソファー・イン・レジデンス（PIR）〉だ。これは「フィロソファ」と呼ばれるひとが学校を定期訪問または長期滞在し、学校や地域でのさまざまな営みに参与しつつ、教室だけでなく学校全体をセーフな探究のためのコミュニティに変容させていく、という試みを指している。ここでPIRの活動を参考に、「訪問フィロソファ」について考えてみよう。

　対話による探究は、教科書が存在しないだけでなく、探究の成果が目に見えるかたちもとして現れにくいため、何がなされているのかがわかりにくい。とりわけ対話がなされるときは、話されることだけではなく、生身の身体によって目の前で繰り出されていくさまざまな表現が大きな意味をもっている。耳をすましてじっと聴く姿勢を保つとか、いつも表情豊かでユーモアを忘れないとかがその例

第1章　フィロ、ソファ、イエス！

だ。フィロソファが学校の空間のなかに常駐することにより、専門や教科、方法や手順としての哲学ではなく、対話と探究を教室の内外でさまざまな仕方で体現する〈ひと〉としてのフィロソファを演じ、そのひとがさまざまなひとたちがフィロソフィに触れ、ちいさなフィロソファになるためのアクセスポイント（ガイド、キーパーソン）になることができる。

　フィロソファは「教師」という特定の役割を担うのではなく、学校という組織内の活動に横断的に関わることもできる。学校では、学年、各教科、生徒指導、進路指導、カウンセリング、など部署によってスタッフが分断され、互いのことを知らず、コミュニケーション不全に陥ることが少なくない。わたしたちが日本で関わっている学校でもこうした点がもっとも大きな課題となっている。訪問フィロソファはこのようなセクションを横断するようなさまざまな活動を提案し、教師のみならず保護者も含めたコミュニティ形成に一役買うことができる。フィロソファは、教科としての哲学での探究のコミュニティが育まれるに先立って、いろんなひとが関われる活動を実行する。例えば、ホノルルのアラワイ小学校では、こどもたちの家庭が文化的に多様であるうえに貧富の差も大きく、なかには修学旅行の積立をできない家庭もある。トーマス・ヨスはこの学校にカウンセラーとして雇用され、教科のためではない教室を与えられ、相談や教科の手伝いなどさまざまなことをしている。彼は教室内に昼休みに購買部を仮設し、こどもたちのボランティアのもと、そこであげられた収益を修学旅行に行けないこどもたちに寄付をしている。

　わたしの関わっている大阪府立池田高校では、授業で行われたp4cがきっかけとなって、放課後に「おしゃべり哲学」というだれでも参加できる準サークル的な活動が生まれ（この名称は高校生が考えてくれた）、高校生が主人公でありながら高校教員や大学生も関われ

319

第4部　ケアと幸福のための対話

る自由な雰囲気で、生徒たちの世代交代を繰り返しながら何年も続けられている。また、こうした活動について保護者に知ってもらうために、教員の呼びかけにより PTA 対象の「おしゃべり哲学」も開かれ、保護者と教員が楽しく対話を行った。

　同じ府立高校でも、高校によってまったく状況は異なる。ある高校では、授業で円になって話そうとしても、はじめの数ヶ月のうちは生徒たちもなかなか話しているひとに注意を払ってくれない。「ひとの話を聴くのが大事だから注意を向けなさい」とか、「こうするのが規則です」とか規則を押しつけたところで、規則に従順な生徒とそうでない生徒が分かれてしまうだけだ。たんに規則を導入するだけでは、ひとびとのあいだに規則に対する異なる反応を生みだすだけで、最終的な解決にはいたらない。せいぜいのところ「規則を導入した」という安心感のもとで、教師が「こうなってるから、こうしなさい」と言いやすくなり、規則に従わないひとたちに対して権威を試行しやすくなるだけだろう。もちろん哲学の対話も、こどもの哲学も、けっして規則を尊重しないわけではない。「話しているひとを聴こう」と伝えるのは大切なことだ。でも「話しているひとを聴く」という一般的な規則が与えられただけでは、その意味がわからないこどもたちも当然いる。それに「規則だから話を聴く」というのは、奇妙な態度で、話をする側にとっても気持ちのいいものではない。ひとはだれでもじぶんが大切にしていることなら注意をもってそれをみつめる。ひとの話を聴くことができないのは、注意がよそに向かっていたり、目の前のことに関係がみいだせないからだ。同じ場所にいあわせても、いろんな方向に向かっている関心や注意を少しずつ縒り合わせてひとつにしていくには、相当の時間が必要とされる。そのための時間は省くことはできないし、そんな時間はないといって、無理強いすることは、ひととひとのあいだの信頼を損ない、意味を求めることを放棄させ、感じたり考えたりことを停

第1章　フィロ、ソファ、イエス！

止させることになるだろう。

　このように学校に訪問・滞在するフィロソファは、学校という場に関わるさまざまなひとが巻き込まれる活動を展開することを通して、コミュニティを醸成し、生徒や教師をとりまく現実についてセーフに対話し探究を進めるためのいわば知的な環境整備を行う。フィロソファはこうした学校をめぐる現実についてなにか判断を示すのではなく、それぞれの者に対して、あなたはこの現実について何を知っているのか、何を知らないか、何を理解しているのか、何が理解できないか、日ごろはどのようなことを繰り返しているのか、新たにやってみたいことは何かを問う。フィロソファは何かを教えるのではなく、探究の態度や姿勢がコミュニティのすべてのメンバーにとって共有され、メンバーそれぞれがフィロソファとして、つまり〈探究する者〉として、自覚的に遂行できるよう、ケアと促しを行っていくのだ。

　こうした関わりは、教師という役割とフィロソファという存在の違いを示している。教師は、「知る者」として知らない者を教え導くという役割を果たす。それに対し、フィロソファは「知らない者」として教師にも生徒にも同等に関係をむすぶ。教室のなかでは教師も生徒も、何かを「知っている」ことが最善の状態だというアサンプションにしばられ、どちらも「知らない」ことを恐れている。しかし、「知らない」ことに関係しようとするのは、教師も生徒もフィロソファも、みんな同じなのだ。現代の学校はフレイレのいう「銀行型教育」に支配され、教師も生徒も、知識を貯金することが目標であり、じぶんの口座にお金がないことを恥だと感じさせられている。しかし、フィロ-ソフィ philo-sophy は、わたしたちの知への関係を自覚する営みである。フィロソファは知識の移転には関心を向けず、ひとが知らない（理解しない）という状態を見つめ、そこで、何か知るということが生まれ出ることを驚き、喜び、愛でるのだ。

321

第 4 部　ケアと幸福のための対話

10.　混迷をともに生きる

　わたしや仲間たちは、大阪府立長吉高校で、ほそぼそと訪問フィ
ロソファを続けている。高校に常駐はできないので臨床哲学のメン
バーでチームをつくって頻繁に訪問しながら、あたらしい授業の実
施に関わっている。わたしたちがこの学校に関わるようになったの
は、この学校が変革期を迎え、p4c を応用してコミュニティを重視
する新しい教育をやっていきたいという教員からの要望があったか
らだ。この要望を受けて、まずわたしたちは全教員に p4c を体験し
てもらうために、教員研修会を利用してコミュニティボールをつく
りながら、この学校のどんなところが好きかということについて話
しあった。参加した教員たちは、こんなに教員どうしで自由に話し
あったのは久しぶりだ、と喜んでくれた。

　授業のなかではフィロソフィということを特に強調しないことに
した。「フィロソファ」という名前も日本の学校にとっては唐突なの
で使用していない。1 年生の最初に生徒たちがクラスのメンバーに
馴染むことも意図して、全クラスでボールづくりを行う。それ以降
は担当教員たちとどんな教材をもちいて話しあいをするのか、一つ
ずつ決めていった。わたしたちは毎回「ゲスト」として教室にいな
がら、あるときは担当教員を手伝ったり、あるときは生徒たちに混
じって同じ課題をやったりして、教師や生徒という役割にとらわれ
ずに、授業時間や休み時間に現れるひととひとの関係に関わろうと
する。もちろん、わたしが何者としてその場で受け入れられている
かにも注意を払っている。

　じっさいに授業をすすめるなかで、わたしたちは予想もしなかっ
た課題に直面する。あるクラスでは生徒たちは机を取り払って円に
なって座るのがこわくてできない。それは中学時代に教室でいやな
経験をさせられたからかもしれないし、机もなにもなしに周りの視

線に晒されることもこわいのかもしれない。じっさいにそういう声もでてくる。担当の教員も、教壇に立たずに円のなかに加わることに慣れなくて何をどういっていいか立ち往生する。ひとが触ったボールに触れるのがいや、ボールをもってひとに注目されるのがいや、そういう声もある。10秒も黙ってられない生徒もいる。円になって話すのは15分くらいが限度だ。

　セーフティは形式や方法にこだわっていては醸成されない。わたしたちは円になってボールを回すことにこだわるのはやめて、教員や生徒たちの声を聴きながら、それぞれのクラスでセーフだと思える形態を探っていった。いきなりみんなで円になるのは難しいので、小グループに分かれて、簡単な課題について話しあってみる。グループに分かれると、まったく話さずに孤立している生徒のことも目につく。同じグループにいたわたしは、その生徒のことを気にかけていろいろと話しかけてみるが、下を見つめたままからだをこわばらせるばかりで、なにも答えてくれない。いや、それがその生徒の答えなのだ。そういうやりとりを毎週のように繰り返しながら、春夏秋と過ぎていき、1年の最後には、なんとか円になってボールを回しながら話すことにそのクラスの生徒たちも慣れてきた。最後の授業で、わたしは1年間の感想を尋ねた。すると、最初の頃はまったくわたしの問いかけに声を返してくれなかったあの生徒が、手を上げてボールを受けとり、「ピンクさん（わたしのクラスでの名前）のおかげですこしはじぶんをだせるようになった」と、まるで別人のように話してくれた。

　こうしたわたしたちの訪問はまだ始まったばかりで、関わりが深まるに応じて浮かび上がってくる新たな課題も多い。学年やクラス、担当する教員によって課題もすべて異なる。生徒たちは学校になじめず、教員たちはあまりにも多くの問題に振り回され、ひとところに集まる時間すらない。訪問するフィロソファは、たとえ部分的で

あれ学校のなかに身をおくことによって、その場で生じる混迷に巻き込まれながら、ともにできることを拾い集めていくほかない。しかし、時間をかけてひとりひとりの教員と生徒に関わり、授業や教科という単位とはまったく別の学校での生活にわずかながら触れることができたことで、「リトル p フィロソフィの活動」の意味をわたしたちはつかみかけたように感じている。

　リトル p フィロソフィの活動も訪問フィロソファも、結局は学校という混迷をともに生きることからしか始まらない。「混迷」といっても学校という場を低く評価しているのではけっしてない。問題は学校の置かれた状況をすなおに見つめてみることだ。学校というのも一例であって、この社会は、家庭も会社も学校も組織もどの場所も混迷のなかにある。リトル p フィロソフィを長年やってみると、混迷と秩序は矛盾しないものだということに気づいてくる。教室のなかで混迷を排除することによって秩序を守ろうとすると、その場はすべての者にとってはセーフではなくなる。秩序は力によっては生まれない。むしろ、その場で起きていることを注意深く感じ、それぞれの参加者や環境にとって開かれている意味を見出すことで、最初は気づかれなかった秩序がそこで働いていることがわかり、それにどのように参画すればいいのかもわかってくるのだ。ホノルルのある小学校で p4c がなされているときのこと。その日のこどもたちは新人教員の思惑通りにはなかなか話してくれなかった。その様子を授業が終わってからその教員がわたしに、きょうはこどもたちがカオスだった、と反省しながら話してくれた。わたしは、いいえわたしの目にはカオスには見えなかったし、たとえそれがカオスに見えたとしても、そこにはかならず秩序があるはずです、と答えた。するとその若い教員は、そうですね！　と目を輝かせた。p4c を実践するひとたちは、みなそのことを知っている。Dr.J も混迷を恐れない。混迷を楽しめるようになること。それが p4c の極意だろう。

第2章　こどもから
「哲学するとはどういうことか」を学ぶ

高橋　綾

　わたしたちが「こどもの哲学」に出会い、海外の教室や実践者を訪れ、日本でも実践してみたこの15年あまりの期間は、同時に、「哲学って何？」「臨床哲学って何？」と考えつづけた時間でもあった。わたしにとっては、この「哲学って何？」という問いについては、こどもたちに出会ってはじめて、これだ、とわかったことがたくさんある。わたしにとって「こどもの哲学」とは、「こどもたちから学ぶこと」それも、「こどもたちから『哲学とは何か、哲学するとはどういうことか』を学ぶこと」でもあったと言ってもよい。

　「哲学とは何か」という問いは、大きな問いであり、幾通りもの答え方が可能だろう。それによって、「こどもと哲学するとはどういうことか」「こどもと哲学することができるのか」という質問への答えも変わってくる。哲学者、哲学研究者のなかであってもいろいろな考えがあるだろう。フランスの幼稚園でこどもたちと哲学的対話を行うという実践についてのドキュメンタリー映画「ちいさな哲学者たち」を見た後、それについて話し合う哲学カフェを行ったが、それに参加した、一般の人々からもこどもと哲学をすることについてのいろいろな問いや疑問が発せられた。

　「こども時代は、奔放に、感情にまかせて自由にふるまうほうがよい、哲学や論理的思考なんかこどもにはまだ早いのでは？」という発言では、哲学の特徴として理性的、論理的思考が思いつかれるということや、感情・感性と理性・論理的なものの対立という枠組み

があり、哲学は後者に属すると考えられるという前提が見てとれた。こどもたちと哲学するとは、論理的思考を教えたり、そちらのほうに導くものだという考え方はおそらくかなり多くの人が持つものであり、かくいうわたしも、こどもたちと対話を重ねる前はその考えに囚われていたような気がする。他には、「哲学は特殊な思考で万人向きではないから、『向く』こどもと『向かない』こどもがいるのでは？」というような発言や「こどもに哲学を学ばせたら、成長して学校や社会にうまく適応できない子になるんじゃない？」という発言もあった。これらは哲学に多少足をつっこんだことがある人の発言かもしれない。哲学は「前提を問う」思考の営みであるから、それにはまりすぎると、社会生活の前提を問うたり、他の人が普通にしていることができなくなって孤立するのではないか、という懸念は、哲学を勉強している学生や哲学研究者からも自嘲気味に漏らされるのを聞いたことがある。

　しかし、こどもたちに出会い彼らとの対話を経験してみて、わたしは、それらの考えや懸念は、かなりの部分、大人の個的な思考や大人同士の話し合いを前提にしているのだと考えるようになった。こうした大人たちが実践している「哲学」というのは、哲学の一つの姿ではあるかもしれないが、もっと「哲学」の捉え方、あり方は多様であってよい、あるいは、こどもたちの対話で行われていることこそが、「哲学」という営みの原点なのではないかと思うようになったのだ。

第2章　こどもから「哲学するとはどういうことか」を学ぶ

1.　哲学するとはどういうことか

1.1.　「意味の探究」としての哲学、ヴァルネラビリティや　　　受動性から始まる哲学

　「無垢なこどもに哲学を教える必要はない」「哲学は一人ではじめるもの」という哲学者たちの意見に反論する形で、教育哲学者の森田伸子は、「哲学は、人間がなぜか共有している『意味』の世界へとどこまでも近づこうとする営みそのものです」[1]と述べている。わたしが、こどもたちから学んだことの一つは、この森田の表現のなかにある、わたしたちが意味の世界、あるいは世界の意味を「なぜか共有している、してしまっている」のだということであり、哲学の営みとは、そこに向かって、あるいはそこからはじまるものであるということである。

　以前、こどもの哲学に一番重要なことは「理性」だという同僚に対して、わたしは「自分はそれを、『言葉への信頼』、『他人や自分への信頼』だと言いたい」と述べたことがある。しかし「信頼」という言葉でもまだ足りないような気がしている。「理性」というとどうしても、大人のオトコの、はっきりとした主張のなかにある、しっかりとした手応えのあるなにかを連想してしまう。しかし、こどもたちが示す「言葉や自他への信頼」は、理性と感性、論理と感情という手前で働きだしている何か、「理性」という言葉の手触りとはまったく反対の、堅固ではない、一つ扱いを間違えれば壊れてしまうような脆い何か、のように見えるのである。それは、自分の意志から発した「信頼」というよりも、自分の能動性や意志のおよばないところで、「なぜか共有している」「つなぎとめられてしまっている」

---

1)　森田伸子『子どもと哲学を　問いから希望へ』、勁草書房、2011 年、199 頁。

327

第4部　ケアと幸福のための対話

という感覚に近い。

　バトラーは、9.11 後の世界に触れた文章のなかで、この「なぜか共有している、してしまっている」という感覚を、わたしたち人間の根本的な「ヴァルネラビリティ（可傷性、傷つきやすさ）」という言葉で表現している[2]。法や政治的空間のような「大人が独占している領域」では、人は自律した個人として振る舞い、またそのことを要求される。しかし、バトラーは、このような自律した自己の形成条件として、わたしたちの生の根本的な「ヴァルネラビリティ」があるという。それは、「わたしたちを形成している社会的条件の根本的な何か」[3] であり、「最初から他者の世界に差し出されたものとしてのわたしの身体は、他者の痕跡を刻まれ、社会生活のるつぼのなかで形成されている。かりにわたしが自分の身体を自分だけのものと考えることがあったとしても、それは人生もだいぶ後になってからで、しかも不確かなかたちでしかない」[4] のだと、彼女は言う。9.11 のような —— あるいは 3.11 のような —— 大きな喪失体験に見舞われたとき、こども、大人関わらず、わたしたちは悲しみ、大きく傷つき、自分にとって根本的な何かが失われてしまったように感じざるを得ない。バトラーによれば、この悲しみの感情はあってはならない、乗り越えられるべきものではなく、わたしたちの生が、自分だけでなく、自分以外の存在（他の人々、動物、自然、故郷……）をも含み込んで成り立っている不確かな存在であるということを示すものでもあり、ある意味で、わたしたちと世界や他者との根本的な「絆」を証しだてるものなのである。

　こどもたちの言葉や表現のうちにわたしが強く感じるものも、このような、社会や他人、世界によってなぜかわたしたちが「つなぎ

---

2)　J. バトラー、本橋哲也訳、『生のあやうさ』、以文社、2007 年、47 頁。

3)　J. バトラー、前掲書、53 頁。

4)　J. バトラー、前掲書、59 頁。

とめられて」おり、あるいは、それらに「差し出され、むき出しに
なっている存在である」ということである。こどもたちは、芸術作
品を前にすると、そのエネルギーや身体に訴えてくる感覚に興奮し、
ほとんど祝祭かなにかのように、作品から与えられた感覚、印象を
喜んで言葉にしていく。ここでもやはり、こどもたちは、画家が描
いた世界の意味に直接晒され、知らないうちに楽しくなったり、悲
しくなったりしてしまっているのだ。ここでいう「意味の探究」と
は、自分から離れてある対象を外側から考察するという客観的な、
余裕ある営みではなく、わたしたちがすでに巻き込まれ、そこで生
きているような経験にもう一度向き合い、その経験のなかにさらに
潜っていくような営みであると言える。そしてその意味というもの
はわたしだけに現れる個的なものではなく、世界をともに生きるこ
とのなかで、すでに共有され、そこにつなぎ止められてしまってい
る「共通の意味」なのである。

　こどもたちと哲学対話をしていて、わたしが深く心に刻んだこと
は、哲学とは、知性の能動性から始まるのではなく、生の受動性か
ら始まる営みである、ということだ。古代ギリシャ以来、哲学の端
緒は「驚き」である、と言われてきた。この「驚き」もまた、世界
にすでにつなぎとめられてしまっているわたしたちが、世界からそ
れを与えられ、あるいは世界のほうから射抜かれているという根本
的に受動的な経験である。「世界はどうしてこのようにあるだろう？」
「わたしはどうして存在するのだろう？」というような存在に対する
原初的な驚きや問いかけにしても、そのような問いを問うことがで
きるという人間の知性の権能に端を発するのではなく、わたしたち
の生が世界や他人によってすでに条件づけられ、そこに存在してし
まっており、結びつけられてしまっていることによって可能になっ
ている。そう考えると、哲学的な問いをわたしたちが立てることが
できる、という言い方は不正確、あるいは不遜であり、わたしたち

329

第4部　ケアと幸福のための対話

は世界からつねに、すでに、「問われている」のであり、それを「哲学的な問い」という形で捉えなおすのだ、というふうにも言ってもよいのかもしれない。実際、こどもたち、特に小さなこどもたちは、好奇心に満ちており、「どうして？」という問いを立てるのが好きだ。おそらく、それは、知識を求めているとか、大人を困らそうとしてわざと聞いている、ということだけではない。そうした問いかけをする時、こどもたちは、世界や他人に結びつけられ、なぜか存在してしまっているということ、世界から問われているという感覚を、純粋に楽しんでいるのではないかと思う。近代以降の哲学、あるいは大学でなされる哲学研究は、知性の能動性を重視し、生の受動性や「問われている」という感覚から始まる思考の営み、生の探究のあり方を忘れ去って久しい。こどもたちと対話をするとき、その哲学の原点ともいえる地点へと連れ戻してもらえる気がする。

1.2.　生の悲苦を「問い」へと成熟させること、共有すること

しかし、わたしたちが世界や他人とのこの「絆」は、美術館での絵画についての対話の中のように、あっけらかんと、そこぬけに明るい表現として発せられる言葉のなかで示されることもあるが、「平等」についての相互質問法で発言した女の子や、被災地の中高生の悲しみや怒りをたたえた発言のなかにも含まれている。ここでは、こどもたちは、社会や他人の仕打ちの不当さや他者、故郷、大切なものを喪失すること、他人の傷に傷つくという悲苦のなかにも否応なく晒され、鋭くそれに反応してしまっている。それでもわたしは、それが、言葉であり、他人に対する「問いかけ」として表現されているというところに、希望を見いだすことができると考える。

森田は、学校でいじめを受け、疲労困憊したこどもの「なんで」という言葉のなかに込められた、精神の健康さと力に驚嘆し、次の

ように述べている。

> この少年は、繰り返し『なんで』と問い続けています。ここに私は、子どもの精神の健康さと力を見いださずにはいられません。つらい、苦しい、爆発しそうだ、泣きたい、そうした切迫した状況のなかでも、この少年は「なんで」と問う力を失っていません。『世の中』はなんでこのようにめちゃくちゃなんだろう。『世の中』とは、『世の中』に生きるということはどういうことなのだろう。彼はそう問い続けているのですから……。[5]

　世界が、あるいは他人がすべてが自分の敵に見えるとき、息ができないほど苦しい時でも、わたしたちにはどうしても言葉で問わずにはいられないこと、表現しないといられないことがある。こどもたちの憤りや悲しみに満ちた言葉は、そうした切迫性に満ちている。大人だったら、言ってもわかってもらえない、と黙ってしまうかもしれない、そのような時でも、こどもたちはまだうまく操れるわけでない言葉をなんとか発することで、自分や他人に何かが起こる可能性に賭けているかのように見える時がある。
　ここでわたしたちは、怒りや悲しみに押しつぶされそうな厳しい状況でも、こどもたちが、あるいはこどもたちだからこそ、言葉で他人に問いかけることができることに驚くべきではないだろうか。それがすべてを拒絶する沈黙という形を、また自分や他人に向けての暴力という形をとっていないこと、そこには、森田の言う通り、こどもたちの「精神の健康さ」を、あるいはそこから新しい生や人間関係を生きることができるかもしれないという「希望」（バトラー、森田）を見いだすことができる。それはおそらく彼らが自律し

5）　森田、前掲書、111 頁。

第4部　ケアと幸福のための対話

た個人という大人の生のまだ手前におり、「他者から呼びかけられているという条件のもとでのみ、言語を使うことができる」[6]という、言葉を話すことに刻まれた他者性、他者との絆を彼らがどこかで感じとっているからだろう。

わたしがこどもたちとの対話から学んだもう一つの重要なことは、哲学的な問いを問うとは、個的な独白や思考への沈潜ではなく、言葉で他者へと自分を開く行為であり、他者や世界との「絆」を結び直す行為でもあるということだ。3.11のあと、被災地の中高生が、自らの苦しい状況、悲しみや苦悩を「問い」として語り開いてくれたことはすでに述べた。彼らの問いかけや上の少年の「なんで……」という問いかけを個人の物理的、社会的、心理的「問題」へと閉じ込め、その上で、その「問題」を解決するべく苦悩のなかにいる者に手を差し伸べることもできるだろう。しかし生の受動性やそれに由来する悲苦から哲学することは、それとは別の道を探る試みである。

わたしたちが生のなかで被った悲苦にもがき、囚われるとき、その苦しみの切迫性、それを感じているのはこのわたしである、わたししかいないというひりひりとしたリアリティのために、他人から切り離され、自分の苦しみのなかに閉じ込められてしまう。「この苦しみは他人にはわからない」「わたしは当事者なのだろうか？」「大きな苦しみを被った人に比べれば、わたしの苦しみなんて……」と苦悩のなかで自己と他者が分断されていくことがさらなる苦しみの源となることもある。けれども生の苦悩や悲苦には、それと一人向き合い、その底に突き当たったときに見えるもの、そこで見つかる「問い」こそが、わたしたちを共に生きることにつなぎ止めることができるという不思議も存在している。生の受動性や苦悩は、それが

---

6)　J. バトラー、前掲書、221頁。

332

第2章 こどもから「哲学するとはどういうことか」を学ぶ

わたしたちに共通のものであると考えることができるなら、わたしたちはその苦しみによって、あるいはそこから実った「問い」によって、つながり、共に探究することができる。

森田の文章で出てきた「なんで……」と問いかけている少年は、答えや解決策がほしかったわけでも、同情や憐れみを乞うているのでもないはずだ。その問いを自分のものとして、共に問い、問われ、探究してくれる人がどこかにいれば、それでよかったのだと思う。ある人が苦しみと孤独のなかで発した「問い」が、他の人によってそれが自分の問いでもあると引き受けられること、答えはどのようにあってもよいが、その問いを共に探究することができること、そのことだけで起こる何かがあるはずであり、まさにそのことこそが哲学対話にとっては重要なのだろうと思う。この少年の「なんで」という問いは具体的な他人に向けられて発せられたものではないだろうし、福島の高校生たちの言葉は明確に問いの形をとっているわけではない。けれども、わたしはこのように、状況から自分自身を何とかもぎとろうとして、あるいは自分自身を他なる存在に対して開こうとして発せられる言葉というのは、それ自体「問いかけ」、とりわけ哲学的な問いかけとして捉えられるべきものであると考える。哲学的な問いかけは、必ずしも社会生活をひっくりかえすような挑発的な形をとる必要はないし、当たり前や前提を疑うという特殊な感性を持った人しかできないようなことではない。こどもたちの言葉のように、話し手の存在が言葉のなかにくっきりと現れている時、そこには必ず「わたしは……だけれど、あなたはどうなんだ？」という問いかけが含まれており、それを聞く者は自分に向き合い、自分なりの応答を探さずにはいられない。哲学的な問いかけとは、その問いを共有し、共に問いを探究してくれる他人を求める「呼びかけ」でもあるのだ。

苦しく、厳しい状況でも問いかけや言葉で自分を外に開こうとす

第4部　ケアと幸福のための対話

る力、他のこどもの重い言葉を同情するのでも無視するのでもなくありのまままっすぐ受け止める力、わたしはそれこそを「言葉への信頼」、「自分や他人への信頼」と呼びたいと思っている。それとともに、こうした「信頼」なしの対話や思考がいかに空疎なものであるかを、こどもたちから教えられた。生の受動性から哲学するとは、苦しむ人の問いかけを個人の問題に還元することをせず、この信頼、呼びかけに応えること、わたしたちがなぜかつなぎ止められ、共有しているはずの世界や生を、「問い」という形でもう一度共有しなおすことに存するのではないか。あとにも述べるように、こうした自他への信頼、言葉への信頼を育むことから始まり、生の喜びや悲苦から探求する対話は、思考や討議の訓練ではない、ケアリングをベースにした哲学的探求へとつながっていく。

1.3.　吟味、言葉と生との一致をめざして

　この本で紹介されている日本での実践報告を読むと、小学校での対話、震災についての対話、少年院での倫理や道徳についての対話、美術館でのワークショップと多様な場で対話がなされており、それらが同じ哲学対話であるとか、同じものを目指しているとは思えないという人もいるかもしれない。また、フランスの実践者が考えた相互質問法による問答と、ハワイの〈セーフな探究のコミュニティ〉という考え方はおなじ哲学対話でもまったく異なるものだと思ったという人は多くいる。しかし、わたしは、これらの対話や問答は、表面上の見え方は異なっても、同じ一つのことを目指しているのだと考えている。哲学対話で行われるべきこと、それは「吟味」、つまり、相手や自分の「考え」を問答を通じて吟味することである。
　わたし自身は、相互質問法のように、対話のなかでの質問を通じて自他の考えを吟味することをいろいろな年齢を対象に行っている

第2章　こどもから「哲学するとはどういうことか」を学ぶ

が、この自他の「考え」を吟味するということについては、大人の
ほうが不得意な面も多々あると感じている。相手の考えに繰り返し
質問して吟味することは、質問を受ける側のこどもが、攻撃され、
問いつめられていると感じ、負担になるのではないかと大人は心配
をする。ところが、相互質問法をやってみた小学校の先生は、多く
のこどもが質問されることを嫌がっていないどころか、みんなに質
問をされて喜んでいたり、平気でその役割を楽しんでいることに驚
いたという。また、大学生や大人になると、相手の考えを理解し掘
り下げるために質問を、と説明しても、自分の持っている知識を披
露しようとしたり、質問によって相手をやり込め、追いつめるよう
なふるまいに出る人もいる。そうでなくても、相手の「考え」を知
るような質問ではなく、相手のプライベートなことやその人の具体
的体験、人となりについての「情報」を集めるような質問を繰り返
し、相手の「考え」へと向かう質問をするのが難しい場合もある。
おそらく、わたしたちは大人になる過程で、さまざまなことにとら
われて、率直に質問をし、相手の「考え」の核に踏み込み、理解す
ることができにくくなってしまうのだろう。相互質問法の案案者オ
スカルの弟子、ヴィクトリア・チェルネンコさんは、日本でのワー
クショップで、「日本人は相手を気遣って率直な物言いを避ける傾向
にあるが、むしろ、『これを言うと相手が傷つくのではないか、答え
られないのではないか』という気遣いは、相手への信頼のなさを示
しているのではないか」と述べていたが、その意味では、こどもた
ちは、相手に対する過剰な気遣いなしに、また、自分の優位を示す
ためではなく、自分と相手の対等性を信じて、単刀直入に相手の「考
え」に切り込んでいく。

　わたし自身は、哲学の「吟味」とは、単に知識が真であるかを試
すことだけではなく、過剰な相手への気遣い、自分や他人への不信、
恐れ、本当は知らないのに知っているという思い込み、自分をよく

335

第4部　ケアと幸福のための対話

見せたいというプライド、といったバリアをはぎとることであり、それを通じて、自分や他人の「考え」とまっすぐに向かい合うためになされるのだと考えている。そして、このことに関しては、複雑な表現を使わずシンプルに自分が感じていることを語ることのでき、自分をごまかしたり、えらそうに見せようとすることがあまりない、こどもたちのほうが向いているのではないかと感じることがよくある。おそらく、小学生のこどもたちにとっては、多くの大人が身につけてしまっているさまざまなバリアは縁遠いものであり、彼らの発言や表現は、彼ら自身の存在の核とごく近いところにあるのだろう。それが大人から見ると、まるで人前でたやすく裸になるように、自分の柔らかい傷つきやすい部分をそんなにすぐに晒してしまってよいのか、というようにも見えるのだが、当のこどもたちは楽しそうに裸でおしくらまんじゅうをしている、こどもたちの話し合いにはそんな印象を受けることがある。その上、さらに質問を受け、さらに自分という人間の根本的な輪郭をむき出しにされ、試されても、彼らはそれを拒否するどころか、「これが自分だ」と誇らしげにしたり、「自分の本当の考えは何なんだろう」とこれ以上ないほど真剣に考えている。このようなかたちで、「考え」としてのその人に迫るということは、相手の人となりや経験について知ることではなく、それよりももっと根本的なその人の有り様や存在の核をむき出しにし、そこに迫るということ、それぞれの言葉と生が一致するような瞬間を共に生きるということでもある。そして、林竹二の言うように、こうした哲学の「吟味」が本来的な形でなされる場合には、発言者の生の形を根本的に変換しうるようなものになりうる。

　上のようなヨーロッパ型の問答を通じての吟味と、ハワイの〈セーフな探究のコミュニティ〉は、見かけ上は異なるもののように見えるかもしれない。そう見える一つの理由は、雰囲気や和合を重視しがちな日本では、〈セーフティ Safety〉は、不快な要素をなるべ

第2章　こどもから「哲学するとはどういうことか」を学ぶ

く減らすことや自分を防御する「セキュリティ Security」と混同されがちであるからだろう。〈セーフティ〉という言葉は、日本では、「空気を読み」表面上の仲の良さを保つこと、他人に必要以上に踏み込まず、互いに不快な思いをしない／させないという我々の慣習に引き寄せて理解される。しかし、〈知的なセーフティ〉が、「わからない」や「自分は違う」といった言いにくいことを言えるようにすることによって、本当に自分が言いたいことを言うことを重視していることの意味を十分理解すれば、〈セーフティ〉が意味するものもまた、上で述べたような、その人の本質的なあり方が、言葉や、それ以外の表現で表明されるのに必要な場のあり方のことだと言えるのではないだろうか。Dr.Jの対話のなかでの振る舞いをみていると、笑顔を絶やさず、周りの人を楽しくさせるような朗らかな雰囲気を常にただよわせているが、ここぞというところでは、相手の考えや前提を問うような鋭い質問をしているのがわかる。吟味や探究を通じて見いだされる対話のなかでの真理とは、言葉と自己の一致であり、自己への真正さである。対話する哲学者たちのスタイルはさまざまであるが、この点については同じ考えを持っているようにわたしには思える。自己への真正さを妨げるものはなにか、それをある時には柔らかく、ある時には厳しく問うていくことが必要となる。

1.4.　表現と解放

　吟味の末、自分という人間の根本的な輪郭がむきだしになること、そこでこそ、その人という存在の「表現」ということがありえる。こどもたちと哲学対話を行うことは、思考や討論の訓練である前にまず、自分という人間を表現することを学ぶという、広い意味での「表現」の教育であるとわたし自身は考えている。人から与えられた言葉ではなく、自分や自分の生活を語る言葉を自分自身でつむぎ出

337

第4部　ケアと幸福のための対話

すこと、自分たちの生活や社会のありかたを問い、吟味すること、そのことを重視するとき、こどもの哲学は、フレイレの識字教育や、戦前戦後の日本で行われた作文教育の実践「生活綴り方」にも通じる「表現」——とそれを通じての「解放」——の教育の流れのなかにある。さらに、わたしは、吟味や表現というものは、必ずしも言葉によるものだけなくてもよいとすら思っている。美術館での対話も、ことばのやりとりはそれほど多くないが、こどもたちはそれぞれ、ある場合には言葉によって、ある場合には、自分で絵を描いたり、音を鳴らすこと、体を動かすことによって、ある作品やその作品に自分が見たもの、感じたものの核に迫ろうとしている。だから、その試行錯誤の結果として現れてくるものは、言葉であっても、視覚作品や触覚作品であっても、吟味と探究の末の「表現」となりうる。

　ここで、先にも引いた林竹二の言葉に再び立ち戻ってみる。

　　裸にされるということが、こどもにとっては、決して苦しい、いやな体験ではないと思いますね。やはり一つの解放があり、一種のカタルシス——浄化というものがあるのではないかという気がします。借り物の知識では通用しないんだということを思い知らされるということ。そのことに自分が納得するということ。それによってこどもは解放され、浄化されるのではないかと思います。それが授業の中のこどもをあんなに美しい姿にするのではないかと思いますね。[7]

　言葉であっても、それ以外の表現作業であっても、吟味や問答を繰り返し、自己への真正さへと探究を進める時のこどもたちの、内

---

7)　灰谷、『わたしの出会った子どもたち』、227 頁。

第2章　こどもから「哲学するとはどういうことか」を学ぶ

側からのエネルギーで上気したような顔、自分にじっと向かい合う静かで集中した顔や、探究の結果出てきた彼らの「表現」を形容するには、「かしこい」や「真面目」や「がんばっている」など授業の中の褒め言葉では到底たりそうになく、林の言う通り、「美しい」という言葉しか確かにないように思えてくる。ここでわたしは、ハワイのp4cの師匠、Dr.Jも、林竹二と同様「美しさ」という言葉を使って、「その人の本来の姿が出てくると、それはすべて美しい、わたしはそれを見るのが好きなのだ」と言っていたことを思い出している。

　ここで言われている「美しさ」とは、「みんなちがってみんないい」というような表面的な多様性の肯定とは異なる。哲学の探究、吟味とは、借り物の知識からの解放であり、自他に対する不信、不安や恐れ、プライドからの解放に向かう。自分とはこれである、という言葉、表現を見つけること、それはある時には楽しい道であるだろうが、自分の殻やバリアを一つずつ剥がしていく真剣さと集中とが必要になる厳しい道でもある。それを経ることによって初めて、哲学的な対話や吟味は、言葉の上での探究や吟味だけでなく、存在や生そのものへの吟味となるのであり、そこで初めて人は、自分の生を自分の生として生き直すことができるようになるのであろう。「美しさ」とはそのような、むき出しの、充実した生に向けられた言葉なのである。

2.　民主主義の／と教育

2.1.　公的な発言の主体になること

　哲学対話とは、個々の生が吟味され、むき出しにされる場でもあ

第4部　ケアと幸福のための対話

るが、その一方で、あるいはそれゆえに、優れて「公的」な実践で
もある。相互質問法で、5年生のこどもやそのクラスメイトがして
みせたように、自分の「考え」を語るということは、無反省に体験
を暴露するのではなく、経験に対する「態度」を他人に示すことで
あり、それは単に主観的な思いを述べるということとも異なり、み
んなで議論をしている共通の問題についての自分の位置取りを示す、
ということでもある。「努力しても乗り越えられない貧しさもある」
と、このこどもはあくまで自分の経験ではなくテーマについての「考
え」を示したのに対し、周りのこどもたちも「平等というのはお金
だけの問題か？」「それは権利の問題ではないか？」と彼女の「考
え」について質問や吟味をしていた。こどもたちは、自分が何者か
を示すような言葉を人前で語るということは自分の経験をそのまま
に打ち明けることとは異なるのだ、という線引きを直感的に行い、
その線ぎりぎりのところでとどまって対話をしていた。そのこと自
体にもわたしはとても驚いた。

　彼らの対話がそれを示しているように、自分が何者かを示すよう
な言葉や「考え」を人前で語る、ということは、「私的」な自己を晒
すということではなく、それとはまったく逆に、「公的な存在」とし
てその場に現れるということなのだとわたしは考える。この5年生
の女の子が、言葉は不十分ながら態度でつらぬき、行ったことは、
自分が直面している問題を、自分個人の悩みや困難としてではなく、
他の全ての人が考えるべき、「公的」な問題ではないかと他の人に問
うた、ということだったのだ。

　河野哲也は、その道徳教育論のなかで、安易なリベラリズムに欠
けているのは、「政治の役割とは、私的な問題を公的な議論へともた
らすことだ、ということ」[8] への認識であると述べている。「リベラ

8)　河野哲也、『道徳を問いなおす』、ちくま書房、2011年、120頁。

リズムはどこかで標準的な人間像を想定して、その基準から公的な問題と私的な問題を区別している。」だから、リベラリズム社会のなかでは、例えば、妊娠出産は社会の問題でもあるという女性の問いかけや、個人の努力では乗り越えられない貧困というものがあるという問いかけは、一部の、あるいは少数の人々の私的な問題だとされてしまうことがある。河野の言う通り、政治的であること、とは、「標準的な人間」が思う「公的な問題」について論じることではなく、なぜ、出産や貧困は私的な問題とされてしまうのか、何が公的な問題で、何が私的な問題かの線引きを問い直すことにある。だとすれば、既存の選択肢には用意されていなかった「考え」「問い」を自分の力で創造し、それはわたしだけの問題なのかと問いかけるという、このこどもがしてみせた振る舞いは、優れて「政治的」「公的」であると言えるのではないだろうか。

　哲学的な対話で必要なのは、自分にとってリアルな経験を、他の人が共同で探究し、議論できるようなかたちで問いかけ、伝えることができるということであり、人はその時、自分の経験を、いわば公的な次元で生き直し、公的な存在としての自己を、言葉を語ることによって再創造することになる。この変換、創造は、哲学的対話のあらゆるところに、たとえ、それが社会的、倫理的テーマについて話しているのではない場合でも重要となる。現在の教育現場では、こどもや学生が、他者との対話、議論を学び、市民社会の主体としての意識を持つために「民主主義教育」や「シティズンシップ教育」が重要だということが言われており、そこでは、合意形成のトレーニングをするといった課題が教科学習にも取り入れられている。しかし、真の意味での「民主主義教育」や「シティズンシップ教育」がありえるとすれば、すでに「公的」なものとして、区切られ、与えられたテーマについて議論をすることではなく、自分の経験を公的な問題として再定義、再創造できる主体を育成することが必要な

のではないだろうか。

2.2. 共存することを学ぶこと

　わたしは、ここでこどもは純粋で善良であるというような楽観主義やこども賛美を述べているわけではない。対話実践の中では、すべてのこどもが真摯な発言をするわけではないし、自由な発言を認めると、他人を傷つけるような発言が出てくることや、それぞれのこどもが好き勝手に動き出してクラスが混乱に陥ることもある。こどもと接したことがある人なら誰でもその経験があると思うが、こどもたちは他人の発言や言動、あるいは言葉では隠しきれない細かな感情や思考の動きに対して敏感であり、他人の悪意に容易に傷つくこともある。しかし、その逆に他人の痛いところを皮肉なくらい見事に突いて、相手を嫌がらせたり、傷つけたりすることにも非常に長けているのである。こどもたちはわたしたち人間存在が持つ根本的な「脆さ」、他人や世界との結びつきを体現しているが、バトラーも言うように、この「脆さ」「結びつき」は、そこから新しい人間関係を作り直すことにつながる「希望」や「倫理」の可能性の条件であると同時に、他者から傷つけられること、他者を傷つけるという「暴力」や「非倫理」の可能性の条件でもあることは忘れてはならない。

　だから、こうした発言を受け入れる場所をつくること、対話を続けるということは、「危険」なことだと考える人もいるだろう。普通の学校の授業で、教科の内容を勉強し、それに関連することを話しているだけなら、あるいは教師や大人のコントロールの下で発言が管理されるなら起こるはずのないことが、そこでは起こる危険がある。自分の家庭や今までの生活のこと、今切実に感じている思いを話すこと、誰かのそうした発言に応じて発言し、思わぬ形で相手の

第2章　こどもから「哲学するとはどういうことか」を学ぶ

人生に踏み込んでしまうこと、コミュニティーボールを使った対話では、教師が発話をコントロールしないことによって、ボールが渡る人に偏りが生じるなど、授業では見えないクラスの人間関係の綻びが見えてくることもある。そのようなさまざまな出来事を許容するこうした対話の試みは、とても脆い、危うい試みであるとも言える。けれども、わたしは、その脆さから始めるしか、脆い対話にとどまり続けることしか、わたしたちにはできないのではないかと感じている。

　教室でのこどもたちの対話の映像を見て、そこで何が起こっているのか話し合う授業検討会をしていた時に、ある小学校の先生が次のように言ったことが印象に残っている。「教師が仕切る教科のなかでなら、もっと居心地よい対話、きれいな対話ができる。コミュニティーボールを使った対話は、居心地がよいか悪いかといえば、居心地が悪い。だけど、人と対話するということは居心地が悪いこともあり、その居心地の悪さを経験するのも、こどもたちにとっては一つの学びとなるのではないか。」と。なぜこうした対話が居心地が悪いかといえば、一つには、正しい答えを探して発話を積み重ねて行く教科の授業や仲良しの友達とのおしゃべりのなかでは決して知ることのないことを目の当たりにする――同じ授業を受けている隣のクラスメイトが、同い年の同じ地域に住む同級生なのに、自分とは全く違う生活をし、全く考えをもっている他人であることに改めて気づかされるからだろう。もう一つには、対話のなかで生じる問題――誰かがボールを独占している、誰かにボールを持って話している時に他の人が勝手に話して邪魔をする、など――が、他の人、例えば先生の責任にして済ませられる問題ではなく、自分たちで解決しなければならない、自分たちの困難としてこどもたちに現れてくるからであろう。

　わたしたちはこどもの哲学での対話の基礎として、対話に参加す

るこどもたちの間の人間関係やコミュニティをなによりも重視している。しかし、それによって、学級目標で掲げられるような「仲良しクラス」あるいは、対立や不和を排除したこどもたちの「きれいな」「居心地のいい」人間関係というものを指しているわけではない。むしろ、自分とはまったく違う他人が目の前にいること、容易にまとまらないことや不和をこどもたちに経験してもらいたいと思う。そして、それぞれの人が自分というものをさらけ出す対話の居心地の悪さに直面するなかで、その中でも意見や感じ方の異なる他人を尊重し、一緒に生活する方法をこどもたち自身が考えることができること、他人と関係を持つことの難しさを回避するのではなく、それに向かい合い、そこから互いの関係を新たに作り出すということを行っていきたい。

　「こどもとともにする哲学対話が『民主主義』の実践である」と言われる時、わたしたちはそこで言われている「民主主義」という言葉の意味を再び考え直す時期に来ているのかもしれない。メキシコ、チアパス州のサンクリストヴァル・ラス・カサスで開かれた、こどもとする哲学対話の実践者の集まりでは、こどもとの哲学対話は、アメリカ型の、リベラリズム型の民主主義とはちがう、オルタナティブな「ソーシャル・デモクラシー」のための教育でなければならないということが議論されていた。

　民主主義とは、多数決や選挙を行うといった形式的制度の問題ではない。多数決が全てならそれは多数者のための政治、社会になってしまうし、そもそも選挙権を与えられていない人（こども、移民、外国人）がおり、聞かれない声、公的なものとして取り上げられない問題は存在しつづける以上、その社会の「すべての人のための政治」は不可能な、あるいは終わらない課題である。しかし、ランシエールが言うように、民主主義の民主主義たる所以は、わたしの問題は「公的」問題ではないのか、わたしは社会の一員に含まれてい

第 2 章　こどもから「哲学するとはどういうことか」を学ぶ

ないのか、と問う、合意形成から排除された、民主主義の他者からの「分け前なき者の分け前」[9] をめぐる異議申し立ての声に開かれているということに存するのではないか。あるいは声や言葉とも思えない呻きや叫びのような物音のなかにも何らかの「声」や「言葉」を見いだそうとすること、聞き取られないかもしれない言葉や声や呻きでもあきらめず訴え続け、問いかける力を持つこと。そして、避けることのできない不和、葛藤、不協和音、そうしたものをネガティブなものとして捉え、あらかじめ排除するのではなく、共生のための「チャンス」と捉えることができるということ。こうしたことから始まる、あるいはそこにぎりぎりの形で現れる共存、共生への努力や意思、対話の精神とはそのようなものであり、それが真の意味での民主主義の精神だと言えるのではないか。こどもとの哲学対話が、こうした意味での民主主義の教育であるとしたら、それは、ディベートや討論、投票など、リベラルな合理的主体としての社会や政治参加を促すことだけに留まるものではないだろう。異質なもの、他者を理解しようとする態度、違いを覆い隠して目先の問題を解決するのではなく、何が我々の共有できる普遍的な「問い」なのかを考え、普遍的な問いのなかでこそ浮かび上がる本質的な違いを尊重する態度、違和の申し立てや不和こそを話し合いが深まるチャンスとして捉える態度、そういった態度を養っていくための対話の営みは、既存のシステムを通じた政治参加をなす主体の養成にではなく、コミュニティに参加する者ひとりひとりが、他者との共存を学んで行く「自治」にこそ向かわねばならない。

---

9)　ランシェール、『不和あるいは了解なき了解』、30 頁。

345

第4部　ケアと幸福のための対話

3. なぜ〈こどもの哲学〉なのか？

　最後に、「なぜ〈こどもの哲学〉なのか？」という問いに答えることで、わたしがこどもとの哲学対話実践を何のために続けているのか、こどもとの哲学対話がこどもとわたしたちの社会にとってどんな意味があるとわたしが考えているか、ということについての現時点での考えを述べておこう。

　教育や学び、ということを考えるとき、「教育 Education」という概念、現象と、「学校教育、学校制度 Schooling」という概念、現象とを分けて考えておくことは重要である。つまり、こどもや大人も含めた人間が何かを学ぶことや共同の学びのなかで教えあい、変容していくことは人類の歴史の初めからある普遍的なものであるが、近代以降、教育の場としての学校制度が整備された結果、現在、わたしたちは教育＝学校に行くことであると考えることも少なくはない。あるいは知識を教えること、学力や能力の向上、大人による成果の評価、管理、そして社会や国家に役立つ人材養成という近代的な学校制度の枠組みは、あまりにも深くわたしたちに浸透しているため、どうしてもそうした枠組みを通じてしか学びや教育を考えることができない、ということもあるだろう。

　こどもとの哲学対話を学校で行っているというと、「それでこどもにどのような能力が身につくのか」「評価はどうするのか」といった質問をされることが少なくない。しかし、わたし自身は —— 学力や能力の向上を軽視するわけでもないし、哲学対話の成果が評価できないと考えているわけではないが —— そうした近代的な学校制度の枠組みを当然のものとはせず、それとは違う視点を手放さないでおきたいと思っている。哲学対話が、教育の実践であるとするなら、それは、ソクラテスの実践のように学校や学問という制度、そして近代国家制度よりも古い歴史を持っている。したがって、わたしの

第2章　こどもから「哲学するとはどういうことか」を学ぶ

考える「こどもの哲学」は、学び教えあい、共に考えることの原点に立ち戻る実践であり、それであるがゆえに、たとえそれが学校制度のなかで行われることがあるにしても、学校制度については一定の距離、あるいは緊張関係を保ちつづけ、学びや教育と学校教育、学校制度との関係を常に問い直しながら続いていく営み——すなわち、その実践そのものが近代の学校制度の批判的検討でもあるような行為——であると言える。あるいは、もっとポジティブに言うのであれば、こどもの哲学の意味や今後の展開を考えるということは、それがそのまま、近代的な学校制度に代わる新しい学校教育やこどもの教育、学びのあり方を考えるということにつながるはずである。

3.1.　ケアを重視する哲学対話、探究

　わたしがこどもとの哲学対話を続けているのは、もちろん、こどもにとって意味があり、有益であるだろうと思っているからである。ただし、わたしの考えるこどもとの哲学対話は、通常よく考えられるように思考の訓練や議論や公共的討議の練習をすることではなく、こどもたちが自分を表現し、他人と自分をケアしつつ探究することを学ぶ場である。思考や討議の訓練か、ケアを重視するコミュニティ・対話かが、リップマンのいう〈探究のコミュニティ〉とハワイの〈セーフな探究のコミュニティ〉に代表される試みを分けるものであると言えるだろう。したがって、そのようなケアを重視する場としてのこどもとの哲学対話に有益性というものがあるとすれば、学力向上、言語運用能力、思考力、コミュニケーション能力の向上、といった学校制度の枠内の留まるもの——これらの基準は時に「生きる力」と呼ばれたりすることがあるものの、実際はこどもたちにとっては「外的」なものであり、評価する側の目線に立ったものである——ではなく、そのような、学校制度のパラダイムを見直し、

347

第4部　ケアと幸福のための対話

それぞれのこどもにとって「内的」な意味を持つ、つまりこどもたちが充実した、「幸福」な生を送っていく力を与えるものであるべきだと考えている。

　そもそも、わたしが、哲学対話のなかに、理性的な討議や議論だけではない、ケアの要素があると気づいたのは、こどもたちとの対話を繰り返すなかでだった。先に書いたように、こどもたちは生の喜びにも悲苦にも晒されながら、日々の生活を生きている。こどもの考えや表現が始まるのは、そのような生のヴァルネラビリティからなのだ。

　議論がテーマやコンテンツベースなのに対して、ケアに基づく対話は人間関係をベースとし、相手の話すことをよく聞き、相手を理解することから始まる[10]。こどもたちの話では、抽象的、一般的なテーマでも、それぞれのこどもの生活や人間関係が話される。誰かの発言を理解するときには、こどもたちの場合は、テーマに関連づけ、人から切り離して内容だけを理解するのではなく、まず誰かの発言として、対話相手そのものを理解することもそこに含まれていることが多い。こどもたちの話し合いは、ギリガンのいう「人間関係と心理的な真実からなる世界であって、それは人々のつながりを知ることが、おたがいに対する責任の認識や、おたがいに応答しあう必要性の知覚を引き起こす」[11]というケアの関係の要素が含まれているように思える。

　さらに、こどもたちは、意見や立場が違っていても、大人のように違いにこだわり対立するのではなく、「そこはわかる」というように理解できる部分を見つけたり、芸術作品についての対話が象徴す

---

10)　ケアリングをベースにした哲学対話については、高橋綾「哲学対話とスピリチュアルケア」、『Co＊Design 1』、大阪大学 CO デザインセンター、2017 年、25-45 頁参照。
11)　C. ギリガン、岩男寿美子監訳、生田久美子・並木美智子共訳、『もうひとつの声　男女の道徳観のちがいと女性のアイデンティティ』、川島書店、1986 年、49 頁。

348

るように、同じもの、テーマを色々な角度から見ることを通じて、共通の意味を探求することが比較的容易にできる。また、小学校での「平等」についての話し合いや、震災についての対話のように、誰かのパーソナルな経験に裏付けられた意見が出たときには、共感を持って聞くが、単に相手に感情移入したり、同情するだけではなく、そこから自分にも関係する「問い」を見つけ「探究」に向かうこともある。

　倫理学では、正義の倫理に対してケアの倫理というありかたが対置されることがある。ケアの倫理は、個的人間ではなく、関係性を重視し、抽象的な原理原則ではなく具体的なことや今目の前にいる人間に配慮するという特質を持つものの、場当たり的になりがちで、原則論や公平性、客観性等に乏しいとされる。倫理的な思考の発達という観点からは、関係性や具体的つながりを重視するあり方は、原則や客観性を重視するあり方に比べて、未熟なものだとされることもある。従来、哲学的な探究というものは、個的人間同士の議論や討論をベースにした、すなわち正義の倫理の枠組みにおいて捉えられることが多かった。しかし、わたしはこどもたちと対話してみて——そのあと、その多くが女性である看護師たちとの対話を行うことによっても——ケア的関係や対話は決して参加者の未熟さの表れではなく、正義の倫理や議論に代わるもう一つの人間のコミュニケーションや探究のあり方を示すものであり、人間関係の結びつきを作りつつ、相手への理解や共感をベースにして始まる哲学的探究というものが確かにありえると思うようになったのである。

　哲学が近代化のなかで専門的学問として成立する前、古代では、哲学や哲学対話は「魂への配慮（ケア）」として、自分や他人の生に配慮し、よく生きるための方法であった。こどもや女性たちとの対話は、近代哲学の姿とは異なる、自己や他者への配慮や関係性を築くことから始まる哲学探求、哲学対話の可能性を教えてくれる。そ

第4部　ケアと幸福のための対話

して、ケアを重視する哲学探求や哲学対話には、これまで哲学対話の有効性として考えられてきた、思考や討議の訓練というだけでない、まったく別な意味の効果があると考えられるのである。

3.2.　こどもの幸福のための対話

「幸せのための教育」のなかで、ネル・ノディングスは、アメリカでの学校教育の目標が、スタンダードテストでの成績を上げることや、賃金労働世界への準備、投票権を行使するための国民教育にむけられ、こどもたちの身近な世界、家庭や隣人やコミュニティでのよりよい生活を送ることにはむけられていないことを指摘している。そして学校のなかでは成績を上げるために、こどもも大人（教師）も忙殺され、さまざまな苦行を自分や他人に課さざるをえない。これに対して、ノディングスは、学校教育のなかで、もっとこども（と大人の）の「幸福」ということが重視されるべきであり、こどもたちに努力をしいて、苦しさにやみくもに耐えさせるのではなく、学ぶこと、知ることがまずは「楽しい」ことであると思えるようにすること、また家庭を築くことや自然と共生し、地域コミュニティのなかで生きること、といった身近な生活について学び、考える機会を持つことや、それに必要な対人関係を育んでいく体験が必要なのではないかと述べている。

わたしもこのノディングスの考えには基本的に賛成であり、ケア的なコミュニティのなかで、こどもたちが身近な生活で起こることについて対話し、考える時間を持つことは、こどもにとっては重要なことだと感じている。ところが、学校の授業では、なかなかこどもたちが自分の生で直面するいろいろなことについてただ話し合うという機会はあまりない。自らの生や社会に関係することを話し合う際にも、教材や授業のテーマなどの形で、こどもたちの生から少

第2章　こどもから「哲学するとはどういうことか」を学ぶ

し切り離された、教師がコントロールしやすい枠組みが与えられていたり、あらかじめ結論が決まっていたりすることが多い。また、ノディングスのいう通り、公的生活について考える場合でも、国家の歴史や議会の仕組み、投票権など「大規模な市民生活」[12]や国民教育のためであって、身近な隣人やコミュニティで具体的にどう暮らすかということが取り上げられることは少ない。ところが、こどもや若者と対話をすると、思わぬところから彼らの生の実感が飛び出してくることがある。

　親や家族に関することは、ある程度成長してもこどもたちの関心事をしめているらしく、それに直接関係するテーマの話し合いでない場合も、「大人って案外たよりないんやな、って思った」「おかあちゃんが僕にばっかり厳しいて、手が飛んでくることもあるんやけど……」「小学校の時に、親が離婚して、ある日突然おとんとおとんの荷物が全部家からなくなっとった……人生で一番大きな出来事やった」というような発言が時折聞かれる。現在日本では、多くのこどもたちが、親の離婚や貧困、家庭の内外での暴力やいじめ、自然災害や事故に見舞われること、身近な人の死や別れなど、さまざまな生の困難に晒されている。こうしたことについて、こどもが、こども同士が話せる場所、それについてじっくり考えることのできる場所は、実は学校の中にはあまりない。

　ノディングスは、アメリカの学校の中でもこどもたちがこうした身近なことについて考える機会は少ないと述べているが、欧米の学校では、ヘルスエデュケーションの時間などで、こどもたちが家庭を持つことや親になることについて、家庭や社会のなかで起こる暴力について、話し合い、考えることが行われている。ハワイのカイルア高校でも、ヘルスエデュケーションの先生が恋人から受ける暴

---

12)　ネル・ノディングス、山崎洋子、菱刈晃夫監訳、『幸せのための教育』、知泉書館、2008年、39頁。

第 4 部　ケアと幸福のための対話

力について p4c 型の話し合いをしようとチャレンジしていたし、そもそもカイルア高校の生徒たちは、国語（英語）などで、文学的なテキストを読んで話し合いをする場合でも、「こどもだけでパーティに行くのは悪いこと？」「いつから大人とみなされるのか？」というような自分の実生活に関係することにひきつけて話したり、考えようとしていた。

ノディングスは、「幸せのための教育」において、こどもが自分の身近な生をどう生きるかについて学び考えること、自分や他人、自然やコミュニティをケアし、ケアされることを学ぶことを通じて生きることを学ぶことが重要だと考えているようである。それには賛成するものの、今の日本の社会の現状と将来を考えた時、そこからもう一歩踏み込んで、こどもの哲学は、こどもがいま現在生き、またこれからも生きなければならないヴァルネラブルな生をしっかり生きていけることを助けるものであるべきだというのがわたしの考えである。

わたしは、こどもとの哲学対話に有用性があるとすれば、それは、先に述べた「言葉への信頼」「自分や他人への信頼」をこどもたちが深いところで持ち続けるということではないかと考える。どんな問いでも真剣に受け止め、一緒に考えてくれる人がいるということ、苦しい状況でもそれを言葉に出して問い、他人とともに考えることができるのだということ、言葉を使って話し考えることは自分や他人の生と直結しており、そのことによってわたしたちの生が本当に変わりうるのだということ、つながり合うのが難しい時、不和がある時にも、それを取り除いたり、人任せにせずコミュニティをよいものにしていこうという努力をすること、すなわち、自己や他者のケア、ケアを重視する対話やコミュニティを体験することにより、こどもたちは、「多少大変なことがあっても、自分は大丈夫、生きていける」という自分や他人への、あるいは社会への深いところでの

352

第 2 章　こどもから「哲学するとはどういうことか」を学ぶ

信頼を持つことができるはずだ。

　こどもの哲学が、こどもの幸せのための教育であると言えるなら、それは、成績向上や将来の成功という「上昇志向」の教育ではなく、ともに生きることの根を強くし、挫折や苦難のなかでも生きていける力という「生の下支え」「精神的なセーフティネット」を築く教育に向かうべきではないか。ここで言われている幸せとは、単に快や楽しみが多い状態でも、成績や何らかの対人スキルの向上や成功を指すものではない。対話の効果や目的を幸せ以外の言葉で表すとしたら、また指標化できるものとして示すならば、それは、こどもたちの「エンパワーメント」であり、こどもの「レジリエンス　resilience」を高めることであると言ってもよい。

　「レジリエンス」とは、もともと物理学の言葉で、「弾性」「外力による歪みを跳ね返す力」という意味であるが、近年心理学や精神医学に転用され、「不利な、困難な状況にあっても、正常な（精神の）平衡状態を保つことができる能力」「精神的回復力」として定義され、精神医学や福祉などの現場で着目されている[13]。つまり、上に述べた「多少大変なことがあっても、自分は大丈夫、生きていける」「挫折や苦難のなかでも生きていける力」ということを精神医学や心理学の言い方で言い換えたものであると言ってよいと思う。わたしが最初にこの言葉を聞いたのは、ハワイ大学においてであり、その当時ハワイ州の高校のカリキュラムに p4c を導入する際の教育成果の評価測定軸として、この「レジリエンス」を取り入れようという話がされていた[14]。「レジリエンス」は何によって高まるかという研

13)　レジリエンスについては、『心理学』無藤隆他著、有斐閣、2004 年、184-188 頁、小塩真司・中谷素之、金子一史、長嶺伸治「ネガティブな出来事からの立ち直りを導く心理的特性 —— 精神的回復力尺度の作成」、『カウンセリング研究 35』2002 年、57-65 頁などを参照。

14)　その後、緩和ケアに取り組む看護師の教育に「セーフな探究のコミュニティ」を取り入れるというプロジェクトに関わることになったが、そのプログラムの教

353

第4部　ケアと幸福のための対話

究では、自尊感情や自己効力感、新しいことや難しい状況に対する
好奇心、挑戦心を持つこと、助けを求められる他人がいること、世
界や未来に対する肯定的な見方といったことが要素に挙げられるよ
うである。

　わたし自身、これらの要素はケア的な哲学対話でこどもの中に育
まれる力に強く関係していると思う。しかし哲学対話がもたらす力
は、「精神的回復力」や「ストレスに強い」という個的能力、それも
ある種の精神の「強靭さ」を思い起こさせる心理学的定義によって
説明されるよりも、むしろフランクルのいう「苦悩する力」——　苦
しい状況にあっても、それに圧倒されてしまうのではなく、それを
「問い」として捉え、言葉にし、他人と共に問うことのできる力、弱
さから生まれるケアと支え合いの力——　として捉えられるとわたし
は考える。

　わたしたちは、「臨床哲学」の実践のあり方を探すなかで、こども
とする哲学対話に出会った。初めは、わたし自身、こどもと哲学す
ることなどできるだろうかと半信半疑だったし、こどもたちの話の
なかに既存の哲学のテーマや論点を探していた時もあった。また、
途中までは、リップマンのように、こどもとする哲学対話は、こど
もの思考力や議論する力を涵養することだと考えていたように思う。
哲学の新しい姿を模索しながらも、どこかで既存の哲学像に縛られ
ていたわたしをそこから解放してくれたのは、ほかでもないこども
たちとの対話であった。

　こどもたちと一緒に探究をしていると、哲学や対話に「血が通っ
ている」と思う。そこにはそれぞれの生活があり、悲喜があり、楽
しみや笑いや悩み、苦しみがある。「考える」ことや「ともに考え

　　育効果の測定は、看護の共同研究者の発案で看護師の「レジリエンス」をベース
　　に行われている。

354

第2章　こどもから「哲学するとはどういうことか」を学ぶ

る」ことがそこから始まる時、知ることや考えることは、自分や相手の生について知り、その意味を考えつつ、共に生きることと同じこととなる。哲学、フィロソフィーという言葉の中には、すでに知ること（ソフィー）と愛すること（フィリア）という二つの言葉が入っており、哲学者西田幾多郎は「知と愛とは同一の精神作用である」[15]と述べている。また、日本の臨床心理学の草分けである霜山徳爾は、苦悩する人との対話においては、相手を理解し知ることは「相手を一つの対象として分別してわかる savoir のではなくて、相手におのれをわかち与える共生共苦の『わかる connaître（co-naître とともに生まれる）』」[16] でなければならない、と述べている。わたしが、上のような先人たちの言葉の意味を理解することができ、哲学や知ることとケアや愛、共に生きることとの関係を結び直すことができるようになったのは、こどもたちから学んだことによるものが大きい。

　わたしにとってこどもの哲学とは、ここまで述べてきたように、こどもたちとともに、こどもたちから、知ることや共に考えること、ケアや愛、共に生きることについて学ぶことであった。もし、このこどもとの哲学対話の先に、教育の臨床哲学というものがありえるとするなら、それは、こどもたちから教えてもらったものを次に出会うこどもたちに返していくことであるのだろうと考えている。それはつまり、学力向上、評価管理という学校制度の、大人中心のパラダイムを、こどもの「ケアリング」や幸福のための教育という新しいパラダイムへと対話の実践を通じて変更していくことであり、対話を通じて、こどもたちの生を下支えするような、自分や他人への信頼をこどもたちの中に育むことである。

15）　西田幾多郎、『善の研究』、岩波文庫、2012 年、260 頁。
16）　霜山徳爾、『素足の心理療法』、「霜山徳爾著作集 6　多愁多恨亦悠悠」、学樹出版、2000 年、212 頁。

第4部　ケアと幸福のための対話

3.3.　ケアと探究のコミュニティをつくる

3.3.1.　方法論の拡張ではなく、哲学者に「なる」ということ

　現在、日本でもこどもたちとの哲学対話に関心を持つ人は増え、さまざまな人がこどもとの対話に取り組んでいる。また、学習者中心の参加型教育が流行の教育手法となりつつあり、教師にファシリテーション能力が求められる流れのなかで、こどもたちとする哲学対話を学校の授業に取り入れている教師や学校もある。わたし自身は、こどもとの哲学対話は教育や授業の「方法論」とは捉えてはおらず、こどもとの哲学対話を、授業や教室運営の方法論としてマニュアル化し、それを教育現場に導入するということについてはやや疑念を持っている。

　確かに、哲学対話の進め方はある程度までは方法や必要なステップとして示すことができる。しかし、わたし自身は、哲学対話やこどもとの哲学対話の最も重要な部分は「方法論」やそうした進め方にではなく、大人がこどもに対する、あるいは人が人に対する時の「態度」にあると考えている。こどもの哲学の根本にあるものが、こどもを無知な、知識を注ぎ込むの対象と見なすのではなく、一人の対等な対話相手として遇するという「態度」を取るということであるとするなら、その実践を行うということは、学校制度に対しては、その根本にあるパラダイムの革新を求めるものであるだろうし、教師や大人に対しても、単なる教育方法の転換ではなく、根本的な「ざんげ改心」（林竹二）を迫るものとなる。

　林が、みずから哲学の授業をこどもたちとしてみせることで、教師に対して「ざんげ改心」を迫ったのは、単なる言葉遊びの問題ではない。多くのこどもたちの管理や、効率が求められる学校現場では、どんなに良心的な教師でも、教育を自分たちの都合で組織して、「教師のための教育」にしてしまいがちだ。授業研究では、こどもの

356

第2章　こどもから「哲学するとはどういうことか」を学ぶ

発言に詳細に検討するより、授業プランや教材、発問という教師の働きかけのほうが重視されるのはなぜか。ファシリテーションスキルに注目が行く時には、教師が学びの場を「うまく」組織するための、教師に利する手法として捉えられてはいないか。手法や教えなければならないことに気を取られて、目の前の相手や自分が感じていることをなおざりにはしていないか。対話のなかでは、これまでの教室では起こらなかったトラブルや葛藤が顕在化する可能性があるが、教師や大人はそれを見逃さず、最後までつきあって責任を取る覚悟があるのか。林は職業人としての教師の「業」について次のように述べている。

　　教師の原罪というべきものがあって、教師は自分を変えないで、何とかうまい仕事ができる方法はないものか、そういう便利な手段はないものかというようなことを絶えず探っている。彼らは技術しか求めない。学問など無縁なものと感じているわけです。技術というのは結局は自分の救いなわけです。子どもの救いの問題ではないわけです。ここに教師の業がある。[17]

　こどもの哲学の根本にあるものが、ここで林が述べている意味での教師や大人の「態度」、「業」の「ざんげ改心」に関わるものであるとしたら、そこで問われていることは、一方向的な授業がだめで対話型ならよいという単純な話ではない。少なくともわたしにとって、哲学対話をしていくことのなかで一番重要なのは、相手の言うことをきちんと聞けているか、自分がわかりやすい枠組みに回収をして満足していないか、一歩踏み込むことを避けて話を聞き流してはいないか、対話がうまくいかなかった、盛り上がらなかったと感

17）　林竹二、『学ぶことと変わること　写真集・教育の再生をもとめて』、筑摩書房、1978 年、103 頁。

357

第4部　ケアと幸福のための対話

じる時、相手のせいにしてなにか大事なことを見逃していないか、などこの自分の「業」との闘いである。

　わたしが、こどもとの哲学対話を授業の「方法論」と捉えそれを拡張することに、どうしても違和感を感じてしまうのは、上のような、学校制度のなかの職業人としての教師、大人たちの「業」、「自分は変わらず、他者にだけ変化を起こそうとする」という態度を問い直さず、こどもたちではなく大人や教師に利する技術が求められているような気がするからだ。わたしにとって「哲学」とは、それとは逆のこと、つまり、自分が他者とともにあるように心がけ、自己変容をこそ志向すること、それによって場や他者の変容の機会を作ることだといえる。また、こうした態度はケアリングや対話の根本にあるものでもある。

　わたしは、こどもとの哲学対話は職業人としての教師がスキルとして身につけるものではなく、哲学の、哲学者の実践でなければならないと考えている。わたしにとって、教師とは職業であるが、哲学者はそれと同じ意味での職業ではない。哲学者とは、他者とともにあること、どんな相手でも対等であろうとすることや、自己の変容やそれを通じての他者やコミュニティの変容を一生をかけて追求する人間のことであり、パターナリズムや権威主義ではない、ケア的、対話的態度を備えた人間のことである。教師や大人がこの意味での哲学者に「なる」時、そこで初めてこどもとともに哲学するという営みは始まるのではないだろうか。

3.3.2.　ケアと探究のコミュニティをつくる

　わたしは、先に述べたように、こどもとの哲学対話を方法論として拡張することは考えていないが、それでも、人々やこどもたちがそうした態度を持つことは望ましいと考えている。ただ、こうした対話的な態度は方法やスキルには還元できず、個人の資質や気づき、

人格に関わるものであり、簡単に多くの人に受け渡すことができるものではない。わたし自身は、こどもとの哲学対話をいろいろなところで行っていくには「方法論化、制度化」か、「個人の態度、個人的な実践」かという二者択一以外の道、第三の道を探りたいと考えている。その鍵は「コミュニティ」である。こどものとする哲学対話がいろいろなところで行われるためには、こどものための哲学の理念にもある、「探究のコミュニティ」を、一つのクラスから学校全体へ、教師という実践者のコミュニティや地域コミュニティに広げていくことが重要であるはずだ。実際こどもとの哲学対話が地域や学校に根ざして行われている地域では、どこも大きな「制度」や画一的な「方法論」には頼らず、顔の見える範囲の集団、コミュニティをベースにして、対話や探究の実践の輪を徐々に広げていっている。おそらく、対話的な態度を参加者たちが持つような変容が起こるには、ただ方法論を導入するのではだめで、顔が合わせられる小さな集団のなかで、目的ややりたいことが共有しながら、時間をかけて話し合いを丁寧にするほかないのであろう。

　特にハワイの場合は、Dr. J やベンのような「哲学者」がある学校に通い続け、生徒だけでなく、教師や職員、親たちともコミュニケーションを取りつつ、哲学者が学校をセーフなコミュニティに変える〈フィロソファー・イン・レジデンス（PIR）〉という新しいアイディアが提示されており、興味深い。

　ベンは、韓国の学会で発表した際に、PIR という考え方を紹介し、哲学者の重要な役割として「時間をつくる」ということを挙げていた。ノディングスも指摘しているように、今の学校教育はこどもも大人（教師）もしなければならないことをこなすことに忙殺され、互いに向き合う物理的時間や精神的余裕がない。哲学対話の目的が「こども（と大人）の幸せのための教育」にあるとすれば、特に学校においては、これまでの教科学習に加えて対話型授業の時間を持つ

第4部　ケアと幸福のための対話

という方向性ではなく、教科の知識の学習にかけるこどもや教師の時間を減らし（教師の場合は、書類の処理やPTA、地域との対応や部活動などにかけなければいけない時間も減らす必要がある）、こどもと教師がゆっくり向き合える時間、互いの存在をケアすることのできる時間や精神的余裕をすこしでも作ることを考えるべきだろう[18]。

PIRでは、ケア的、対話的態度を備えた哲学者は、通常の授業の枠組みの範囲で、教師やこどもに負荷をかけることなく、対話が実現する方法やチャンスを模索し、提案する。そして、いつもは学び、教えなければならない授業の内容や知識のほうばかり向いているこどもや大人（教師）の目を、互いのほうへと向きかえらせ、普段は見えてこない、それぞれの人の感じていること、根本的な考えとその違いを見えるようにして、互いにそれに対して関心が持ち、ケアできるようにする。こうした丁寧な働きかけを通じて、哲学者は教室を、ケアと探究のコミュニティへと変えていこうとする。わたしには、このPIRというアイディアは、この言葉の元になったアーティスト・イン・レジデンスという活動と非常によく似ているように思える。哲学者やアーティストは、既存のコミュニティに対して、新しい制度を外から持ち込むのではなく、コミュニティへのコミットメントと問いかけを通じて、内部からコミュニティを変容させ、新しい関係性を生み出す役割を果たしうるのではないか。

こどもとの哲学対話をする場は、必ずしも授業や学校の中でなくてもよい。もし、こどもと哲学対話する時間を持ちたいが、さまざ

---

18)　いわゆる「ゆとり教育」では、教科学習の学習内容を減らし「総合的学習の時間」が設けられたが、現場の教師にとってはこの比較的自由な学びを組織する時間の授業プランを考えることは、さらに新たな負荷となってしまった面もある。実際小学校の先生たちからは、「総合的学習の時間をどう使っていいのかわからない」という言葉を聞いたことがある。「ゆとり教育」が、ここで言う大人とこどもが互いに向かい合うような余裕につながったかどうかは疑問である。

360

第2章 こどもから「哲学するとはどういうことか」を学ぶ

まな理由で授業時間内にするのが難しいという場合は、授業外で、関心のあるこどもを対象に「哲学クラブ」のような時間を持つのもよい。ケア的な探求のコミュニティは、学校内だけにかぎらず、地域のいろいろな場所、図書館、美術館、学童保育、こども子育てプラザなどいろいろな場所にあることが望ましい。最近わたしは大阪市の「こどもの居場所づくり」事業に協力することで、大阪市のある区にあるこども子育てプラザを訪問し、短いながらもこどもたちと対話させてもらう機会があったが、そこでは学校とはまた違う形で、地域の人々やそれぞれのこどものニーズに根ざした、こどものケアが丁寧になされているという印象を持った。できれば、こどもたちが長い時間を過ごす学校が、ケアと探究のコミュニティになるとよいが、こどもに対するケア的、対話的態度を持った大人は、教師だけでなく、親や保護者、こどもを支援し、見守る人々など多いほうがよい。哲学者は、学校だけでなく、こうした地域のさまざまなこどもの居場所にも関わったほうがよいのだろう。そのことを通じて、学校だけでなく、地域内にこどものケアと探求のためのコミュニティが増え、地域全体がこどもと大人のケアのためのコミュニティになることが一番望ましいことだと考える。

　また、この PIR というアイディアは、学校という集団だけでなく、同じ地域に住む人の集団、同じ実践に参加する人の集団など、いろいろな集団に適用できるとわたしは考えている。現在、わたしは、こどもたちとの対話に関しては、年に数回学校以外でのワークショップを行うほか、同僚が取り組んでいる高校での実践などにたまに顔をだす程度で、それほど多く実践できていない。こどもたちとの関わりを少なくしたいわけではないが、特に公立の小学校、中学校の場合は、一つの学校やクラスに部外者が連続して入ることの難しさを感じている。そして、現在のわたしの活動の中心は、こどもの哲学で得た PIR というアイディアを用いて、病院や医療者、看護師

361

第4部　ケアと幸福のための対話

のコミュニティに哲学者として入り、哲学対話を促進することや、看護師や看護研究者と協力し、がんの患者たちとの対話活動を病院や地域の中で行うことに移行しつつある。こうした活動は、こどもの哲学の実践で見出した、ケアと探究のコミュニティを地域のなかに作り出すという目標の延長線上にある。

　わたしはこどもの哲学の実践をやめてしまったわけではないし、その実践は形を変えて続いていると思っている。なぜなら「哲学者」になる、「哲学者」である、ということは、知識の有無や肩書きではなく、他人と対等に、真剣に、探究をしていくという「態度」に存するのであり、それは真剣に生や他者、社会と向かい合う一つの生き方である、ということをわたしに教えてくれたのは、こどもたちであったからである。わたしはこの先、どんな人とでも、どこにいても、こどもたちがしたように、1人のこどものように、真剣に対話を続けて行くだろう。その意味では、わたしにとって「こどもの哲学」の実践は、どんなところにいても続いていくのだろうと感じている。

付録　震災についての対話の発言録「Pass the ball 中高生と考える、3.11 からの対話リレー」

この冊子を手にとってくれたみなさんへ

この冊子は3・11から始まった若者たちの対話と思索をリレーしていったものです。彼らの言葉のなかで語られていることは、震災の経験をもとにしたものですが、どんな地域の、どんな世代の人にも共通するようなことが含まれているようです。あなたもこの冊子のなかに、自分のものと思えるような問いや言葉を発見し、対話と思索のリレーを引き継いでいってくださることを希望します。

3・11のあの年春から、私たちは被災した中高生が何を考えているのかを知りたいと思い、東北の若者たちが対話を通じて活路を開き始めました。そのころ復興支援、社会のあり方についても考えていましたが、10代やこどもたちのことが知られることはほとんどありません。震災の被災地域について考えるのは大人の役割だという人が多いようでしたが、私たちは10代のこどもたちの一人ひとり真剣な声を引き出そうとしました。被災地だからこそ、若い人たちのまっすぐな感じる力はすごい出来事に直面している時だからこそ、多くの言葉を、柔らかな感性から引き出せた対話だと私たちは考えました。

うれしいことに、2011年9月から始まった対話にしんがりとした形で続いていきます。東北の10代のみなさんの声をもっと多くの人たちに伝え、一緒に考えたいと、東京での対話生をはじめ、東北を経験した同世代の若者たちが集ったことを出発点に引き続け考えはじめ、対話のリレーは被災地以外の地域のこどもたちにも自然と広がり、その後、映像と遠く離れたハワイの中学生にも届けられ、ハワイでも対話が行われるに至りました。

この冊子は、(1)運営や当初の10代の人たちが震災と厚意原発を経験して思ったこと、その後の若者たちについて思うこと、(2)東北の中高生が話している様子を見る大阪の高校生が考えたこと、(3)特別編として、東北の中高生たちが話している映像を見たハワイの中学生たちが考えたことが掲載されています。さあ、みなさんも対話にぜひ加わっていらしてください。

震災後の生活について
こどもたちは対話でつながろう？

高橋綾

目次

【福島】郡家地区の高校(1) ———— P3
【福島】郡家地区の高校(2) ———— P5
【仙台】せんだいメディアテーク
U-18でつぶやくカフェ(1) ———— P7
【福島】てつがくカフェ@情報局 ———— P9
【仙台】せんだいメディアテーク
U-18でつぶやくカフェ(2) ———— P10
【大阪】大阪追憶の高校(1) ———— P11
【大阪】大阪追憶の高校(2) ———— P13
【ハワイ】ホノルル高羽島の中学校 —— P14

「こどものてつがく」p4cと
コミュニティボールについて

この冊子の活動は、「こどものてつがく（philosophy for children：p4c）」の方法や考え方に基づいています。p4cでは、大人がこどもに答えを教えるのではなく、こども自身が自分たちで考え話し合うことを重視します。こどもたちが対話してつぶやく時には「コミュニティボール」と呼ばれる毛糸で作ったボールを使って、考えたいことや疑問などを、安心して出しあうことができる雰囲気をつくります。

p4cでは対話の参加者全員が対等に参加できるように、ボールを持つ人だけが話を始め、今回の冊子でも、ハワイのp4cで使われたコミュニティボールをそのままを持ってきて、みんなの思いや考えを話し合うことに使いました。それだけではなく、色んな気持ちや思いを言葉にすることによって、ストレスに対処することができるとも言われていますが、それらがつい口に出せないでいたり、これから対話の場や時間の中では誰も対話を強要されることはなく、話したいと思ったら話せるというのがp4c安全な場だからこそ、次につなぐボールを受け取る自由はあなたにもあります。

付録　震災についての対話の発言録
「Pass the ball　中高生と考える、3.11 からの対話リレー」

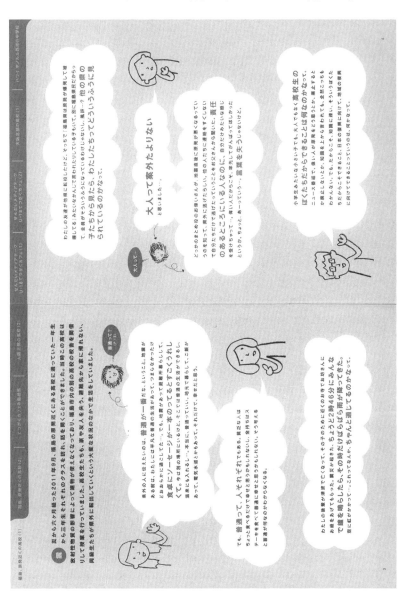

② 011年9月、同じ高校の隣の学年のクラスにて、転出していく同級生もおり、15人くらいと少なくなってしまった隣の学年のクラスのみんなで輪になって、コミュニティ・ボール代わりのぬいぐるみを回して話し合いました。

人に「所長」って言う人は違うんですよ……まないなにかが出たりするんですけど。あと、友達が相談してきて「所長になって」って言って……「所長になって」って言いそうな感じになって……そういう言葉は実はあんまり使ってはいけないな、みたいな、を持しようにでもしないようにしています。

每日学校だし、通りすがりも毎日学校だし、通りすがりもとが起きてからというまえて、将来のことやこれから先のことを考えてもないし、今の時間に考えるべきことやっやるべきことをちゃんとやっていきたいと思うようになって、日常的に連絡帳を毎日書くみんなとの今の時間を大切にしたいっていう。

地震が起きて、原発も爆発して、地元にいられなくなって、でもこっちの生活に慣れてはそんな変動じゃなくて、家族以外は6月、其体連のあとくらいに会場に私に会ってくて、一年前くらいなっている前まで遊んでいたメンバーはみんな学校休ちゃって……、そんなに会いたいな、あるいは出したしたりしたことができなくて……あるあれ出したんになっ 実感した。

震災後最終的に家に一時帰宅したのが、7月14日のこと、その時の、家族から一緒にって言われて、戻った時にうれしい反面、気持ちが戻って来てはいけないんですけど、その一時帰宅のときからあるたいしまして……。ともかくわたしが降ってもらえるたくないくらい嫌れてた自分だったんですけど、一番になってる人がいて、その人の家のあのおじに全然やっぱり、震災を経験していないから、まだそういう同じ気持ちを共有してる人にしかこの気持ちをあんないと思うので、戻れた時には、心から嬉しかったです。

自分が出山のほうに住んでいたのでなんもなかったんですけど、海のほうは、津波が来て……一緒にいった友達やあんばって行ったのに……、それを見ると悲しくて……、困ったほかはおばあちゃんに気をつかってよくしてもらってて、なんていうのかしら……わたしのところは……ほんとになにかがたんってなにも言えないですし、すると思います……。

父が原発関係なもんで、原発は、父又はは普通に毎日会ってた場所で、原発のお家まで中に精動に飛ばされんでんですけど、あんな危険なところにことととくかかっこれからならない、とりあえず家族はあんまり関わってほしくないって、そんな思いました。

お母さんが看護師って、「恩愛を読んでいて」って、一週間くらい前にいて、一週間ぶりに初めて会って、それはそうを話をしつづないだけて、お母さんほうつう、小さいのていて、そんな話、わからなから言うんですけど……わかりなから言うんですけど、友達まで大切にてみるんだで、笑って話してしたりして、お母さんを大切に思うんですけど、一番は、家族がなりって、そのあと、思うようになった。

付録 震災についての対話の発言録
「Pass the ball 中高生と考える、3.11からの対話リレー」

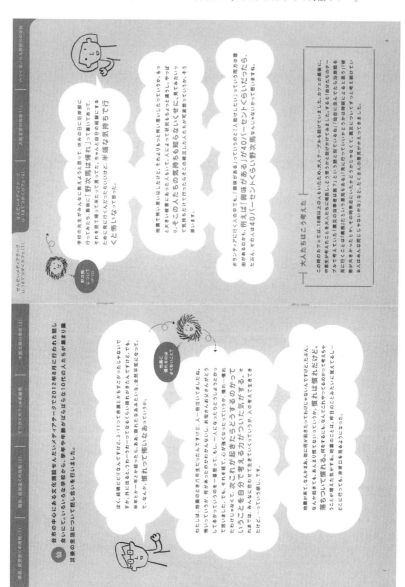

| 電話、携帯などの話(1) | マンガの力と影響 | 大災害時の話し(2) | | せんだいメディアテーク U-18でつなぐろくおん | 大災害時の話し | ハウ、ギノんと万智の中学生 |

マンガの力と影響

鳥栖一番街にほど近い雨篠商店街で、2012年10月21日に行われた話し合い。中高生、大人、大人近くの20人ほどが参加。雨篠馬は道路舗装令は解除され、線量が高いところもの、震災被害の爪痕が残い場所もあり、住んでいる人も戻る人に気をつけながらも暮らしています。主宰での話し合いの後に、中高生だけに残って考えてもらうこと、感じていることなども教えてもらいました。

中学生と大人をお話しをするよりど、方法が複雑だからか、祖母か「息母、息母の生意識のこと言いたくないと思うばかりない？」そうでもないんじゃない？息母の人もわかってきないって言う、「何もわかっちゃらないんじゃない？」って言うんだいって、「んな息母に何も話さないから分からないの」って言うだから、思えば、そうやって息母のとの難しい関わりかあるからくらい、「もうひとセット」してしてどこかに行って、帰ってきたくないって言う人の気持ちもわかる。

先生が、反復提案の話らかに授業をちゃんとしてくれないし、その話にして、、、「あんなことを思うのじゃ終わって、先生の意見は違ってくれないと、現れって言うけれど「反復捻」て言ってるわけじゃないのかと、ただ言ってるだけに見えるんですよね、わたしには。

テレビを見て、わたしはうっと嫌になった、女の人と男の人と嫌してい、から遅いいけってて知って言葉に、じゃあなんだろうて思わないの？っていうので。男女の人か負けラリスクってて話いくだ思って、女の人は、子供もあり、編も手もあったわで、だだっていることに考えろしゃないけれど・・・男の人はそういう戦いで、大丈夫だろうとかんハッタと思ったいってで言ってけばんじゃないかな。

せんだいメディアテーク U-18でつなぐろくおん

A　今日メディアテークで行われた震災に関する中高生の話し合いの二回目。二度目の参加の人もいて、みんなでボールを回しながら「震災とわたし」というテーマで話しました。

普段、後輩は普通に応援できる。それがそがなくなっているのは、日本からきたら死んじゃないこと、ほかの人に「電気音道に使えるのは大事だよ」って伝えられるのかなって思ってます。

わたしはーうれしいこととか伝えられるけれど、悲しいことは伝えるのは難しい。

テレビを見ていたとき、災害の人が「海をの上に逃げる、年をとった人が重だけ避難がある。すぐに死んじゃないよ。安全ところまで逃げから急いできたい、ただじゃない」と言って、「悲しいとか大変だとかでっとか言えなくて、逆に「すごい複雑な、たぶんその人が思ったこと、が伝わることはあるだろう。

わたしは悲しいことを思い出して当になることもあるけど、自分を当らないほうがいい。それをちゃんとっていた近隣部の人たちに伝えればもっと悲しいけれど、近隣部の友達のほうが置いていつ嫌な思いから急いからから、自分がそう言ったかなって感じるようにしています。

わたしも変わらないよね、自分は当時部の人たちよりはひどい経験も当然してないとは思うけれど、そうする人の気持ちが分からないで、実際に、自分を当然に認識的を経験しなかだら、それはあり除酷悲しかったない意がしするしかなからとか・・・。「悲しかった」とか「恐怖」っていうファルダだだしまっておきたい。

付録 震災についての対話の発言録
「Pass the ball 中高生と考える、3.11 からの対話リレー」

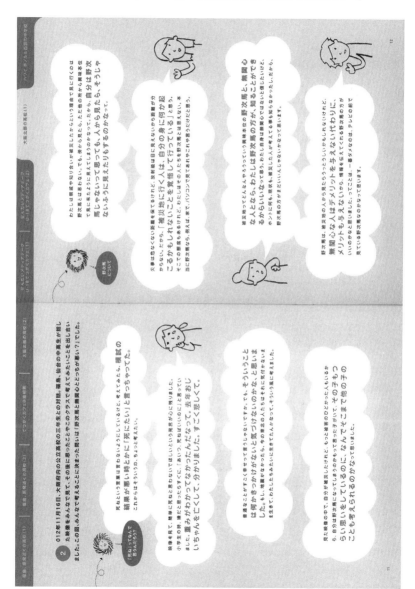

② 012年11月16日、大阪府内の公立高校の三年生との対話に、福島、仙台の中高生が指した映像をみんなで見て、その後に思ったことをグループで考えてみたいことを出し合いました。この後いろんなで考えることに決まったのは「野次馬と無関心のどちらが悪いか」でした。

野次馬について

わたしは映像や知り合いが被災したかどうかを自分の目で見に行くのは野次馬とは思わないから、他から見ても、ただの所から来ない興味本位で見にそうだとしまうのかなって。だから、自分は野次馬じゃないって思っても、人から見たら、そう見えたりするのかなって。

火事なども近所に皆ているよね、反射的に目に見えないような重要な分からないだから、「被災地に行くんは、自分の身に何か起こるかもしれないことを覚悟して行っている」と思う、そこでの感覚もあるかもしれないから、わたしは今のような人たちを野次馬とは思わない、本当に野次馬と例えは、家でパソコンで見るだけじゃないかと思う。

被災地などに他の人から見るからっていう興味本位の野次馬の方が、無関心な人となら、わたしは野次馬になることができるかもしれないと思っていると思うのが、わたし自身は被害の心配していることは、現状ば、現状、現場とかでた人でもわからなかったことなので、野次馬の方がまだいいんじゃないかなって思います。

野次馬は、被災地の人から見たらどう思うかもしれないけど、無関心な人はデメリットを与えないかわりに、メリットも与えない、なんから、情報を伝えてくれる野次馬の方がいいのかなと思いました。一番ダメなのは、テレビの前で見ている野次馬なのかなって思います。

② 映像などを見て、同じ空気感をもって考えたいと考えたからんです。横読の結果が感想の時とかに「死にたい」と言うっぞやってた。これからはそういないの、ちょっと考えたい。

死ぬという言葉は簡単に言うものじゃないと、考えようと考えてみたら、横読の結果が感想の時とかに「死にたい」と言うっぞやってた。これからはそういないの、ちょっと考えたい。

映像を見て、簡単に死ねと思うなからほしくないという発言がすごく印象に残りました。小学生の時、嫌だと死ねと思ったりして、「あいつ、死ねないかなあ」と言ってたんだけど、去年おじいちゃんを亡くして、分かりました、すごく悲しくて。

普通なことがすごく幸せって言うじゃないですか。そういうことは何かきっかけがないと気づけないのかなあ、と思いました、もし、地震がなかったら、今の東北の人たちにそれに気付きかったし、わたしたちもちゃんと生きてるんだって。そういう風に改めて考えさせられました。

見た映像の中で、自分が被災した子のことかもしれないかと、もっと被害のひどい思いをしている子のことをって言ってた子が、その子もそういう思いをしているのに、なんでそこまで他の子のことを考えられるのかなって思いました。

2 震災・防災との向きあい (2)

2012年11月30日、大阪府内の高校での二回目の対話。この時の風景は福島の高校生も話していた「輪送って何?」、20人くらいで輪になってボールを回して「普通」について色々な角度から話し合いました。

てつがくのアトリエ 大阪芸術の実践 (2)

普通って?

普通って、いつもそうであっていることだと思うけど、例えば、激しく一日一食しか食べられない人がいたとして、その人にとってではなく、いつも三食食べられる人たちにとっての「普通」で、それは自分にとっての普通なのであり、日によっては特別。だとしたら、普通は本当に幸せなことなのかな。

普通のうで何だろう…普通と特別は、真逆に見えて一枚の紙の表裏と裏側、みたいな関係に思える。わたしは両親が早くに亡くなってあんまりお金もなかったりしたけど、それはそれでそういうのが当たり前で今も特別な気もしないし、実は普通なんかな…。って。

何か普通って、大多数みんなだと思う。教室に友達がいるとき、「普通だ」って思ったら「今日も普通の子たちはあるあでも卒業までアカンとか考えたら、えらいズ違なんや。

保健の時間は、いつも日本史の内容をしていって、その時すぐに先生は日本史の質問行ってもわからない。先生のうち聞いてくれる先生もいなくなる。この時ち「人のひ」な変わるのだろか?「人生を通してわからないことなんでもいいなと思っていた。でも、今どう色んな体験をしようと思う、人生によってこんなあて、前の奇跡のようなんとか思うより、いま、自分の周りの人の具体的な経験を信じにしたら良いたかったです。最後、被害者はは何回時か?」と思たかもあるけった温暖で「自分のが続きしている」映像を見られたような気がしました。

特別篇
ハワイの10代の人が震災について話す
日本の中高生から考えたいと思ったこと

2013年2月21日と2月26日、震災から始まった若者たちの対話にハワイとつながりました。例えば2月26日は私たちが行っている対話のひとつ、授業を取り入れてハワイにこどもつながりが起きて行きい地域の中高生の生活についての自分も受け入れてみん受験をしました。その後、感想を通じたり、ハワイの中高生は、視聴した東北の中高生に聞いたい感想として下のような「問い」を投げかけました。

彼らの心を自分の先生を一様に同意見のことにしてほしいと相談された。

- 大切な思出はもとにしたら何を体験させられるのだろう?
- ビデオの中の子たちは「毎日が幸運の日」って言っていたけど、普通って何?
- 日本全国でみんな元気なんだろうか?
- 人の人生って一瞬で変わることがあるのもしようなれ、あなたの人生の中の、いつから変わるのだろう?
- 誰を信じたいと思う人がいたない人を信頼する時には、日頃どんなふうに接すれば良いの?
- つらかった出来事は忘れたないほうがいい?
- 体験した子たちが人生が変わったのならばその中、震災で出会う一性で生きていこうとしたら何を大切にしていきたい?

これらの問いがホワイトボードに書かれた時、クラスみんなで話し合いに聞い出を決めかたりにち、選ばれたのは、最後の問いでした。その次の授業(2月26日)には、この問いをついてみんなで考えて行きました。「人の人生の中でしんて変わってしまうもの?その中ありうもどうちも大事なのか?」生きものなのか?「一度なくなってしまいないとっしてないて?」生命とかも失ったようなものを、失くしたときに、人によってこと変わるのそのをとそしてしなかっなということを思たあと、最後、被害者を心配した時、「自分のが続きしている」という方へ言ったとしら、日ち手々が救う映像を思い気がかりしました。

付録　震災についての対話の発言録
　　　「Pass the ball　中高生と考える、3.11 からの対話リレー」

**震災後の生活について
こどもたちと対話する
プロジェクトについて**

・・・・・・・・・・・・・・・・・・・・・・・・

こどものてつがく(p4c)や東北での哲学カフェに取り組んで来たメンバーが震災後新たに始めたプロジェクト。東北のこどもたちやそれ以外の地域のこどもや若者たちと震災後の生活や社会について対話することを行ったり、東北のこどもたちとの対話を他地域のこどもたちにリレーすることを行っています。

Pass the ball：中高生と考える、3・11 からの対話リレー
2013年3月発行

■発行人：髙橋綾（震災後の生活についてこどもたちと対話するプロジェクト、大阪大学文学研究科特任助教、大阪大学コミュニケーションデザイン・センター招聘教員）　■編集：髙橋綾・森川優子（大阪大学コミュニケーションデザイン・センター）　■編集協力：桂野口 結衣、豊泉俊大（大阪大学文学研究科博士前期課程）　■デザイン：倉澤洋輝　■イラスト：佐藤ジュンコ　■撮影：本間直樹　■協力：せんだいメディアテーク、てつがくカフェ＠せんだい、カフェフィロ、University of Hawai'i at Manoa Uehiro Academy for Philosophy and Ethics in Education　■発行：震災後の生活についてこどもたちと対話するプロジェクト

※これらの対話プロジェクトおよび冊子の発行は公益財団法人博報児童教育振興会の第7回児童教育実践についての研究助成事業からの助成を受けて行われました。

371

あとがき

　昨年から年に2回だけ授業をしているある大阪府の高校でのこと。
わたしたちは1日目に毛糸でボールをみんなでこしらえて、2日
目にボールを回しながら、生徒たちの話したいことを話そうとして
いた。選ばれたテーマは「死ぬまでにしたいこと」。いざ話しあいを
はじめてみると、だれも手をあげない。すでに「好きな動物は？」
という、生徒からでた質問に答えるためにボールを一周させて一人
ずつ話し終わったあとだったので、わたしは「こんどはボールを回
すのではなく、がんばって手をあげて話してみよう」とはげました。
何人かはわたしのいうことに応えてくれて、手をあげてボールをも
らって話をしてくれた。でも、わずか数人だけで話はストップして
しまう。わたしがふたたびボールを手にして、「どうしてほかのひと
は話してくれないの？」と首をかしげると、勝気そうな生徒がイラ
イラしながらボールをもたないまま、だれに向かっていうのでもな
く「内容がうすいからだ！」と投げつけるようにいった。それを耳
にしたわたしは「なに？　もういちどいってくれる？」とボールをパ
スしようとしたが、その生徒は受けとってくれず、ボールは床に転
がってしまった。となりに座っていた生徒がしかたなくそれをひろ
って手渡すと、しぶしぶボールを触りながら、「こんなの内容がうす
いから、だれも答えないんだ」とその生徒はいう。わたしはボール
をパスしてもらおうと手をあげて「ボールちょうだい」といい、そ
の生徒にまたしてもしぶしぶボールを投げてもらうと、わたしはそ
れを受け取って「内容がうすい、ってどういうことかな？」と質問
して、ボールを返した。ボールが返されたことにとまどいながら、
その生徒は「そんなこと（＝テーマについて）、考えたことがない！」
と吐くように答えてくれた。わたしはまたボールをもらって、「あり
がとう！『そんなこと考えたことない』っていうのも、答えだとお

あとがき

もう。いまは答えなきゃいけないことなんて、ないからね。まだ手
をあげてないひとも、正直におもったこと、話してくれたらいいか
ら。」といった。言われた当人もまわりの生徒たちも、そしてその場
にいた先生も、わたしの返答にめんくらったようで、キョトンとし
た顔をしていた。

　こういうやりとりはめずらしくない。そういう場面にいあわせな
がら、わたしはいつも複雑なきもちになる。わたしたちがとつぜん
授業に現れて、「じぶんの思うことを話してもいい」と生徒たちに伝
えても、生徒たちはけっしてそのことばどおりには受けとってくれ
ない。それはそうだろう。だって、ふだんの教室では、言ってはい
けないこと、言うべきことが決まっていて、先生がなにか質問する
と、生徒たちは「いま言うべきこと」を探してしまう。さきのやり
とりのなかでも、生徒は「言うべきこと」「求められていること」が
あって、それを言わされるのがイヤだと感じていたようにわたしに
は思える。たった2回ほどの授業でわたしたちができるのは、いか
に教室という空間が生徒たちにとってセーフと感じにくいか、それ
を目に見えるようにして、生徒や先生たちにその状況に直面しても
らうことしかない。わたしたちは、「生徒たちを変えること」を目的
にしていない。保育の現場に関わる心理学者、鯨岡峻が述べるよう
に、教育はこどもたちの「行動変容」にばかり目を向けてしまって、
こどもたちの経験や経験の交流には十分な注意を払わない。手をあ
げてボールをもらって話さない、もしくは話しても小さな声でしか
言えないのは、生徒たちがたんに大勢の前で話すのに慣れていなく
て恥ずかしく思うだけでなく、じぶんの話すことが聴くに値しない、
あるいは、あとでいじめのネタにされる、とすでにじぶんのなかで
評価を下してしまっているからだ。そうなると、たとえボールを順
番に回して話してもらっても、だれもが当たり障りのない隣のひと
と大してちがわないことを言おうとする。ここでもまた、生徒たち
のあいだでセーフではない状況がつくりだされていく。

373

おなじ高校のべつのクラスでは、さきほどのクラスとはうってか
わって、手をあげて話してくれる生徒がたくさんいた。前回の授業
では「好きな映画は？」について話しあわれたが、今回選ばれたの
は「彼氏／彼女（にしたいひと）の条件は？」だった。多くの生徒
が関心をもってこの問いを選んだのに、じっさいそのことについて
話そうとすると、やはりみんな口ごもってしまう。女子生徒の割合
が多かったためか、多数決で「問い」を決めたときに多数の女性が
手をあげた。おそらく、いつも盛り上がる話題で話せるかもと思っ
たものの、選ばれたあとになって、男子生徒もいる場所でこのこと
について話すのは話しにくいと感じたのだろう。わたしはこの状況
も興味深いと感じた。高校生にもなると、同性、異性を問わず、性
に関することを仲間内で話すことはあっても、ふだんは仲よく話す
ことのないひとたちとは話さない。さらに生徒たちも授業という場
所で性に関する個人的な関心をさらけだすことにもとまどいを感じ
るだろう。性に関する話題は、特定の集団内で消費されるか、別の
集団や集団に属さない個人をいないことにして、なかばハラスメン
トの危険性を帯びながら、押しつけられるかのどちらかしかない。
授業のような公共の場所で性や親密さについて語りあう仕方を、こ
どもも大人も知らない、というのが現実なのだ。だから、だれもが
性について語るのをとまどう。思春期にあたる生徒たちと対話を試
みようとして、こうした困難に直面しないことはない。教室という
空間において、女、男、またはそれ以外の性や性別は、あからさま
に男女に分類されるか、もしくは、それが制服着用や集団形成とい
うかたちで明らかに可視化されているにもかかわらず、それが存在
しないかのようにみなされるという、きわめてアンバランスな状態
のなかにわたしたちは置かれる。
　ちなみにわたしは、対話による探究をいったんはじめると、どの
ような問いが探究に値するかについてあらかじめ判断することはな
い。だから「彼氏／彼女の条件は？」が選ばれたあとも、「答えたく

ないひとは答えなくていいから」とだけ言い添えて、どんな話しあいになるのかを楽しみにした。わたしはどんなに些細に思われることからでも探究をはじめられると信じているからだ。結果としては、ほとんどのひとが「やさしいひと」「頼りになるひと」と差し障りのない答えを言うだけで終わってしまい、話しあいは続かなかった。わたしはそうした答えのなかに、女性、男性というジェンダーに典型的に求められる姿が映し出されていたのが気になって、なんでそう思うのかと質問してみたり、ときに性的指向はかならずしも異性のみに向けられるのではないことなど、わたしの関心を率直に伝えたりもする。「どうして背の高いひとがいいの？」など、こどもたち、生徒たちが「そんなこと考えたことがない」とおどろくことを、疑問におもったら率直に質問する。つくりごとでなく本気で話す、目の前でおきていることを見ないことにするのではなく、本気で反応する。そういうリアルさがないと、どれだけ形式的に対話の体裁をととのえても、対話による探究ははじまらない。

　対話は自由じゃない。自由な個人がゼロからはじめるものじゃない。対話しようとするときにわたしたちが直面せざるをえないのは、いかにわたしたちが自由じゃないかということだ。そしてその場で生じている関係をじぶんたちのものとして認識し、その関係をどう引き受け直していくのか、それを生身で問い、実践していくのが対話による探究だろう。本書で扱うことができなかったが、教室の内外を問わず、ジェンダーや貧困、エスニシティや社会階層などに由来する社会的格差は、どのような空間にも浸透していて、わたしたちはけっして最初から自由を前提に対話することなどできない。いまいちどフレイレに還っていえば、そのような現実の状況を意識化していくことによってのみ、わたしたちは対話をはじめることができるのだ。本書で訴えたかったのは、自由な理性や論理がまず最初にひとを律するのではなく、わたしたちがつねに生身である関係を生きているという事実、そして、そうした関係をことばにするのは

やさしいことではないが、ことばを信頼し、ことばを通して関係を生きなおしていくことこそが、原理・原則の追求とはちがった、ひととひとのつながりのなかで生まれるフィロソフィの探究をうごかし、より多くのひとたちに広げていくだろう、という希望だ。

そうしたフィロソフィの姿は理論ではなく、さきにも紹介したような無数のエピソードのなかにこそ現れる。そうしたエピソードはけっして大きな力にはならないが、個々の実践を豊かにし、エピソードを書くひとも読むひともエンパワーするだろう。そして、ちょっとしたエピソードを書くことが、教育やケアの現場で対話と交流の経験をさらなる探究につなげる努力となっていくだろう。理論書や方法論に依拠するのではなく、現場ではたらくひとたちが、じぶんたちの手でケアの実践について探究できるために、小さな集まりがもたれたり、媒体がつくられたりすることも必要だろう。研究のため、実践を評価するためではなく、よりよいケアを実現するためのほんとうの意味での研究をわたしたちも続けていきたい。

著者を代表して、わたしたちがいっしょに対話したこどもたちと、ハワイの Dr. J にこの本を捧げたい。本文でくりかえし書いたように、著者たちはこどもたちに導かれてここまでやってきた。学校や教育をどう変えるかではなく、こどもたちとともに学ぶとはどういうことか、そしてそのために学校でなにができるか、そのほんの一端をこの本で示したつもりである。そして、近代西洋の軛から脱して、フィロソフィのありのままの姿をこどもたちとともに教えてくれたDr. J。その恩に報いることが著者たちの最大のねがいである。おおげさにいえば、〈リトル p フィロソフィ〉、〈こどものてつがく〉は、近代の学校教育や高等教育がやってこなかった、または、できなかったフィロソフィの営みだとわたしたちは考えている。〈こどものてつがく〉を実践することは、わたしたちの社会にとってフィロソフィとはなにかを考えることと同じはずだ。つまり、〈こどものてつが

あとがき

〈く〉は、教育のためでも、こどもたちのためでもなく、わたしたちすべてのためにある。著者たちは、学校にかぎらず〈こどものてつがく〉を社会のさまざまなひとたちとやりつづけているが、つねにこの問いを念頭におきながら、ひとつひとつの対話を積み重ねている。

　さいごに、本書の執筆にあたってお世話になった方々へのお礼を述べさせていただきたい。なにより、学校現場でいっしょに奮闘してくださり、これからも関わりはつづくであろう多くの教員のみなさん。教室のなかだけでなく、その外でもこどもたちを見守る姿勢を学ばせていただきました。ひとりひとりお名前をあげられませんがお礼を申し上げます。そして、臨床哲学を学んだみなさん。いまもいっしょに学校や地域で対話をつづけているひとたち、場所がはなれてもやはり孤軍奮闘しながら対話と探究をそれぞれのやりかたでつづけているひとたち。みなさんとともにした苦楽は忘れられません。わたしたちの思い出す対話のひとつひとつの場面に、こどもたちとともにみなさんの顔がよみがえります。さらに、さまざまな研究会でさまざまな意見を交換し、実践について語りあった研究者のみなさん。今後の実践や研究に本書がすこしでも役に立つことをねがいます。さいごになりましたが、諸事情により本書の企画が難航するなか、ほんとうにねばりつよく応援して出版までこぎ着けていただいた大阪大学出版会の川上展代さんの名前をあげさせていただきます。みなさん、どうもありがとうございました。

　蛇足ながら、本書執筆と編集の最終段階にあたる時期に、故あってわたしは新しい名前を使いはじめた。著者名も変更するかどうかずいぶん悩んだが、本書に記された活動の時期に使用していた名前を尊重し、この「あとがき」の署名のみに二つの名を併記する。

2018 年 2 月　本間直樹／ほんまなほ

執 筆 者 紹 介

高橋　綾（たかはし・あや）

担当：第Ｉ部第2章、第2部第2章、第3章、インテルメッツォ、
　　　第3部第Ｉ章、第2章、第3章、第4章、コラム、第4部第2章

1976（昭和51）年愛媛県生まれ。大阪大学大学院文学研究科博士後期課程
修了（文学博士）。大阪大学COデザインセンター特任講師。小、中、高校
や美術館などでこどもや十代の若者対象の哲学対話を行なっているほか、
医療やケア、対人援助や地域づくりの現場において、対話を通じた実践コ
ミュニティの形成に取り組んでいる。共編著として『事例でまなぶケアの
倫理』（メディカ出版）。

本間　直樹（ほんま・なおき）／ほんまなほ

担当：第Ｉ部第Ｉ章、第2部第Ｉ章、第3部第Ｉ章、第4部第Ｉ章

1970（昭和45）年京都府生まれ。大阪大学COデザインセンター准教授。
対話としての哲学、哲学相談、こどもの哲学、フェミニズム哲学、身体・
映像・音楽表現の実践と教育研究に取り組む。著書に『ドキュメント臨床
哲学』（共編著）ほか、『アートミーツケア叢書』を監修。

監修者紹介

鷲田清一（わしだ・きよかず）

1949（昭和24）年京都府生まれ。京都大学大学院文学研究科博士課程単位取得退学。大阪大学大学院文学研究科教授、同研究科長、理事・副学長、総長をへて、現在、京都市立芸術大学理事長・学長、せんだいメディアテーク館長。著書に『「聴く」ことの力——臨床哲学試論』（ちくま学芸文庫）、『哲学の使い方』（岩波新書）など多数。

シリーズ臨床哲学　第3巻

こどものてつがく　ケアと幸せのための対話

発　行　日	2018年3月31日　初版第1刷	〔検印廃止〕
監　　　修	鷲田　清一	
著　　　者	高橋　綾・本間直樹／ほんまなほ	
発　行　所	大阪大学出版会	
	代表者　三成　賢次	

〒565-0871
大阪府吹田市山田丘2-7　大阪大学ウエストフロント
電話　06-6877-1614　FAX　06-6877-1617
URL　http://www.osaka-up.or.jp

印刷・製本	株式会社　遊文舎

Ⓒ A. Takahashi, N. Homma 2018　　　　　Printed in Japan
ISBN 978-4-87259-580-2 C3010

JCOPY〈出版者著作権管理機構　委託出版物〉

本書の無断複製は著作権法上での例外を除き禁じられています。複製される場合は、その都度事前に、出版者著作権管理機構（電話03-3513-6969、FAX 03-3513-6979、e-mail: info@jcopy.or.jp）の許諾を得てください。

鷲田清一・中岡成文監修

シリーズ臨床哲学 四六判並製本.

１巻　ドキュメント臨床哲学

本間直樹・中岡成文　編　定価（本体 2200 円＋税）310 頁　2010 年 9 月刊行

大阪大学に発足した日本初の専門分野「臨床哲学」。医療・看護・介護・教育に携わる人々、学生、一般市民と共に展開する新しい哲学とはどのような活動で、どのような変遷をとげてきたのか。発足 10 年を過ぎて、ついに「臨床哲学とはなにか」という問いに応える。

２巻　哲学カフェのつくりかた

カフェフィロ（CAFÉ PHILO）編　定価（本体 2400 円＋税）344 頁　2014 年 5 月刊行

その日のテーマについてその場にいる人たちが進行役とともに話して、聴いて、考える。臨床哲学研究室での活動から生まれ、社会のなかで生きる哲学を探究する団体カフェフィロが、各地での哲学カフェの実践を振り返り、社会のなかで互いに自分の言葉を交わすこと、ともに考えることの意味を見つめ、対話の場をひらくことの可能性を展望する。

３巻　こどものてつがく　ケアと幸せのための対話

高橋綾・本間直樹　著　2018 年 3 月刊行

こどもの哲学は、思考や議論の訓練ではなく、ケア的な哲学対話である。自分で表現することを学び、他人と語り合い、ともに考えるという経験から、自己や他者についての信頼、言葉やコミュニティへの信頼を育み、直面する困難や挫折を他人とともに乗り越える力をつける。筆者らが見出した「方法論」ではないこどもの哲学、臨床哲学や哲学の本来の姿を、国内外のこどもや若者たちと行った対話の紹介や「こどもとは何か？」「哲学する、対話するとはどういうことか？」「教育とは何をすることなのか？」「学校制度にどう向かい合うべきか」という問いについての考察から提示する。

4巻　ソクラティク・ダイアローグ　対話の哲学に向けて

堀江剛　著　2017 年 11 月刊行

臨床哲学研究室が日本に初めて紹介・導入した対話の方法、ソクラティク・ダイアローグ（以下 SD）の実践マニュアルとともに、対話と哲学に関する考察を展開する。SD はグループで一つのテーマをめぐって丁寧かつ濃密な「対話」を行うワークショップの方法で、欧州では哲学教育や市民対話、企業研修などのツールとして用いられている。日本の企業や組織の活性化・効率化において対話をどのように活用していくか。ビジネスと哲学の交差点としての回答を示す。

以下続刊予定.

∙∙∙∙∙∙∙∙∙∙∙∙∙∙∙∙∙∙∙∙∙∙∙∙∙∙∙∙∙∙∙∙∙∙∙∙∙∙　関連図書のご案内　∙∙∙∙∙∙∙∙∙∙∙∙∙∙∙∙∙∙∙∙∙∙∙∙∙∙∙∙∙∙∙∙∙∙∙∙∙∙

試練と成熟　自己変容の哲学　（阪大リーブル 034）

中岡成文　著　定価（本体 1900 円＋税）2012 年 4 月刊行

人生は常に試練にさらされ、変容を迫られている。そのとき変容をどう受け止め、もちこたえ、「成熟」に至るか。生き直すための心揺さぶる数々のヒントがここにある。

対話で創るこれからの「大学」

大阪大学 CO デザインセンター　監修　八木絵香・水町衣里　編
定価（本体 2500 円＋税）　2017 年 9 月刊行

未知で複雑で困難な課題の解決を先導する「高度汎用力」の養成を目指す大阪大学 CO デザインセンターが「社会を変える取り組み」で活躍するゲストたちとともに、知のありかた、つなぎ方を考える対談集。